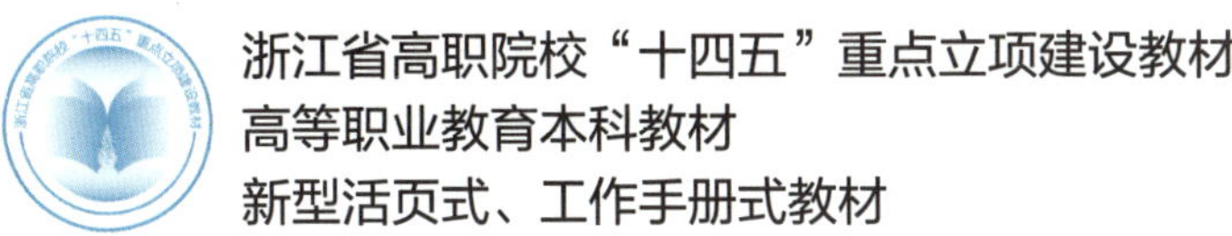
浙江省高职院校“十四五”重点立项建设教材
高等职业教育本科教材
新型活页式、工作手册式教材

GSP 实施与管理

主编 丁 静

ZHEJIANG UNIVERSITY PRESS
浙江大学出版社
·杭州·

图书在版编目（CIP）数据

GSP 实施与管理 / 丁静主编. -- 杭州 : 浙江大学出版社，2024. 6. -- ISBN 978-7-308-25083-2

Ⅰ. F721.8-65

中国国家版本馆 CIP 数据核字第 2024Y3A299 号

GSP实施与管理

GSP SHISHI YU GUANLI

丁　静　主编

责任编辑　汪荣丽
责任校对　沈巧华
封面设计　林智广告
出版发行　浙江大学出版社
（杭州市天目山路148号　　邮政编码　310007）
（网址：http://www.zjupress.com）
排　　版　杭州林智广告有限公司
印　　刷　杭州高腾印务有限公司
开　　本　787mm×1092mm　1/16
印　　张　18
字　　数　363千
版 印 次　2024年6月第1版　2024年6月第1次印刷
书　　号　ISBN 978-7-308-25083-2
定　　价　69.00元

《GSP 实施与管理》编委会

主　编　丁　静

副主编　周　静　陆晓莉　陈雪园　陈　敬　李　晶

编　委（以姓氏笔画为序）

丁　静（浙江药科职业大学）　　王　蓓（上药控股宁波医药股份有限公司）

王广平（上海市药品和医疗器械不良反应监测中心）

许奇浩（浙江药科职业大学）　　孙　倩（浙江药科职业大学）

李　晶（国家药品监督管理局高级研修学院）

张永秉（浙江药科职业大学）　　陆晓莉（宁波卫生职业技术学院）

陈　敬（北京大学）　　陈雪园（浙江药科职业大学）

周　静（浙江药科职业大学）　　赵　静（浙江药科职业大学）

柳　飞（浙江药科职业大学）　　贾　俊（贵阳康养职业大学）

夏　芸（浙江省药品检查中心）　　徐　娟（天津生物工程职业技术学院）

黄　红（武汉职业技术学院）　　盛柳青（金华职业技术大学）

Preface 前言

药品作为治疗疾病、拯救生命的特殊产品，其安全性、有效性和可及性对于国家的安宁稳定至关重要。党的十八大以来，习近平总书记对药品安全工作高度关注，他强调："确保药品安全是各级党委和政府义不容辞之责，要始终把人民群众的身体健康放在首位。"[1]党的二十大报告对保障人民健康、强化食品药品安全监管等作出重大部署，充分体现了党对药品安全工作的高度重视。2023年，国家市场监督管理总局颁布了《药品经营和使用质量监督管理办法》，进一步优化调整了药品经营许可准入管理，细化了开办药品经营企业的具体条件，对药品经营和使用活动及其监督管理提出了新理念、新要求。新规的出台不仅促进了我国药品流通行业的高质量发展，同时也对行业提出了更高的要求。

本教材编写以深化现代职业教育体系建设改革为引领，以"金教材—金课程一体化"建设为抓手，以药品行业最新发展和需求为支撑，以技术技能复合型人才培养为核心，依据《药品经营质量管理规范》（简称GSP），结合国家公布、修订的药品相关法律法规及政策的最新内容，反映学科的最新进展。教材以药品经营工作过程为主线，以典型工作任务为载体，以学生为中心，组织教学单元。具体体现在以下几个方面。

第一，教材编写体例新颖别致。

本教材采用新型活页式、工作手册式编写，形式灵活、图文并茂，充分体现了"以学习者为中心"的思想。教材体例采用"学"与"践"双线结构，将课程知识体系拆分细化，构建"模块式""项目化"教学模式。通过【模块导航】为学生学习提供建议和指引；注重【岗课赛证】融通，与药学、药品经营、药品购销、医药商品储运等职业技能大赛对接，与执业药师资格证书、"1+X"药品购销职业技能等级证书等职业证书对接，实现将传统的"单一理论化教学"向"多元化教学、工学结合的综合职业能力素质培养"转变；在任务中设置了【岗位解读】【任务导入】【任务分析】和【任务实施】，结合职业能力清单、任务工单等内容，让学生学习并实践企业真实的工作任务，从而提升学生的职业能力；通过【项目评价】和【项目拓展】的设置，可以有效检验学生的学习成效。

1 习近平对吉林长春长生生物疫苗案件作出重要指示[EB/OL]. (2018-07-23)[2024-05-01].https://www.gov.cn/xinwen/2018-07/23/content_5308593.htm.

第二，教材内容构建科学立体。

本教材建设依据职业教育国家教学标准体系，对接职业标准和岗位（群）能力要求，打造适应新时代要求的药品经营质量管理职业本科教材。教材内容全面贯彻习近平新时代中国特色社会主义思想，紧密结合药品流通行业发展和企业岗位需求，以药品经营工作过程为导向，构建基于典型工作任务的立体化教学内容体系。循序渐进地设置了药品经营软硬件管理、药品经营过程管理、药品风险管理与检查、GSP工作任务实施四个教学模块，适应结构化、模块化专业课程教学。

第三，课程思政寓教于无形。

本教材由教育部课程思政教学名师领衔，资深专业教师与思政教学名师联合编写而成。在编写过程中，深入挖掘思政要素，增加了<素质提升><知识拓展><案例分析><思考讨论>等，将中华优秀传统文化、法治教育、智慧监管、高质量发展等具有思想深度和时代特性的材料案例融入项目工作任务中，强化学生职业能力培养和药德的养成，在潜移默化中帮助学生塑造正确的世界观、人生观和价值观，以期达到课程思政育人春风化雨的效果。

第四，教材编委团队精英汇聚。

本教材由国家级专业带头人、国家级课程负责人领衔，联合北京大学、金华职业技术大学、国家药品监督管理局高级研修学院、上药控股宁波医药股份有限公司等11个单位的专家学者、国家级检查员、正高级工程师、质量总监等开发完成。强大的编委阵容为教材编写注入了前沿的学术思想、科学的监管理念、丰富的实践经验以及最新的产业动态，增强了教材的前沿性、权威性、实用性和适用性。

第五，教材配套资源丰富多样。

本教材编写团队积极推进配套教学资源的建设，充分利用信息技术的优势，开发了动画、课件、试题库和企业案例等丰富的教学资源。这些资源具备可视、可听、可练的特点，提高了学生的学习兴趣。此外，随着药品流通相关政策的调整与发展，还可通过信息技术实现资源实时动态更新，以提高学生的学习积极性和效果。

在教材编写过程中，编写团队深入行业、企业、监管部门和高校开展了大量的走访调研，得到了许多行业企业专家、监管部门领导和广大同仁的鼎力支持和帮助，在此致以诚挚的谢意！本教材既可供医药类等高校师生作为教材使用，也可作为市场监督管理部门、药品监督管理部门、医药企业等人员的培训用书。由于编者水平有限，书中纰漏在所难免，敬请广大读者和专家学者批评指正。

编者

Contents 目录

导论

动画

项目 药品经营质量管理认知

学习目标

知识目标

1. 掌握药品的特殊性和质量特性、我国主要的质量管理规范和药品质量监督管理制度内容、GSP（《药品经营质量管理规范》的简称）的主要结构及附录。

2. 熟悉GSP的历史沿革。

3. 了解与GSP相关的法律法规、GSP实施的内容。

能力目标

1. 能根据质量管理规范和药品质量监督管理制度要求，发现药品经营企业存在的质量管理问题。

2. 能根据GSP的历史沿革，分析比较不同阶段药品经营企业的质量管理水平。

3. 能根据企业GSP的实施情况，提出改进建议。

素质目标

1. 具备敬畏生命、严守药规的良好职业道德。

2. 树立质量第一意识、风险防范意识、合规经营意识。

课件

任务一 药品质量与质量管理

任务导入

某省药品监督管理局发布了一则药品质量公告，内容如下：为了加强药品质量监管，保障公众用药安全，省药品监督管理部门组织对辖区内药品生产、经营和使用单位进行了药品质量监督抽检。经抽检，发现不合格药品25批次。对抽检发现的不合格药品，省药品监督管理部门已要求各相关地方市场监督管理部门依据相关法律法规进行查处。

讨论：

1. 什么是药品质量公告制度?

2. 针对药品生产、经营、使用等环节，药品监督管理部门制定了哪些药品质量管理规范?

3. 除药品质量公告制度外，我国还实施了哪些药品质量监督管理制度?

任务分析

一、药品的特殊性

2019 年修订的《中华人民共和国药品管理法》(以下简称《药品管理法》)中关于药品的定义是："本法所称药品，是指用于预防、治疗、诊断人的疾病，有目的地调节人的生理机能并规定有适应症或者功能主治、用法和用量的物质，包括中药、化学药和生物制品等。"药品是一种特殊商品，既有商品的一般属性，又有一定的特殊性，主要表现在以下几个方面。

（一）药品使用的专属性

药品使用的专属性体现在患什么病就需用什么药对症治疗，即通过检查诊断、对症治疗、合理使用药品等，才能达到预防、治疗、诊断人的疾病，调节人的生理机能的目的。不同病症之间药物不可互相替代，若错用、误用药物则可能造成不良事件，严重时甚至造成人的死亡。

（二）药品作用的两重性

药品作用的两重性是指药品在防治疾病的同时又不可避免地存在或多或少、或轻或重的不良反应。我国古代医书中有"是药三分毒""药者毒也""药物如刀之两面"等记载。若对药品管理有方，用之得当，则可治病救人，造福人类；若对其失之管理，使用不当，则可致病，危害人类健康。

（三）药品应用的时限性

药品应用的时限性主要表现在两个方面。一方面是指用药的及时性，即人一旦患病，就需要尽快用药。为了保障人民用药需求，我国实行药品储备制度，建立药品供求监测体系，及时收集和汇总分析短缺药品供求信息，对短缺药品采取预警措施。《药品管理法》规定，药品上市许可持有人、药品生产企业、药品经营企业应当按照规定保障药品的生产和供应。另一方面是指药品使用的时效性。超过有效期的药品属于劣药，其质量无法得到保证，不能再使用。

（四）药品质量的重要性

药品质量包括药品的有效性、安全性、稳定性、均一性、经济性等要素。药品质量既关系到人民的生命安全和身心健康，也关系到药品生产者和经营者的切身利益，是药品监管部门重点关注的内容之一。为确保药品质量，我国药品监督管理部门制定和推行了一系列质量管理相关的法律法规和标准，落实"四个最严"的要求，即用最严谨的标准、最严格的监管、最严厉的处罚、最严肃的问责，筑牢药品质量安全底线，保障人民用药安全。同时，药品生产经营企业也应树立质量意识，加强质量管理，坚决杜绝质量不合格的药品流入市场。

二、药品的质量特性

《质量管理体系 基础和术语》（GB/T 19000—2016）将“质量”定义为“客体的一组固有特性满足要求的程度”。其中，“客体”是指“可感知或可想象到的任何事物”；“特性”是指“可区分的特征”；“要求”是指“明示的、通常隐含的或必须满足的需求或期望”。

药品的质量是指能满足规定要求和需要的特征总和。其中，“规定要求”通常是指药品必须满足的法律法规、标准以及相关规定。药品的质量特性主要体现在以下几个方面。

（一）安全性

安全性是指按规定的适应症或功能主治、用法和用量使用药品后，人体产生不良反应的程度，若程度越低，则药品的安全性就越高。安全性是药品质量的首要特性。假如某物质对防治疾病可能有效，但在最小有效剂量时仍对人体组织及器官有严重损伤，如有致癌、致畸、致突变的损害，即使用该物质面临的风险远大于治疗获益，那么这类物质就不能作为药品。我国在药品研发、注册审评、上市后监测和再评价等多个环节均密切关注药品的安全性。在新药研制阶段，较高比例的新化合物由于安全性问题而被迫终止研究。新药上市后，通过不良反应监测等手段，仍有不少药品因存在严重不良反应而撤市。

（二）有效性

有效性是指药品在规定的适应症或功能主治、用法和用量条件下，能够满足预防、治疗、诊断人的疾病，或能有目的地调节人的生理机能的性能。药品上市许可人进行药品注册申请时，若创新药的临床研究数据无法证明其有效性，或仿制药的人体生物等效性试验无法证明与参比制剂的等效性，则无法通过国务院药品监督管理部门的技术审评，无法获得药品注册证书。

知识拓展

安全性与有效性证据不足导致药品注册申请不通过

国务院药品监督管理部门发布的历年药品审评报告显示，每年都会有多项药品注册申请由于申报资料无法证明其安全性与有效性，经技术审评后，审评结论为不批准/建议不批准。

在安全性方面，不通过的具体原因包括早期研究结果提示毒性明显或者安全剂量范围过于狭窄，或提示应用于临床可能承受的风险明显高于获益；研究数据不充分导致无法获得充分的安全性信息；已有的临床研究数据显示存在严重不良反应，临床应用获益和风险比值不合理等。

在有效性方面，不通过的具体原因包括已完成的临床研究无法得到客观的研究数据以评价品种的有效性；已有的临床研究数据尚无法证明品种的有效性；创新药临床前研究结果未能提示有效性价值；化学仿制药人体生物等效性试验结果表明与参比制剂不等效等。

（三）稳定性

稳定性是指在规定的条件下保持其有效性和安全性的能力，即在规定的有效期内，在规定的生产、经营和使用条件下，药品的各项质量指标均在合格范围内。假如某物质的性质不稳定，即在短时间内极易变质，那么即使其具有防治疾病的有效性和安全性，也不能作为药品流入医药市场。

（四）均一性

均一性是指每一单位产品（制剂的单位产品如一粒片剂、一颗丸剂、一支注射剂、一支膏剂、一包冲剂等；原料药的单位产品如一箱药、一袋药等）含量都符合有效性和安全性的规定要求。如果药品的成分含量不均一，可能会导致患者用药剂量不足或过量，从而影响治疗效果或引发不良事件，甚至引发患者死亡。

三、药品质量管理

《质量管理体系 基础和术语》（GB/T 19000—2016）将“管理”定义为“指挥和控制组织的协调的活动”；将“质量管理”定义为“关于质量的管理”。药品质量管理，即在药品质量方面指挥和控制组织协调的活动。

基于药品的特殊性与药品的质量特性，我国建立了一系列质量管理规范与药品质量监督管理制度，对药品的研制、生产、经营、使用等环节进行全方位、全生命周期的质量管理，有效保障了我国药品的质量和安全。

（一）药品质量管理规范

1.《药物非临床研究质量管理规范》（Good Laboratory Practice，简称GLP）

规范原文

现行GLP自2017年9月1日起施行。该规范适用于为申请药品注册而进行的药物非临床安全性评价研究。其中，“药物非临床安全性评价研究”是指为评价药物安全性，在实验室条件下进行的试验，具体包括安全药理学试验、生殖毒性试验、遗传毒性试验、致癌性试验、毒代动力学试验及与评价药物安全性有关的其他试验。GLP明确了药物非临床安全性评价过程中的组织机构和人员、设施、仪器设备和实验材料、实验系统、标准操作规程、研究工作的实施、质量保证、资料档案、委托方等方面的质量管理要求。实施GLP旨在保证药物非临床安全性评价研究的质量，确保行为规范，以及试验数据的真实、准确、完整。

2.《药物临床试验质量管理规范》（Good Clinical Practice，简称GCP）

规范原文

现行GCP自2020年7月1日起施行。该规范适用于为申请药品注册而进行的药物临床试验，是药物临床试验全过程的质量标准。其中，“临床试验”是指以人体为对象的试验，意在发现或验证试验药物的临床医学、药理学以及其他药效学作用、不良反应，或者试验药物的吸收、分布、代谢和排泄，以确定药物的疗效与安全性的系统性试验。GCP明确了药物临床试验过程中的伦理委员会、研究者、申办者、试验方案、研究者手册、必备文件管理等方面的质量管理要求。实施GCP旨在保证药物临床试验过程规范，数据和结果的科学、真实、可靠，保护受试者的权益和安全。

3.《药品生产质量管理规范》（Good Manufacturing Practice，简称GMP）

规范原文

现行GMP自2011年3月1日起施行。该规范涉及药品生产的方方面面，是药品生产管理和质量控制的基本要求。GMP明确了药品生产过程中的机构与人员、厂房与设施、设备、物料与产品、确认与验证、文件管理、生产管理、质量控制与质量保证、委托生产与委托检验、产品发运与召回、自检等方面的质量管理要求，并配套有13个附录。实施GMP旨在最大限度地降低药品生产过程中产生的污染、交叉污染以及混淆、差错等风险，确保持续稳定地生产出符合预定用途和注册要求的药品。

4.《中药材生产质量管理规范》（Good Agricultural Practice，简称GAP）

规范原文

现行GAP自2022年3月17日起施行。该规范适用于中药材生产企业采用种植（含生态种植、野生抚育和仿野生栽培）、养殖方式规范生产中药材的全过程管理，是中药材规范化生产和质量管理的基本要求。GAP明确了中药材生产过程中机构与人员、设施设备与工具、基础选址、种子种苗或其他繁殖材料、种植与养殖、采收与产地加工、包装放行与储运、文件、质量检验、内审、投诉退货与召回等方面的质量管理要求。实施GAP旨在推进中药材规范化生产，保证中药材质量，保护野生中药材资源和生态环境，促进中药材资源可持续发展。

5.《医疗机构制剂配制质量管理规范》（Good Preparation Practice，简称GPP）

规范原文

现行GPP自2001年3月13日起施行。该规范适用于医疗机构制剂配制的全过程，是医疗机构制剂配制和质量管理的基本准则。其中，“医疗机构制剂”是指具有制剂配制资质的医疗机构根据本单位临床需要而常规配制、自用的固定处方制剂。GPP明确了医疗机构制剂配置过程中的机构与人员、设备、物料、卫生、文件、配制管理、质量管理与自检、使用管理等方面的质量管理要求。实施GPP旨在降低医疗机构制剂配置过程中发生人为差错事故、混药及各类污染的风险，保证医疗机构制剂质量。

6.《药品经营质量管理规范》(Good Supply Practice，简称GSP)

规范原文

现行GSP自2016年7月13日起施行。该规范适用于药品经营企业经营全过程、药品上市许可持有人/药品生产企业销售环节、药品流通过程中其他涉及储存与运输环节的质量管理，是药品经营管理和质量控制的基本准则。GSP明确了药品经营企业在经营过程中的软硬件管理和各环节的质量控制要求，并配套有6个附录。实施GSP旨在加强药品经营质量管理，规范药品经营行为，保障人体用药安全、有效。

7.《药物警戒质量管理规范》(Good Pharmacovigilance Practice，简称GVP)

规范原文

现行GVP自2021年12月1日起施行。该规范适用于药品上市许可持有人和获准开展药物临床试验的药品注册申请人开展的药物警戒活动。其中，“药物警戒活动”是指对药品不良反应及其他与用药有关的有害反应进行监测、识别、评估和控制的活动。GVP明确了药物警戒活动中的机构人员与资源、监测与报告、风险识别与评估、风险控制、文件记录和数据管理、临床试验期间药物警戒等方面的质量管理要求。实施GVP旨在推动药物警戒活动的深入开展，督促药品上市许可持有人和药品注册申请人建立药物警戒体系，通过体系的有效运行和维护，监测、识别、评估和控制药品不良反应及其他与用药有关的有害反应，最大限度地降低药品安全风险，保护和促进公众健康。

(二)药品质量监督管理制度

1. 药品质量公告制度

药品质量公告制度是指国务院和省、自治区、直辖市人民政府药品监督管理部门定期向社会主动公告药品质量抽查检验结果的一项监管制度。药品质量公告的程序一般包括抽查检验、结果审核、公告编制和发布等步骤。其中，抽查检验是公告的基础，必须按照规定的方案和程序进行；结果审核是对检验结果的准确性和可靠性进行评估；公告编制和发布是将公告内容编制成正式的文件并采用适当的方式发布。《药品质量抽查检验管理办法》规定，药品质量公告的内容应当包括抽查检验药品的品名、检品来源、标示生产企业、批号、药品规格、检验机构、检验依据、检验结果、不符合规定项目等信息。药品质量公告应当准确、完整、及时地发布，并且要易于公众理解。药品质量公告制度的建立，有助于形成政府监管、企业主体责任、行业自律、公众参与等多方良性互动的社会共治格局，共同维护药品安全。

2. 药品不良反应报告制度

药品不良反应报告制度是指收集、记录、分析、评估和报告药品不良反应的一项监管制度。《药品管理法》规定，药品上市许可持有人、药品生产企业、药品经营企业和医疗机构发现疑似不良反应的，应当及时向药品监督管理部门和卫生健康主管部门报告；对已确认发生严重不良反应的药品，由国务院药品监督管理部门或者省、自治区、直辖市人民政府药品监督管理部门根据实际情况采取停止生产、销售、使用等紧急控制措施。药品不良反应报告制度的建立，有利于加强对已上市药品的安全监管，及时发现药品不良反应，指导药品的合理使用，及时、有效控制药品风险，保障人民用药安全。

素质提升

药品上市许可持有人是药品不良反应报告的主体

药品上市许可持有人是药品安全责任的主体，依法对药品研制、生产、经营、使用全过程中药品的安全性、有效性和质量可控性负责。《药品管理法》规定，药品上市许可持有人应当开展药品上市后不良反应监测，主动收集、跟踪分析疑似药品不良反应信息，对已识别风险的药品及时采取风险控制措施。

药品上市许可持有人应充分认识药品不良反应报告的重要性，按可疑即报原则，严谨细致、求真务实，充分落实药品不良反应报告的主体责任；应当树立敬畏生命、生命至上的价值观，强化风险防范意识，践行质量责任担当。

3. 药品追溯制度

药品追溯制度是指利用信息化手段，通过记录与保存药品全生命周期数据，正向追踪和逆向溯源药品生产、流通和使用情况，实现药品来源可查、去向可追的一项监管制度。药品上市许可持有人、药品生产企业、药品经营企业和医疗机构等应当遵守国家药品监督管理局制定的统一药品追溯标准和规范，建立并实施药品追溯制度，按照规定提供追溯信息，保证药品可追溯。药品追溯制度的建立，可以充分发挥追溯数据在日常管理中的作用，保障药品生产、经营、使用环节的质量安全；同时，药品追溯制度也是实现药品风险管理、全程管控、社会共治的重要手段，是构建药品智慧监管“大系统、大平台、大数据”的重要内容，是推动药品高质量发展的客观需要。

4. 药品召回制度

药品召回制度是指药品上市许可持有人按照规定的程序收回已上市的存在质量问题或者其他安全隐患的药品，并采取相应措施及时控制风险、消除隐患的一项监管制度。药品召回包括主动召回与责令召回两种类型。药品上市许可持有人是控制风险和消除隐患的责任主体，药品生产企业、药品经营企业、药品使用单位应当积极协助药品上市许可持有人对可能存在质量问题或者其他安全隐患的药品进行调查、评估，主动配合持有人履行召回义务，按照召回计划及时传达、反馈药品召回信息，控制和收回存在质量问题或者其他安全隐患的药品。药品召回制度的建立，可以及时召回存在安全隐患的药品，有效减少药品安全事故的发生，保护消费者的健康权益。

?思考讨论

XX药品有限公司发布了一则药品召回通知，通知内容如下。

各药品经营企业、使用单位：我司为控制药品质量安全风险和可能存在的质量安全隐患，主动召回以下3个批次的复方对乙酰氨基酚片，批号：XXXX01、XXXX02、XXXX03。退回过程中如有业务问题的，请联系本公司市场部；如有质量问题的，请联系本公司质量部。我公司对给消费者及客户带来的不便深表歉意。

请思考：企业主动召回有质量问题或存在安全隐患的药品，对企业、对消费者分别有哪些影响?

5. 药品监督行政处罚制度

药品监督行政处罚制度是指药品监督管理部门对违反药品管理法律、法规、规章的单位或者个人实施行政处罚的一项制度。行政处罚的种类主要包括警告、罚款、没收非法财物、没收违法所得、暂扣或吊销有关许可证、责令停产停业、责令关闭、限制从业、行政拘留等。药品监督管理部门实施行政处罚，应遵循公开、公平、公正的原则，做到事实清楚、证据确凿、程序合法、适用依据正确、执法文书使用规范。药品监督行政处罚制度的建立，在保障公众用药安全、推进药品监管法治化、规范药品市场秩序等方面具有重要意义和作用。

↑素质提升

药品质量监管责任重于泰山

“人民至上、生命至上”是我国药品监督管理部门开展药品质量管理活动的出发点和落脚点。党的二十大报告指出，“人民健康是民族昌盛和国家强盛的重要标志。要把保障人民健康放在优先发展的战略位置，完善人民健康促进政策”。我国药品监督管理部门秉持监管为民的理念，立足人民的健康需求，将药品质量是否有保障、人民对药品的质量需求是否得到有效满足作为衡量质量监管工作成效的重要标准，切实保障和维护好人民的用药安全。

任务实施

详见“模块四　GSP工作任务实施”中的“药品质量与质量管理任务工单”。

任务二 GSP认知

课件

任务导入

某省药品监督管理部门发布的行政处罚信息显示：XX大药房有限公司未遵守《药品经营质量管理规范》经营药品，其行为违反了《药品管理法》第五十三条第一款的规定。根据《药品管理法》第一百二十六条、《行政处罚法》第五条第二款和第六条的规定，责令当事人改正违法行为，并处以罚款50万元的行政处罚。

讨论：

1. 哪些企业需要遵守《药品经营质量管理规范》的规定？
2. 《药品经营质量管理规范》的主要内容是什么？

任务分析

一、GSP的概念

GSP是Good Supply Practice的缩写，直译为“良好的供应规范”，在我国被称为“药品经营质量管理规范”。GSP是药品经营管理和质量控制的基本准则，是药品经营企业必须遵守的强制性规范。GSP的核心是通过建立健全药品经营质量管理体系，针对药品采购、收货、验收、储存、养护、出库、运输、配送、销售、售后管理各环节采取有效的质量控制措施，保证药品经营全过程持续符合法定要求，保证药品质量，保障人民用药安全。

二、GSP的历史沿革

（一）GSP的雏形阶段

为保证药品质量，早在1959年7月，卫生部、化工部、商业部联合下达的《关于保证和提高药品质量的指示》规定，“没有经过严格检验的药品不准收购或者在市场上出售”，要求药厂和商业部门必须“健全检验机构与严格执行检验制度”，切实保证供应药品的质量。1980年，国家医药管理总局在郑州召开了医药质量工作会议，会上将医药商业部门制定的《药品、器械质量管理办法试行草案》修订为《中国医药公司系统医药商品质量管理办法（试行）》，并于1981年1月20日起执行，这是GSP的雏形。

（二）GSP的形成阶段

1982年，中国医药公司开始起草了《医药商品质量管理规范（试行）》。1984年，该规范由国家医药管理局发布，并在全国医药商业系统内试行。它总结了我国多年的医药商业质量管理工作经验，并吸收了国外药品经营质量管理的先进理念。该规范的发布引起了药品经营企业的广泛重视，许多企业逐步将其纳入质量管理体系中。

随着改革开放的不断深入，我国药品批发企业数量猛增，市场由集中转向分散，行业整体质量管理水平有待提升。为进一步规范药品经营过程的质量管理，1992 年，国家医药管理局修订并发布了《医药商品质量管理规范》。该规范是我国现行 GSP 的前身，在我国大部分省份被积极推行，逐渐成为医药行业质量管理的重要参考。

1998 年，国家药品监督管理局成立后，在《医药商品质量管理规范》的基础上，制定了《药品经营质量管理规范》，并于 2000 年 4 月 30 日以局令第 20 号颁布，自 2000 年 7 月 1 日起正式施行。该规范首次对药品批发和药品零售的管理要求进行区分，编排更加科学、合理；对管理职责、人员与培训、设施与设备、进货、验收与检验、储存与养护、出库与运输、销售与服务等质量管理工作进行了规定，内容更加全面、具体，可操作性更强。此后，GSP 作为药品经营质量管理的基本准则，逐步成为国家开展药品经营监督质量管理工作的重要依据。

（三）GSP 的发展阶段

2001 年 12 月 1 日，《药品管理法》颁布施行。《药品管理法》第十六条规定：“药品经营企业必须按照国务院药品监督管理部门依据本法制定的《药品经营质量管理规范》经营药品。”自此，GSP 成为所有药品经营企业必须遵守的强制性规范。

2012 年 11 月 6 日，卫生部部务会审议通过了《药品经营质量管理规范》，并于 2013 年 1 月 22 日公布，自 2013 年 6 月 1 日起施行。本次修订是我国药品流通监管政策的一次较大调整，如借鉴了国外药品流通管理的先进经验，引入了供应链管理理念；结合我国国情，增加了计算机系统、药品储运温湿度自动监测、药品冷链管理、电子监管等新的要求；引入了质量风险管理、体系内审、验证等理念和管理方法。该规范提升了药品经营活动应具备的条件和规范要求，增强了药品流通环节的药品质量风险控制能力。

2015 年 5 月 18 日，国家食品药品监督管理总局局务会议审议通过了《药品经营质量管理规范》，并于 2015 年 6 月 25 日公布施行。该规范将“药品监督管理局”更名为“食品药品监督管理总局”，将首营企业审核资料要求中的“年检证明”更新为“上一年度企业年度报告公示情况”。

2016 年 6 月 30 日，国家食品药品监督管理总局局务会议通过了《关于修改〈药品经营质量管理规范〉的决定》，并于 2016 年 7 月 13 日以总局令第 28 号公布施行。该规范修正的内容主要涉及以下三个方面：一是根据《国务院办公厅关于加快推进重要产品追溯体系建设的意见》，对药品流通环节中药品经营企业如何执行药品追溯制度提出了可操作性要求；二是根据《国务院关于修改〈疫苗流通和预防接种管理条例〉的规定》，强化了对疫苗的管理，将疫苗经营企业的相关规定修改为疫苗配送企业的要求；三是根据《国务院办公厅关于加快推进“三证合一”登记制度改革的意见》，将首营企业需要查验的证件“营业执照、税务登记、组织机构代码证”三证合一为“营业执照”。

素质提升

“GSP 认证”的起与止

2001 版《药品管理法》第十六条规定：“药品监督管理部门按照规定对药品经营企业是否符合《药品经营质量管理规范》的要求进行认证；对认证合格的，发给认证证书。”2003 年 4 月，国家食品药品监督管理局发布的《药品经营质量管理规范认证管理办法》要求，所有药品经营企业应尽快完成 GSP 认证。自此，药品经营企业 GSP 认证在我国成了强制性要求。通过认证，淘汰了一批落后的药品经营企业，推动了药品流通体制改革，进而使我国药品经营的市场秩序逐步得到规范。

新修订的 2019 版《药品管理法》第五十三条规定：“从事药品经营活动，应当遵守药品经营质量管理规范，建立健全药品经营质量管理体系，保证药品经营全过程持续符合法定要求。”2019 年，国家药品监督管理局关于贯彻实施《中华人民共和国药品管理法》有关事项的公告要求，自 2019 年 12 月 1 日起，取消药品 GSP 认证，不再受理 GSP 认证申请，不再发放药品 GSP 证书。凡按现行法规要求进行现场检查的，2019 年 12 月 1 日后应当继续开展现场检查，并将现场检查结果通知企业；检查不符合要求的，按照规定依法予以处理。取消药品 GSP 认证不是降低监管要求，而是使药品监督管理部门在风险管理与全程管控的指导思想下，强化了对药品经营企业的动态监管。药品经营企业只有牢固树立依法合规的经营理念，将 GSP 要求融入日常的经营与管理中，做到持续合规，才能在日益激烈的市场竞争中立于不败之地。

三、GSP 的主要内容

现行 GSP 共四章二十二节一百八十四条，对药品经营企业人员、机构、设施设备、文件体系等软硬件配置及药品的采购、收货、验收、储存、养护、出库、运输、配送、销售、售后管理等经营环节都作出了规定。GSP 的主要内容如下。

（一）第一章 总则

第一章共四条，主要阐述了实施 GSP 的法律依据、GSP 对药品经营企业的基本要求、GSP 的适用范围等内容，强调了药品生产企业销售药品也应当遵循该规范的要求。

（二）第二章 药品批发的质量管理

第二章共十四节一百一十五条，对药品批发企业经营全过程进行了详细的规定，具体见表 0-1。

表 0-1 药品批发企业的质量管理

节条款	节名称	主要内容
第一节 共八条	质量管理体系	规定了企业建立质量管理体系的总体要求，同时明确了质量方针、内审、质量风险管理、质量管理体系评价要求
第二节 共五条	组织机构与质量管理职责	规定了企业组织机构设置的具体要求，以及企业负责人、企业质量负责人、质量管理部门的具体职责
第三节 共十三条	人员与培训	规定了企业负责人、质量负责人、质量管理部门负责人以及其他质量相关岗位人员的资质要求，同时明确了人员培训及健康检查要求
第四节 共十二条	质量管理体系文件	规定了企业质量管理体系文件应包含的具体内容，同时明确了文件起草、修订、审核、保存等方面的管理要求
第五节 共十条	设施与设备	规定了企业库房的选址、设计、布局，以及设施设备的配置、管理等方面的具体要求
第六节 共四条	校准与验证	规定了计量器具、温湿度监测设备等定期校准或检定的总体要求，并对验证的内容、控制文件、验证报告等要求进行了细化
第七节 共四条	计算机系统	规定了企业计算机系统的建立、配置以及数据的管理等方面的具体要求
第八节 共十一条	采购	规定了企业首营审核及采购管理应满足的具体要求
第九节 共十一条	收货与验收	规定了企业收货、验收环节应满足的具体要求，做到票、账、货相符
第十节 共六条	储存与养护	规定了企业储存、养护环节应满足的具体要求，同时明确了质量可疑药品的处理要求
第十一节 共五条	销售	规定了企业销售环节应满足的具体要求，做到票、账、货、款一致
第十二节 共六条	出库	规定了企业出库环节应满足的具体要求，同时对冷藏、冷冻药品的装箱、装车等项作业提出了特殊要求
第十三节 共十三条	运输与配送	规定了企业运输、配送环节应满足的具体要求，同时对委托运输所需满足的条件进行了细化
第十四节 共七条	售后管理	规定了企业售后管理的职责要求，包括药品投诉、退货、召回等

（三）第三章 药品零售的质量管理

第三章共八节五十八条，主要阐述了药品零售企业的质量管理与职责、人员管理、文件、设施与设备、采购与验收、陈列与储存、销售管理、售后管理等内容，对药品零售企业经营全过程进行了详细的规定。与第二章相比，药品零售企业的GSP管理，在条款数量上明显少于药品批发企业；在条款内容上既有相同的地方，又有药品零售企业自身的特点。

（四）第四章 附则

第四章共七条，明确了首营企业、拼箱发货等主要术语的含义，规定了需另行制定的内容。

知识拓展

WHO GDP简介

1980 年，国际药学联合会在西班牙召开的全体大会上通过决议，呼吁各成员方实施“药品供应管理规范”（Good Distribution Practice，简称GDP）。此后，世界卫生组织（World Health Organization，简称WHO）向各成员方推荐了GDP标准。2005 年，WHO在综合考虑各方实际、结合多方意见的基础上发布了《药品良好分销规范》，并于 2010 年进行了更新。

WHO GDP为药品的储存、运输和流通提供了一个国际认可的质量标准，帮助制造商、经销商和其他供应链参与者建立了标准的操作准则。GDP强调体系建设，通过建立全面的质量管理系统确保药品在整个供应链中质量可控；强调风险管理，要求对供应链中潜在的风险进行识别、评估和控制，降低药品在流通过程中质量受损的可能性；重视记录，要求详细记录所有与药品流通相关的信息，以便于追溯、审计和验证；重视培训，要求对负责药品流通的人员进行培训和持续教育，确保他们理解并能够遵守GDP要求；重视自检与持续改进，要求企业定期自检，鼓励企业持续改进流通实践，以适应不断变化的技术、市场和法规环境。

四、GSP的附录

GSP附录是国务院药品监督管理部门制定并发布的规范性文件，是GSP不可分割的一部分，与GSP正文条款具有同等效力。我国现行的GSP附录主要内容如下。

（一）附录 1：冷藏、冷冻药品的储存与运输管理

附录原文

冷藏、冷冻药品属于温度敏感性药品，必须采用严格的标准对其进行规范化管理。“附录 1：冷藏、冷冻药品的储存与运输管理”共十三条，要求药品经营企业采用经过验证确认的设施设备、技术方法和操作规程。主要内容涉及冷藏、冷冻药品相关的设施设备配置、各环节操作要点、应急预案、培训考核、委托运输等。该附录是药品经营企业开展冷藏、冷冻药品储存、运输管理的基本准则和操作标准。

（二）附录 2：药品经营企业计算机系统

附录原文

药品经营企业计算机系统是一个集成多种功能和模块的综合性系统，它在药品经营企业中扮演着至关重要的角色。“附录 2：药品经营

企业计算机系统”共二十二条，要求药品经营企业建立与经营范围和经营规模相适应的计算机系统，实时控制并记录药品经营各环节和质量管理全过程，并符合药品追溯的实施条件。主要内容涉及计算机系统相关的质量控制功能、硬件设施及网络环境、部门职责分工、数据管理等。该附录为药品经营企业建设和管理计算机系统提供了详尽且明确的操作指南。

（三）附录 3：温湿度自动监测

附录原文

温湿度控制是保证药品质量的基本条件，温湿度自动监测是做好温湿度控制的前提和保障。“附录 3：温湿度自动监测”共十七条，要求药品经营企业对药品储存过程中的温湿度状况和冷藏、冷冻药品运输过程中的温度状况进行实时自动的监测和记录。主要内容涉及温湿度自动监测系统相关的软硬件配置、测量误差、监测和记录频率、测点终端数量及位置等。该附录为药品经营企业有效实施温湿度自动监测提供了明确的指导和规范。

（四）附录 4：药品收货与验收

附录原文

药品收货与验收是防止质量不合格药品进入药品经营企业的一道重要屏障。“附录 4：药品收货与验收”共十八条，要求药品经营企业按照国家有关法律法规要求，制定药品收货与验收标准，开展药品收货与验收检查工作。主要内容涉及药品收货与验收环节相关的人员操作流程及要求、设施设备配置、抽样原则、记录要求等。该附录是确保药品收货与验收过程规范化、标准化的重要依据，有助于从源头上保障药品的质量和安全。

（五）附录 5：验证管理

附录原文

验证是现代管理的重要手段，是确保各项设施设备及管理系统始终处于完好、适用状态的重要措施。“附录 5：验证管理”共十二条，要求药品经营企业对冷库、冷藏车、冷藏箱、保温箱以及温湿度自动监测系统等进行验证，确认相关设施、设备及监测系统能够符合规定的设计标准和要求，并能安全、有效地正常运行和使用。主要内容涉及验证相关的验证范围、验证人员、验证控制文件、验证项目、验证测点、持续验证时间、验证数据、验证设备等。该附录为药品经营企业提供了验证管理的明确框架和具体操作指南，有助于企业规范、高效地完成验证工作，确保药品储存和运输设施设备的稳定性和可靠性。

（六）附录 6：药品零售配送质量管理

附录原文

药品零售配送是指根据消费者的购药需求，将药品送达消费者指定地点并签收的物流活动。“附录 6：药品零售配送质量管理”共二十二条，要求药品零售企业在药品配送的过程中采取有效的质量控制措施，并满足药品信息化追溯要求，实现药品配送全过程质量可控、可追溯。主要内容涉及药品零售配送相关的人员配置及管理、体系文件建设、运输工具、包装、配送时限、第三方平台管理等。该附录为规范药品零售配送行为，确保零售配送环节的药品质量提供了可操作的细则。

五、GSP 相关的法律法规

（一）《药品管理法》

为加强药品管理，保证药品质量，保障公众用药安全和合法权益，保护和促进公众健康，全国人民代表大会常务委员会于 1984 年通过了第一版《药品管理法》，此后又经历了数次修订完善，现行《药品管理法》自 2019 年 12 月 1 日起施行。《药品管理法》对我国药品管理的各个方面均进行了系统的规定，具体包括药品研制与注册、药品上市许可持有人、药品生产、药品经营、医疗机构药事管理、药品上市后管理、药品价格与广告、药品储备与供应、监督管理与法律责任等内容。

法律原文

（二）《药品经营和使用质量监督管理办法》

为规范药品经营和使用质量管理活动，国家市场监督管理总局发布了《药品经营和使用质量监督管理办法》，并自 2024 年 1 月 1 日起施行。该办法详细规定了药品经营企业的开办条件、开办程序及经营管理要求；明确了药品上市许可持有人销售药品或委托销售药品的质量管理要求；规定了医疗机构药品使用的质量管理要求和药品监督管理部门的监督检查要求。该办法的施行有利于强化药品经营和使用环节的监管，明确经营和使用过程中的各方责任，促进行业的高质量发展。

规章原文

（三）《药品网络销售监督管理办法》

为规范药品网络销售和药品网络交易平台服务活动，保障公众用药安全，国家市场监督管理总局发布了《药品网络销售监督管理办法》，并自 2022 年 12 月 1 日起施行。该办法对药品网络交易第三方平台、药品上市许可持有人、药品批发企业、药品零售企业通过网络销售药品的行为提出了具体的管理要求，并明确了药品网络销售违法行为的法律责任。

规章原文

（四）《药品经营质量管理规范现场检查指导原则》

为规范药品经营企业监督检查工作，国家食品药品监督管理总局于 2014 年制定了《药品经营质量管理规范现场检查指导原则》，并于 2016 年修订后重新发布。该指导原则详细规定了药品批发企业、药品零售企业、体外诊断试剂（药品）经营企业的检查项目和检查内容，并明确了监督检查结果的判定原则。该指导原则的发布为各级药品监督管理部门开展监督检查提供了依据，有利于提升药品检查工作的质量。

指导原则原文

案例分析

某地药品监督管理部门在对A医药有限公司核查一起经抽检为劣药的案件中，追溯到该批药品的供货单位为B医药有限公司，但该公司的销售系统中无此销售记录，公司仓库也从未销售过该药品。经进一步调查后发现，另一药品经营企业C公司的业务员以挂靠B医药有限公司的名义擅自组织货源，进行该药品的销售活动，药品未入企业仓库，未做检查验收，该业务员自行制作企业出库单据，并使用某医药有限公司资质和其开具的发票销售药品，该医药有限公司收取其货值8%的管理费。

请分析，在上述案例中，相关主体存在哪些违法行为？从GSP管理角度出发，该药品经营企业应如何保证药品质量？

任务实施

详见“模块四　GSP工作任务实施”中的“GSP认知任务工单”。

任务三　GSP实施

课件

任务导入

某地药品监督管理部门在对某药品批发企业的现场检查中发现，该企业有严重违规行为，具体包括：夜间切断冷库电源，生物制品仓储设施的温湿度自动监测系统不符合要求，存在严重的药品质量风险；计算机系统管理混乱，对收货环节的质量管理不能进行有效控制。

该药品监督管理部门责令其停业整顿，严格实施GSP，整改符合要求后方可恢复经营。

讨论：

1. 实施GSP有什么意义？

2. 药品经营企业应如何实施GSP？

任务分析

一、GSP实施的目的

实施GSP旨在加强药品经营质量管理，规范药品经营行为，保障人体用药安全、有效。通过约束和规范药品经营企业的经营行为，促使企业建立健全药品经营质量管理体系，在药品采购、储存、销售、运输等环节采取有效的质量控制措施，并按照国家有关要求建立药品追溯系统，保证药品经营全过程持续符合法定要求。

二、GSP实施的意义

（一）有利于提升企业质量管理水平

GSP作为药品经营质量管理的基本规范，要求药品经营企业从制度、流程、人员等方面入手，建立完善的质量管理体系。通过实施GSP，企业能够进一步明确自身的质量管理责任，完善质量管理制度和操作规程，加强质量风险管理，从而提升企业的质量管理水平，提高企业竞争力。

（二）有利于促进行业健康发展

GSP的实施对整个药品流通行业起到了规范和引导作用，促进了行业的规范化、专业化发展。一方面，GSP的实施有助于淘汰那些不具备经营条件、管理不规范的企业，有效整顿和规范药品流通领域的市场秩序，优化行业结构；另一方面，促进行业内部自我规范、自我约束、自我发展、自我提高，将药品经营的利益链转化为责任链，促进行业自律，不断激发行业活力，促进行业转型升级。

（三）有利于提高政府监管效率

首先，GSP的实施为政府的监管提供了依据和标准，有助于减少监管的主观性和随意性，提升监管的针对性和有效性。其次，GSP要求企业建立完善的计算机系统，实时控制并记录药品经营各环节与质量管理的全过程，通过信息化手段的运用，有助于推动政府监管的信息化、规范化建设，提高监管效率。最后，在风险管理、社会共治的原则下，监管部门可以根据企业的风险等级开展检查，实现监管资源的合理、高效配置。

（四）有利于保障人民用药安全

党的二十大报告中指出，“要加快建设质量强国”，“要推进健康中国建设，把保障人民健康放在优先发展的战略位置”。保证药品质量既是贯彻落实质量强国战略的具体体现，也是保障人民身体健康和生命安全的客观需要。一方面，GSP通过对药品经营各环节进行严格的规范，有助于确保药品的质量安全、保障消费者的健康权益、维护市场秩序；另一方面，GSP的实施能够促进药品经营企业牢固树立依法经营的法治观念与“质量第一”的管理理念，提升从业人员的职业素养。

三、GSP实施的内容

GSP的实施是一项系统工程，涉及面广、难度大，既需要软硬件的配置与管理，又需要对经营过程进行有效的质量控制等。GSP的实施不是一蹴而就的，药品经营企业必须把全面质量管理的理念与方法融入其中，按要求、分步骤、有条不紊地进行；GSP的实施也不可能一劳永逸，重在持续合规并不断优化。

（一）硬件管理

硬件管理包括药品经营企业经营场所和库房的建设、设施设备的配置以及计算机系统的建立与完善，是企业开展经营活动和保障药品质量的基础。第一，药品经营企业应当设有与其经营范围、经营规模相适应的经营场所和库房，经营场所与库房的选址、建造、规模、布局等应满足GSP的要求。第二，药品经营企业营业场所和库房应当配备质量管理所必需的设施设备，满足药品存储需求；同时，应加强设施设备的管理，包括定期检查、清洁和维护、校准与检定、验证管理等。第三，药品经营企业应当建立符合经营全过程管理和质量控制要求的计算机系统，包括服务器、终端机、网络环境、数据库等，实现药品可追溯。

素质提升

实施GSP硬件管理，依法合规销售药品

某市市场监督管理局执法人员在现场检查时发现，XX药品有限公司已入驻某网上商城并开展药品网络经营活动，但实际经营场所未陈列药品，也未配备必要的储存管理设备。当事人未按照GSP的要求实施硬件管理，该行为违反了GSP的相关规定。该市市场监督管理局依法对当事人处以罚款并责令整改。

药品经营企业营业场所和库房应当配备质量管理所必需的设施设备，设施设备的缺失可能会导致药品变质、污染、混淆等风险。无论是在线上还是在线下销售药品，药品经营企业都必须牢固树立依法合规经营的理念，强化风险管理意识，遵循“线上线下一致”原则，严格实施GSP的硬件管理，为药品质量提供保障，为消费者用药安全保驾护航。

（二）软件管理

软件管理包括药品经营企业组织机构的设置、人员的管理以及质量管理体系文件的制定和实施。第一，药品经营企业应当设立与其经营活动和质量管理相适应的组织机构和岗位，并明确其职责。第二，药品经营企业从事药品经营和质量管理工作的人员，应当符合有关法律法规规定的资格要求，并开展培训和健康管理。第三，药品经营企业制定质量管理体系文件应当符合企业实际，并按照GSP的要求开展文件的起草、修订、审核、批准等管理工作。

（三）过程管理

1. 采购管理

药品采购管理是药品经营企业经营活动的起点，也是药品质量控制的第一道防线。药品经营企业应当开展首营审核，确保供货单位、所购药品以及供货单位销售人员的合法性；应当与供货单位签订质量保证协议和购销合同，建立采购记录；应当向供货单位索取发票，确保票、账、货、款一致，此外，还应建立药品质量评审与供货单位质量档案，以便动态跟踪管理。

2. 收货与验收管理

药品收货与验收管理是药品经营企业保证药品质量的关键环节。药品经营企业应当按照规定的程序和要求对到货药品逐批进行收货、验收，防止不合格药品入库。药品到货时，收货人员应当核查运输工具和运输状态、查验相关票据、核对实物信息、签字记录；将检查无误的药品按品种特性要求放于相应的待验区域或设置状态标志，移交验收人员。药品验收时，验收人员应当逐批核对单据和药品、查验合格证明文件、验收抽样、质量检查、填写记录；验收合格的药品应及时入库或上架，验收不合格的药品不得入库，并交由质量管理部门处理。

3. 储存与养护管理

药品储存与养护管理是确保药品在整个在库储存过程中保持其原有质量特性的重要环节。药品经营企业应当根据药品的质量特性对药品进行合理储存，严格控制储存条件，按规定分类存放药品。同时，应当根据库房条件、外部环境、药品质量特性等对药品进行科学养护，检查并改善储存条件、卫生环境，加强防护措施，对近效期药品与不合格药品进行管理。

4. 出库与运输管理

药品出库与运输管理是保证质量合格药品及时、安全送达客户手中的重要环节。药品出库时，药品经营企业应当对照销售记录进行复核，复核无误后，附上加盖企业药品出库专用章原印章的随货同行单（票）；发现异常情况的不得出库，并报告质量管理部门处理。药品运输时，应根据药品的包装、质量特性结合实际情况选择适宜的运输工具，并采取相应措施，防止在运输途中出现变质、破损、污染、盗抢、遗失、调换等问题；委托运输的，应当对承运方运输药品的质量保障能力进行审计，并签订运输协议，明确药品质量责任、遵守运输操作规程和在途时限等内容。

5. 销售与售后管理

药品销售与售后管理是连接药品经营企业和客户之间的重要桥梁。良好的销售与售后管理可以有效保障公众的用药安全、提高客户的满意度和忠诚度、维护企业的声誉。药品批发企业应当将药品销售给合法的购货单位，保证药品销售流向真实、合法；药品零售企业应当挂牌执业，将处方药、非处方药进行分类管理，并提供专业的药学服务；销售过程应做好记录并开具销售凭证，做到票、账、货、款一致；企业应当建立完善的药品售后管理制度和流程，开展客户质量查询、质量投诉、销后退回、药品追回、药品召回、药品不良反应报告与监测等售后管理工作，并做好相关记录。

知识拓展

我国GSP与WHO GDP的区别

我国GSP在形成与发展过程中借鉴了国外GDP的先进理念，在编写思路方面具有相似性，但在结构与内容上却存在一定的差异。以WHO GDP为例，表0-2列举了我国GSP与WHO GDP的主要区别。

表0-2 我国GSP与WHO GDP的主要区别

类别	我国GSP	WHO GDP
适用范围	适用于药品经营企业和其他涉及药品销售、储存、运输与配送的企业	适用于药品整条供应链上的所有组织，包括药房、医院、诊所以及药品生产企业、政府、相关的监管机构、国际组织等
采购	将采购管理作为规范的重要内容，强调对供货单位资质的审核	未将采购单列一章进行详细要求，仅对采购合同提出规范性要求
收货验收	需要建立严格的收货、验收程序，对每次到货药品的质量情况进行逐批抽样验收	未涉及验收的内容，强调产品放行。放行产品必须来自被授权的供货单位，由被批准单位负责运输配送，全程可追溯
储存	规定了在库期间的药品储存要求，强调储存条件应满足药品特性	规定了药品流通全过程的所有储存场地的要求，包括生产场地、社区或医院、药房等；强调储存环境的卫生、货品的安全以及储存条件达标
售后	对投诉处理的要求相对简单，没有具体的投诉处理程序	将投诉列为单独一章，要求建立详细的投诉处理程序

案例分析

某省药品监督管理局根据投诉举报线索对XX大药房连锁有限公司进行检查，在检查过程中发现，该公司存在严重违反GSP的行为，具体包括：未从药品上市许可持有人或者具有药品生产、经营资格的企业购进XX药品；在计算机系统中编造购进记录；采购药品时未向供货单位索取发票；药品采购、储存、配送信息不可追溯；企业质量负责人赵某从未在该公司实际工作过，无法履行相关管理职责。

该公司的上述行为违反了《药品管理法》第五十三条、第五十五条的规定。该省药品监督管理局依据《药品管理法》第一百二十六条、第一百二十九条，对该公司处以罚款125万元的行政处罚，并对该公司企业负责人处以终身禁止从事药品生产经营活动的行政处罚。

请分析，在上述案例中，XX大药房连锁有限公司在实施GSP的过程中存在哪些方面的问题？

任务实施

详见“模块四　GSP工作任务实施”中的“GSP实施任务工单”。

岗课赛证

本项目对应的岗位包括企业负责人、企业质量负责人、质量管理部门负责人、质量管理员、药师、执业药师等。与药学、药品经营、药品购销、医药商品储运等职业技能大赛对接，与执业药师资格证书、“1+X”药品购销职业技能等级证书等对接。上述岗位、比赛和证书均需学生熟悉药品质量特性和质量管理的规范与制度，能明确GSP的具体要求，遵守职业道德，牢固树立质量意识和合法合规经营意识。

项目评价

药品经营质量管理认知评分见表0–3。

表0-3　药品经营质量管理认知评分

<table>
<tr><td rowspan="2">基本信息</td><td>姓名</td><td></td><td>学号</td><td></td><td>班级</td><td></td><td>组别</td><td></td></tr>
<tr><td>考核日期</td><td colspan="3"></td><td colspan="2">总评成绩</td><td colspan="2"></td></tr>
<tr><td rowspan="14">考核内容</td><td rowspan="2">任务</td><td colspan="3" rowspan="2">步骤</td><td colspan="2">完成情况</td><td rowspan="2">标准分</td><td rowspan="2">评分</td></tr>
<tr><td>完成</td><td>未完成</td></tr>
<tr><td rowspan="3">药品质量与质量管理</td><td colspan="3">信息梳理</td><td></td><td></td><td>5</td><td></td></tr>
<tr><td colspan="3">实例查找</td><td></td><td></td><td>5</td><td></td></tr>
<tr><td colspan="3">实例分析</td><td></td><td></td><td>10</td><td></td></tr>
<tr><td rowspan="3">GSP认知</td><td colspan="3">梳理GSP发展脉络</td><td></td><td></td><td>5</td><td></td></tr>
<tr><td colspan="3">查找案例</td><td></td><td></td><td>5</td><td></td></tr>
<tr><td colspan="3">分析与比较</td><td></td><td></td><td>15</td><td></td></tr>
<tr><td rowspan="3">GSP实施</td><td colspan="3">制订调研计划</td><td></td><td></td><td>5</td><td></td></tr>
<tr><td colspan="3">开展调查研究</td><td></td><td></td><td>15</td><td></td></tr>
<tr><td colspan="3">撰写调研报告</td><td></td><td></td><td>15</td><td></td></tr>
<tr><td colspan="6">合规操作</td><td>10</td><td></td></tr>
<tr><td colspan="6">严谨细致</td><td>5</td><td></td></tr>
<tr><td colspan="6">团队协作</td><td>5</td><td></td></tr>
<tr><td>组员互评</td><td colspan="8"></td></tr>
<tr><td>教师评价</td><td colspan="8"></td></tr>
</table>

项目拓展

理论知识回顾

一、单项选择题

1. 药品经营质量管理规范简称（　　）。

   A. GMP　　B. GAP　　C. GVP　　D. GSP

2. 药品的质量特性不包括（　　）。

   A. 有效性　　B. 稳定性　　C. 安全性　　D. 经济性

3. 下列不属于GSP附录的是（　　）。

   A. 药品运输管理　　B. 药品收货与验收

   C. 药品零售配送质量管理　　D. 药品经营企业计算机系统

二、多项选择题

1. 我国制定的一系列保证药品质量的管理规范包括（　　）。

   A. GLP　B. GCP　C. GMP　D. GDP　E. GAP　F. GVP　G. GSP

2. 药品经营企业应从哪些方面实施GSP（　　）。

   A. 人员　B. 关键过程　C. 设施设备　D. 体系文件　E. 库房

三、简答题

实施GSP有什么重要意义？

实践能力提升

走访调研：实地参观一家药品经营企业，查看其软硬件管理、过程管理是否与GSP的要求相一致。

Module 1

模块一

药品经营软硬件管理

模块导航

随着市场竞争的加剧，药品经营企业面临着巨大的挑战和压力。软硬件管理有助于企业建立起完善的质量管理体系和风险控制机制，保障药品的质量和安全。同时，软硬件管理也有助于企业提升质量管理水平和运营效率，降低运营成本，提高服务质量，在激烈的市场竞争中脱颖而出。

本模块依据有关法律法规及GSP的要求，设置了机构与人员管理、库房与设施设备管理、计算机系统管理、质量管理体系文件管理、药品经营企业开办五个核心项目。通过药品经营企业组织结构的合理设置、人员的选聘和培训，形成专业、有序的工作机制；通过库房的选址及建设、设施设备的购置和验证，营造适合药品储运的温湿度环境；通过计算机系统的现代化应用与数据管理，确保药品信息的准确性和可追溯性；通过质量管理体系文件的编写，为企业质量管理活动提供指导和规范；通过企业证照的申领，确保企业合法合规经营。这一模块的实施，对于确保药品经营各环节有效运行，推动药品流通行业科学化、规范化、专业化发展，保障患者用药安全，具有重要意义。

项目一　机构设置与人员管理

学习目标

知识目标

1. 掌握药品经营企业质量管理部门和相关岗位设置要求，药品经营企业相关岗位人员资质要求。

2. 熟悉药品经营企业组织机构的设置原则，药品经营企业中人员培训的要求。

3. 了解药品经营企业人员健康管理的要求。

能力目标

1. 能设置药品经营企业的组织机构。

2. 能制定药品经营企业人员的培训计划。

素质目标

1. 树立合规意识和质量意识。

2. 具备诚实守信、忠于职守、服务社会的职业道德。

任务一　机构设置

动画

课件

任务导入

小李拟开办一家药品批发企业，自己做法定代表人和企业负责人。

讨论：

1. 小李拟从事的岗位有哪些职责要求?

2. 小李应如何设置企业的组织机构?

任务分析

一、组织机构概念及重要性

企业组织机构是指从事企业经营管理活动的权力、决策、执行和监督机构的总称，是组织的全体成员为实现组织目标，在管理工作中进行分工协作，在职务范围、责任等方面所形成的结构体系。组织机构的设置应审视两个问题：一是是否存在职能重叠或缺失现象，尤其是组织所需的关键职能是否具备。二是职能部门是否定位清晰，是否有明确的职责要求，上下级之间、各岗位职责与职权之间是否有对应性。良好的组织机构是企业有序运行的重要保证，有利于促进部门协作、优化决策流程和提高工作效率，有利于企业战略目标的实现。

GSP对药品经营企业的组织机构与职能设置提出了要求，科学合理的组织机构设计和明确清晰的职能设置是药品经营企业的必备条件。这为药品经营企业质量管理活动和业务活动的开展提供了有力的保障，促进了药品经营企业合规经营、健康发展。

二、组织机构设置原则

企业组织机构的本质是为实现组织战略目标而采取的一种分工协作体系。药品经营企业在设置组织机构时应把握以下两个核心原则。

一是“合规”原则。药品经营企业必须严格依照国家法律法规和行业规范设置和运作其组织机构，确保所有经营活动合法合规，满足质量管理需求，维护药品市场的秩序和消费者的权益。

二是“按需”原则。企业要根据自身的经营方式、业务特点、企业规模和发展战略来灵活设置和调整组织机构，以确保组织机构的合理性和高效性，满足企业当前及未来的业务需求，实现资源的优化配置和企业的可持续发展。

三、药品批发企业组织机构设置要求

（一）高层管理机构及岗位设置

药品批发企业的高层管理机构是企业内部具有战略决策权和执行监督权的组织。它负责制定企业的发展战略、监督运营过程，并确保企业战略目标的顺利实现。高层管理机构一般由法定代表人、企业负责人、企业质量负责人等岗位组成，企业可以根据实际需要进行设置。

1. 法定代表人

《中华人民共和国民法典》规定，法定代表人是指依法律或法人章程规定代表法人行使职权的负责人。法定代表人对企业的经营管理负有全面责任，确保企业的稳健运营和持续发展。

2. 企业负责人

企业负责人可以由法定代表人兼任，也可以由法定代表人任命或依据公司章程选举产生。企业负责人是药品质量的主要责任人，全面负责企业日常管理，负责提供必要的条件，保证质量管理部门和质量管理人员有效履行职责，确保企业实现质量目标并按照GSP的要求经营药品。

3. 企业质量负责人

企业质量负责人应当由高层管理人员担任，全面负责药品质量管理工作，独立履行职责，在企业内部对药品质量管理具有裁决权。质量负责人岗位必须独立设置，不得兼任。

（二）质量管理机构及岗位设置

1. 质量管理机构设置及职责

为保障药品经营过程中的质量管理，药品批发企业应当设立质量管理部门，并有效开展质量管理工作。企业质量负责人分管质量管理部门。质量管理部门的职责不得由其他部门及人员履行。质量管理部门应当履行以下职责：

（1）督促相关部门和岗位人员执行药品管理的法律法规及GSP。

（2）组织制订质量管理体系文件，并指导、监督文件的执行。

（3）负责对供货单位和购货单位的合法性、购进药品的合法性以及供货单位销售人员、购货单位采购人员的合法资格进行审核，并根据审核内容的变化进行动态管理。

（4）负责质量信息的收集和管理，并建立药品质量档案。

（5）负责药品的验收，指导并监督药品采购、储存、养护、销售、退货、运输等环节的质量管理工作。

（6）负责不合格药品的确认，对不合格药品的处理过程实施监督。

（7）负责药品质量投诉和质量事故的调查、处理及报告。

（8）负责假劣药品的报告。

（9）负责药品质量查询。

（10）负责指导设定计算机系统质量控制功能。

（11）负责计算机系统操作权限的审核和质量管理基础数据的建立及更新。

（12）组织验证、校准相关设施设备。

（13）负责药品召回的管理。

（14）负责药品不良反应的报告。

（15）组织质量管理体系的内审和风险评估。

（16）组织对药品供货单位及购货单位质量管理体系和服务质量的考察和评价。

（17）组织对被委托运输的承运方运输条件和质量保障能力的审查。

（18）协助开展质量管理教育和培训。

（19）其他应当由质量管理部门履行的职责。

2. 岗位设置

质量管理部门负责人由企业中层管理人员担任，负责指导和监督整个质量管理部门的工作，确保质量管理体系的有效运行。从质量管理部门的职责出发，企业可以根据自身运营特点和业务需求，下设质量管理岗、验收岗等，并明确岗位职责、细化工作流程，提升管理效能。同时，从事质量管理、验收工作的人员应当在职在岗，不得兼职其他业务工作，以保证独立行使岗位职责，从而保证所经营药品的质量。

（三）其他机构及岗位设置

由于药品批发企业经营的药品种类繁多、数量庞大，因此，为确保药品供应的及时性、稳定性和高效性，药品批发企业除了设置高层领导机构和质量管理机构之外，还应根据实际需求设置业务、储运、行政、财务、信息等相关管理部门。每个部门均应配备负责人，负责部门内部工作的正常运行，并与其他部门保持协同合作，共同推动企业整体目标的顺利达成，确保药品质量，保障患者用药安全，促进企业的稳健发展。

1. 业务部门

业务部门主要负责企业的药品采购和销售活动，可细分为采购部门和销售部门，也可下设采购岗、销售岗等。

2. 储运部门

储运部门主要负责企业的药品储存管理、出库管理、运输与配送管理等活动，可细分为仓储管理部门和运输管理部门，也可下设收货岗、保管岗、养护岗、复核岗、运输与配送岗等。

3. 行政部门

行政部门主要负责企业日常行政事务的处理，包括综合协调、人力资源管理、后勤保障、文档管理、会议组织等工作，可下设综合协调岗、人事岗等。

4. 财务部门

财务部门主要负责企业的财务管理活动，严格执行财务会计制度，开展财务核算与监督、票据管理与核对、资金管理与预算、税务申报与筹划等工作，也可下设会计岗、出纳岗等。

5. 信息部门

信息部门主要负责企业计算机系统的安装、测试、维护等工作，保障数据安全，提供信息技术支持，可下设信息管理岗等。

？思考讨论

请思考，药品批发企业在构建和完善组织机构时，应如何平衡各部门之间的职能与权责，才能确保质量管理体系的有效运行，实现各部门之间的协同合作，推动企业的可持续发展？

四、药品零售企业组织机构设置要求

药品零售企业是指将购进的药品直接销售给消费者的药品经营企业，包括药品零售单体药店和药品零售连锁企业。药品零售单体药店是指单个独立运营的零售药店。药品零售连锁企业是指经营同类药品、使用统一商号的若干个门店，在同一总部的管理下，采取统一采购配送、统一质量标准、采购同销售分离、实行规模化管理经营的组织形式。

（一）药品零售单体药店

1. 企业负责人

药品零售单体药店的企业负责人是药品质量的主要责任人，负责企业日常管理，提供必要的条件保证质量管理部门和质量管理人员有效履行职责，确保企业按照GSP的要求经营药品。

2. 质量管理部门或质量管理岗位

药品零售单体药店应当设置质量管理部门或者配备质量管理人员，保障药品零售过程中的药品质量。质量管理部门或质量管理人员应当履行以下职责：

（1）督促相关部门和岗位人员执行药品管理的法律法规及GSP。

（2）组织制订质量管理文件，并指导、监督文件的执行。

（3）负责对供货单位及其销售人员资格证明的审核。

（4）负责对所采购药品合法性的审核。

（5）负责药品的验收，指导并监督药品采购、储存、陈列、销售等环节的质量管理工作。

（6）负责药品质量查询及质量信息管理。

（7）负责药品质量投诉和质量事故的调查、处理及报告。

（8）负责对不合格药品的确认及处理。

（9）负责假劣药品的报告。

（10）负责药品不良反应的报告。

（11）开展药品质量管理教育和培训。

（12）负责计算机系统操作权限的审核、控制及质量管理基础数据的维护。

（13）负责组织计量器具的校准及检定工作。

（14）指导并监督药学服务工作。

（15）其他应当由质量管理部门或者质量管理人员履行的职责。

3. 其他部门或岗位

相比于药品批发企业，药品零售单体药店经营的药品种类较少、数量不大，所以可以根据其实际需求，设置质量管理、业务、行政等部门，再下设相关岗位；也可不设置部门，直接设置质量管理、验收、采购、处方审核、财务等相关岗位。企业应制定各部门、岗位的工作职责并形成职责文件，做到“事事有人管、人人有专责”。

（二）药品零售连锁企业

药品零售连锁企业通常由总部、配送中心以及多个门店构成，若跨地区发展，则可设立分部以适应地域性管理和运营需求。药品零售连锁企业总部的组织机构设置应参考药品批发企业；门店一般不设置部门，而是直接设置到岗位，机构设置可参考药品零售单体药店。

任务实施

详见“模块四　GSP工作任务实施”中的“药品批发企业组织机构设置任务工单”。

任务二　人员管理

动画

课件

任务导入

小李药学专业本科毕业，在某药品企业工作 5 年后，拟开办一家药品批发企业，经营范围拟包括中药饮片、中成药、化学药、生物制品。

讨论：

1. 企业配备的相关岗位人员应具备哪些资质要求?
2. 企业应如何开展人员培训?

任务分析

人力资源是企业最重要的资源之一，对于药品经营企业而言，员工素质的高低不仅关系到其经营效率和管理水平的高低，更是直接关系到其经营过程中的药品质量。因此，GSP对药品经营企业的人员资质、人员培训和人员健康等方面都有明确的要求。企业应当按照要求配备相应人员，并通过培训不断提高员工的素质，确保经营全过程中的药品质量符合要求。

一、人员资质

（一）从业禁止规定

GSP第十八条规定：“企业从事药品经营和质量管理工作的人员，应当符合有关法律法规及本规范规定的资格要求，不得有相关法律法规禁止从业的情形。”《药品管理法》第一百一十八条、第一百二十二条至第一百二十六条、第一百四十一条至第一百四十二条均明确规定了禁止从业情形（见表 1–1），针对不同违法情形及其严重程度，对相关人员作出五年、十年以及终身禁止从事药品生产经营活动的规定。

表 1-1　《药品管理法》中禁止从业的相关规定

法条	违法情形	禁止从业对象	禁止从业具体要求
第一百一十八条	生产、销售假药，或者生产、销售劣药且情节严重	法定代表人、主要负责人、直接负责的主管人员和其他责任人员	终身禁止从事药品生产经营活动
第一百二十二条	伪造、变造、出租、出借、非法买卖许可证或者药品批准证明文件且情节严重	法定代表人、主要负责人、直接负责的主管人员和其他责任人员	十年内禁止从事药品生产经营活动
第一百二十三条	提供虚假的证明、数据、资料、样品或者采取其他手段骗取临床试验许可、药品生产许可、药品经营许可、医疗机构制剂许可或者药品注册等许可且情节严重	法定代表人、主要负责人、直接负责的主管人员和其他责任人员	十年内禁止从事药品生产经营活动
第一百二十四条	有下列行为之一且情节严重： （1）未取得药品批准证明文件生产、进口药品；（2）使用采取欺骗手段取得的药品批准证明文件生产、进口药品；（3）使用未经审评审批的原料药生产药品；（4）应当检验而未经检验即销售的药品；（5）生产、销售国务院药品监督管理部门禁止使用的药品；（6）编造生产、检验记录；（7）未经批准在药品生产过程中进行重大变更	法定代表人、主要负责人、直接负责的主管人员和其他责任人员	十年直至终身禁止从事药品生产经营活动
第一百二十五条	有下列行为之一且情节严重： （1）未经批准开展药物临床试验；（2）使用未经审评的直接接触药品的包装材料或者容器生产药品，或者销售该类药品；（3）使用未经核准的标签、说明书	法定代表人、主要负责人、直接负责的主管人员和其他责任人员	十年直至终身禁止从事药品生产经营活动
第一百二十六条	药品上市许可持有人、药品生产企业、药品经营企业、药物非临床安全性评价研究机构、药物临床试验机构等未遵守药品生产质量管理规范、药品经营质量管理规范、药物非临床研究质量管理规范、药物临床试验质量管理规范等且情节严重	法定代表人、主要负责人、直接负责的主管人员和其他责任人员	十年直至终身禁止从事药品生产经营等活动
第一百四十一条	药品上市许可持有人、药品生产企业、药品经营企业在药品研制、生产、经营中向国家工作人员行贿	法定代表人、主要负责人、直接负责的主管人员和其他责任人员	终身禁止从事药品生产经营活动
第一百四十二条	有关人员在药品购销中收受其他药品上市许可持有人、药品生产企业、药品经营企业或者代理人给予的财物或者其他不正当利益且情节严重	药品上市许可持有人、药品生产企业、药品经营企业的负责人、采购人员等	五年内禁止从事药品生产经营活动

案例分析

某省药品检查中心在对某药品经营企业进行现场检查时发现，该企业最近新聘用了一位质量管理员李某。李某5年前曾因制售假药而被追究过刑事责任，且当时的社会影响较为恶劣。

请分析，该企业存在什么问题，违反了《药品管理法》的哪些规定？

（二）人员任职要求

1. 药品批发企业

（1）企业负责人

企业负责人是药品批发企业的最高经营管理者，应当具有大学专科以上学历或者中级以上专业技术职称，经过基本的药学专业知识培训，熟悉有关药品管理的法律法规及GSP等规范要求，确保企业运营的合规性和高效性。

知识拓展

专业技术职称

职称是指专业技术人员的专业技术水平、能力以及成就的等级称号，是反映专业技术人员的技术水平和工作能力的标志。根据现行的制度，职称按不同的系列进行划分，职称的级别一般分为初级、中级和高级，如卫生专业技术人员职称设初级、中级、高级，初级分设士级和师级，高级分设副高级和正高级。卫生专业技术人员职称可划分为医、药、护、技四个专业类别，其中，药学类各级别职称名称分别为药士、药师、主管药师、副主任药师、主任药师。

（2）质量负责人

企业质量负责人全面负责企业药品质量管理工作，应当具有大学本科以上学历、执业药师资格和3年以上药品经营质量管理工作经历，在质量管理工作中具备正确判断和保障实施的能力。

知识拓展

执业药师

执业药师是指经全国统一考试合格，取得《中华人民共和国执业药师职业资格证书》（以下简称《执业药师职业资格证书》）并经注册，在药品生产、经营、使用和其他需要提供药学服务的单位中执业的药学技术人员。

执业药师职业资格实行全国统一大纲、统一命题、统一组织的考试制度。原则上每年举行一次。申请参加考试的条件如下：

（1）取得药学类、中药学类专业大专学历，在药学或中药学岗位工作满4年。

（2）取得药学类、中药学类专业大学本科学历或学士学位，在药学或中药学岗位工作满 2 年。

（3）取得药学类、中药学类专业第二学士学位、研究生班毕业或硕士学位，在药学或中药学岗位工作满 1 年。

（4）取得药学类、中药学类专业博士学位。

（5）取得药学类、中药学类相关专业相应学历或学位的人员，在药学或中药学岗位工作的年限相应增加 1 年。

执业药师职业资格考试合格者，由各省、自治区、直辖市人力资源社会保障部门颁发《执业药师职业资格证书》。该证书由人力资源社会保障部统一印制，国家药品监督管理局与人力资源社会保障部用印，在全国范围内有效。

此外，根据 2019 年国家药品监督管理局、人力资源社会保障部联合发布的《执业药师职业资格制度规定》（国药监人〔2019〕12 号）的规定，专业技术人员取得执业药师职业资格，可认定其具备主管药师或主管中药师职称，并可作为申报高一级职称的条件。单位根据工作需要择优聘任。

（3）质量管理部门负责人

质量管理部门负责人即质量管理部门经理，应当具备执业药师资格和三年以上药品经营质量管理工作经历，能独立解决经营过程中的质量问题。

（4）质量管理相关岗位

除了上述提到的质量负责人和质量管理部门负责人，药品批发企业质量管理相关岗位还包括质量管理人员、验收人员等。同时，为确保疫苗质量和安全，GSP 要求具有药品储存配送业务的药品批发企业应当配备 2 名以上专业技术人员专门负责疫苗质量管理和验收工作。各岗位具体任职要求见表 1–2。

表 1-2　药品批发企业质量管理相关岗位任职要求

相关工作岗位		任职要求
质量管理员	普通质量管理员	药学中专或者医学、生物、化学等相关专业大学专科以上学历或者具有药学初级以上专业技术职称
	疫苗质量管理员	预防医学、药学、微生物学或者医学等专业本科以上学历及中级以上专业技术职称，并有 3 年以上从事疫苗管理或者技术工作经历
验收员	普通验收员	药学或者医学、生物、化学等相关专业中专以上学历或者具有药学初级以上专业技术职称
	中药材、中药饮片验收员	中药学专业中专以上学历或者具有中药学中级以上专业技术职称
	直接收购的地产中药材验收员	中药学中级以上专业技术职称
	疫苗验收员	预防医学、药学、微生物学或者医学等专业本科以上学历及中级以上专业技术职称，并有 3 年以上从事疫苗管理或者技术工作经历

案例分析

某省药品检查中心在对A药品批发企业进行现场检查时发现，某日，验收员王某不在岗，企业质量负责人张某登录了王某的账号，开展了验收工作。同时还发现，王某在B药品批发企业也兼职验收员的工作，A、B两家企业无直接关系。

请分析，A企业存在什么问题，并提出相应的整改措施。

（5）其他相关岗位

GSP规定，从事养护工作的，应当具有药学或者医学、生物、化学等相关专业中专以上学历或者具有药学初级以上专业技术职称；从事中药材、中药饮片养护工作的，应当具有中药学专业中专以上学历或者具有中药学初级以上专业技术职称；从事采购工作的，应当具有药学或者医学、生物、化学等相关专业中专以上学历；从事销售、储存等工作的，应当具有高中以上文化程度。

2.药品零售企业

GSP规定，药品零售企业法定代表人或者企业负责人应当具备执业药师资格，发挥执业药师作用。相关岗位具体任职要求见表1–3。

表1-3　药品零售企业相关工作岗位任职要求

相关工作岗位		任职要求
法定代表人或者企业负责人		执业药师
质量管理员、验收员、采购员	一般质量管理员、验收员、采购员	药学或者医学、生物、化学等相关专业学历或者具有药学专业技术职称
	中药饮片质量管理员、验收员、采购员	中药学专业中专以上学历或者具有中药学专业初级以上专业技术职称
营业员		高中以上文化程度或者符合省级药品监督管理部门规定的条件
中药饮片调剂员		中药学专业中专以上学历或者具备中药调剂员资格

此外，经营处方药、甲类非处方药的，应当按规定配备与经营范围和品种相适应的依法经过资格认定的药师或者其他药学技术人员；经营乙类非处方药的，可以配备经设区的市级药品监督管理部门组织考核合格的药品销售业务人员。

二、人员培训

（一）培训分类

按照培训的目的、内容和方式的不同，培训可分为岗前培训和继续培训。岗前培训是指针对新员工或转岗人员进行的一种入职培训，目的是帮助员工熟悉即将从事的工作环境和职责，掌握必要的工作技能和知识，以便顺利融入新的工作岗位并有效地执行工作任务；继续培训也叫继续教育，是指对已经在职并具备一定专业知识和技能的员工进行的教育和培训，旨在更新和扩展他们的专业知识，提升职业技能，以适应不断变化的工作需求和行业发展趋势。GSP规定，药品经营企业必须对各岗位人员进行与其职责和工作内容相关的岗前培训和继续培训。从事特殊管理的药品和冷藏冷冻药品的储存、运输等工作的人员，应当接受相关法律法规和专业知识培训并经考核合格后方可上岗。

（二）培训内容

培训内容应当包括相关法律法规、药品专业知识及技能、质量管理制度、职责及岗位操作规程等。岗前培训内容一般涉及药品相关法律法规和公共法律法规、药品专业知识、企业质量管理制度、岗位职责、岗位操作规程、计算机系统操作、安全知识、企业文化等。继续培训内容一般涉及最新发布的药品法律法规、新标准、新知识、新技术、新方法和新技能等。

（三）培训实施

企业应当按照培训管理制度制定年度培训计划并开展培训，使相关人员能正确理解并履行职责。培训计划一般包括培训内容、培训方式、培训对象、培训时间、授课教师等。

培训工作应当做好记录并建立档案。培训档案一般由企业内部培训档案和员工个人培训档案两部分组成。企业内部培训档案一般包括企业培训管理制度、年度培训计划、培训工作记录、培训资料、培训考核、培训总结等内容。员工个人培训档案一般包括员工个人学历、职称等证明材料，历次培训登记表及证明材料等。

三、健康与卫生管理

企业应当制定员工健康检查管理制度，质量管理、验收、养护、储存等直接接触药品岗位的人员应当进行岗前及年度健康检查。检查内容应包括但不限于病毒性肝炎、结核病等传染病及其他可能污染药品的疾病。如发现员工患有传染病或其他可能污染药品的疾病，应立即调离直接接触药品的岗位。企业应建立健康档案，记录员工的健康状况、体检结果等信息。

同时，企业应当制定员工个人卫生管理制度，规范员工的个人卫生行为。储存、运输等岗位人员的着装应当符合劳动保护和产品防护的要求。所有员工都应保持良好的个人卫生习惯，未经批准不得进入药品储存作业区。禁止在库区内吸烟、进餐或从事任何可能影响药品质量安全的活动。

任务实施

详见“模块四　GSP工作任务实施”中的“药品批发企业人员管理任务工单”。

岗课赛证

本项目对应的岗位涵盖药品经营环节中的所有岗位。本项目内容与药学、药品经营、药品购销、医药商品储运等技能大赛对接，与执业药师资格证书、“1+X”

药品购销职业技能等级证书等对接。上述岗位、比赛和证书均需学生掌握GSP关于药品经营企业组织机构与人员的相关要求，能够按照要求为企业设置组织机构、制定岗位职责，并确保相关岗位人员满足法规的要求，树立合规意识和质量意识。

项目评价

机构设置与人员管理评分见表 1-4。

表 1-4　机构设置与人员管理评分

<table>
<tr><td rowspan="2">基本信息</td><td>姓名</td><td colspan="2"></td><td>学号</td><td></td><td>班级</td><td></td><td>组别</td><td></td></tr>
<tr><td>考核日期</td><td colspan="4"></td><td colspan="2">总评成绩</td><td colspan="2"></td></tr>
<tr><td rowspan="11">考核内容</td><td rowspan="2">任务</td><td rowspan="2" colspan="3">步骤</td><td colspan="2">完成情况</td><td rowspan="2">标准分</td><td rowspan="2">评分</td></tr>
<tr><td>完成</td><td>未完成</td></tr>
<tr><td rowspan="3">机构设置</td><td colspan="3">高层管理机构及岗位设置</td><td></td><td></td><td>20</td><td></td></tr>
<tr><td colspan="3">质量管理机构及岗位设置</td><td></td><td></td><td>20</td><td></td></tr>
<tr><td colspan="3">其他机构及岗位设置</td><td></td><td></td><td>10</td><td></td></tr>
<tr><td rowspan="3">人员管理</td><td colspan="3">人员配备</td><td></td><td></td><td>15</td><td></td></tr>
<tr><td colspan="3">人员培训</td><td></td><td></td><td>10</td><td></td></tr>
<tr><td colspan="3">健康与卫生管理</td><td></td><td></td><td>5</td><td></td></tr>
<tr><td colspan="6">合规操作</td><td>10</td><td></td></tr>
<tr><td colspan="6">严谨细致</td><td>5</td><td></td></tr>
<tr><td colspan="6">团队协作</td><td>5</td><td></td></tr>
<tr><td>组员互评</td><td colspan="8"></td></tr>
<tr><td>教师评价</td><td colspan="8"></td></tr>
</table>

项目拓展

参考答案

理论知识回顾

一、单项选择题

1. 药品批发企业负责人的学历和职称要求是（　　）。

A. 大学本科以上学历或中级以上职称　　B. 高级职称或执业药师

C. 大学专科以上学历或中级以上职称　　D. 大学专科以上学历并为执业药师

2. 药品批发企业从事销售、储存等工作的人员应当具有（　　）。

A. 药学初级以上专业技术职称　　B. 药学或相关专业中专以上学历

C. 高中以上文化程度　　D. 从事药品工作满 5 年的经历

3. 具有疫苗配送业务的企业还应当配备______以上专业技术人员专门负责疫苗质量管理和验收工作，专业技术人员应当具有预防医学、药学、微生物学或者医

学等专业______以上学历及中级以上专业技术职称，并具有______以上从事疫苗管理或者技术工作经历。(　　)

A. 1 名，专科，1 年　　B. 2 名，本科，1 年

C. 2 名，本科，3 年　　D. 1 名，专科，3 年

4. 按照GSP的要求，(　　)岗位的工作人员不得兼职其他业务工作。

A. 采购　　B. 收货　　C. 验收　　D. 运输

二、多项选择题

1. 药品批发企业质量管理部门负责人必须具备的条件是(　　)。

A. 执业药师资格　　B. 3 年以上药品经营质量管理工作经历

C. 本科以上学历　　D. 中级以上专业技术职称

E. 专科以上学历

2. 按照GSP的要求，企业应对相关岗位人员开展哪些方面的培训？(　　)

A. 相关法律法规　　B. 药品专业知识及技能　　C. 质量管理制度

D. 岗位职责　　E. 岗位操作技能

三、简答题

1. 药品批发企业质量负责人应具备什么条件？

2. 图 1-1 是某药品批发企业的组织机构设置，请分析存在的问题。

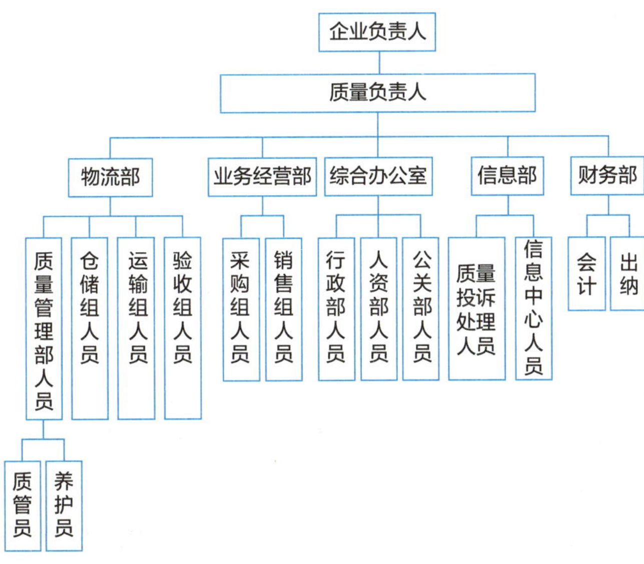

图 1-1　某药品批发企业组织机构

实践能力提升

走访调研：走访相关药品经营企业，结合所学内容，为初从事药品经营质量管理工作的人员制订职业规划，并思考如何提升自己，以适应岗位发展的要求。

项目二　库房与设施设备管理

学习目标

知识目标

1. 掌握库房的分类与管理、设施设备的维护与管理、验证分类。
2. 熟悉库房的选址和建设要求、设施设备的配备、验证控制文件。
3. 了解温湿度自动监测系统。

能力目标

1. 能合理开展分库分区。
2. 能合理配置并管理设施设备。
3. 能协助开展验证工作，正确填写验证记录。

素质目标

1. 具备强烈的社会责任感和使命感。
2. 树立合规意识、风险管理意识、团队协作意识。

任务一　库房筹建

动画

课件

任务导入

小李拟筹建一个药品批发企业，想选择一个合适的地方用来建设库房。

讨论：

1. 药品批发企业的库房选址和建设有哪些要求?
2. 药品批发企业的库房应如何分库分区?

任务分析

药品经营企业的库房是确保药品质量的基础性设施，其现代化管理水平直接反映了企业在药品质量保障方面的能力。库房的选址、设计、布局、建造、改造和维护应当符合药品储存的要求，以确保药品的储存环境能够有效防止污染、交叉污染、混淆和差错的发生，保障药品的质量和安全。

一、药品批发企业的库房

（一）库房选址的要求

药品是特殊的商品，药品批发企业的库房选址应综合考虑以下因素：

（1）地面平坦、地质坚硬、地势较高、雨季能迅速排水、通风良好。

（2）交通便利，远离居民区和工业区。

（3）远离污染源，如垃圾填埋场和焚烧厂、部分城市绿化（如柳树、杨树等会产生大量季节性的漂浮絮状物）以及加油站、油库、化工厂等储存危化品的场所。

（二）库房建设的要求

库房建设应以满足药品的合理储存、安全储存为基础，具体要求如下：

（1）库房主体建筑应选用保温、隔热材料，内部装修应选用无毒、无污染、粉尘少、吸湿性小、不易黏附尘粒的材料。

（2）库房内外环境整洁，无污染源，库区地面硬化或者绿化。

（3）库房内墙、顶光洁，地面平整，门窗结构严密。

（4）库房有可靠的安全防护措施，能对无关人员进入实行可控管理，防止药品被盗、替换或者混入假药。

（5）库房有防止室外装卸、搬运、接收、发运等作业受异常天气影响的措施。

（三）库房的分类

鉴于药品批发企业的运营特性和药品存储的多样化需求，药品库房的分类应综合考虑药品的物理化学性质、存储条件、企业规模以及企业的运营策略等因素，以确保药品的安全存储、空间利用的优化和运营效率的提升。

1. 按建筑结构和操作设施划分

（1）简易平房仓库：结构较为简单，适用于小规模药品存储。

（2）多层常规仓库：具有多层结构，能有效利用垂直空间，提高存储容量。

（3）高层立体仓库：采用高层货架和自动化设备，实现药品的高密度存储和高效管理。随着科学技术的不断发展，配备数字化、智能化、规模化、集约化、可追溯化的自动化设备已成为发展趋势。

知识拓展

智能立体高架库

智能立体高架库，通过采用多层乃至数十层的货架系统，实现了空间的高效利用，因此，常被称作“立体仓库”。这类仓库的显著特点在于其高度自动化和智能化，从药品的入库、存储到拣选、包装、装车等环节，均依赖于各种智能机器人完成，极大地减少了人工直接参与的需求。这些智能机器人的集成应用，是智能仓储系统的显著特色。智能立体高架库的应用，不仅能满足药品批发企业对于高效、安全、可靠的物流管理的需求，而且能推动整个行业的转型升级和可持续发展。

2.按药品储存条件划分

（1）常温库：温度控制为10～30℃，用于储存对温度适应性较强的药品，是药品批发企业中较为常见的库房类型。

（2）阴凉库：温度控制为不超过20℃，用于储存对温度敏感的药品，如抗生素、滴眼液等，以防止药效降低或变质。

（3）冷库：温度控制为2～10℃，用于储存需要低温环境的药品，如疫苗、生物制品等。对有特殊低温要求的药品，还应设置冷冻库。

与此同时，以上各库房相对湿度均应保持在35%～75%。

3.按经营范围划分

根据企业经营范围，库房可分为化学药品库、麻醉药品及第一类精神药品库、第二类精神药品库、放射性药品库、中药饮片库、中药材库等。经营医疗用毒性药品、药品类易制毒化学品的，还应设置专库或专柜存放。

4.按药品所处状态划分

（1）待验库（区）：用于存放新到货但尚未进行质量验收的药品。

（2）合格品库（区）：用于存放验收合格的药品。

（3）发货库（区）：用于存放出库复核后准备发货的药品，便于快速装车和配送。

（4）退货库（区）：包括销后退回库（区）和采购退货库（区）。销后退回库（区）用于存放客户退回给本企业的药品，需要进行重新验收和处理；采购退货库（区）用于存放本企业已采购但由于某些原因需要退回给供货单位的药品。

（5）不合格品库（区）：用于存放验收不合格或存在过期、变质、破损等问题的药品，以便进行后续处理。

5.按零整药品划分

（1）整件库（区）：用于存放未经拆封、保持原包装整件的药品。这些药品通常以较大的包装单位（如箱等）进行存储和运输。

（2）零货库（区）：用于存放拆除了用于运输、储藏包装的药品。这些药品通常以较小的包装单位（如瓶等）进行存储和销售。

（四）库区的管理

药品批发企业库区一般可分为储存作业区、辅助作业区、办公区和生活区。药品储存作业区、辅助作业区应当与办公区和生活区分开一定距离或者有隔离措施，防止发生质量事故，以确保药品储运质量。

储存作业区：包括库房、装卸作业场所、运输车辆停放场所等。库房内根据药品质量状态和业务流程，可分为待验库（区）、合格品库（区）、发货库（区）、退货库（区）、不合格品库（区），并实行色标管理。不同库（区）标识牌上的文字一般选用黑色或白色以确保清晰，底色则采用红、黄、绿三种颜色以区分不同的状态。待验库（区）和退货库（区）为黄色，合格品库（区）和发货库（区）为绿色，不合格品库（区）为红色。

辅助作业区：包括收货验收办公室、退货办公室、养护室等。

办公区：包括管理办公室等。

生活区：包括宿舍、食堂、员工车库等。

此外，企业还应根据实际管理需求和业务特点设置其他区域，并在管理文件中明确规定各区域的使用功能、管理要求等，以保障药品管理的效率和质量安全。

案例分析

某省药品监督管理局组织专家对XX医药有限公司开展了现场检查，发现存在如下问题：

（1）库房内部分地面有破损；库房处于某工业区，周围环境较差，车辆进出不方便，库房和办公条件都较差。

（2）库房内未严格按照质量状态进行色标管理：如冷库1中的采购退货区、销后退回区放置发货状态标识牌；如3号楼1楼的常温库内药品和器械未做明显区分。

请分析，该药品批发企业库房设置存在的风险，并提出整改意见。

二、药品批发企业的经营场所

药品批发企业的经营场所主要是指进行客户服务、业务洽谈、药品展示、订单处理、资金结算等交易活动的场所，是药品批发企业与外部客户、合作伙伴等进行业务往来的重要窗口，同时也是企业展示自身形象和实力的重要平台。经营场所应当与企业所经营药品的范围和规模相适应，应布局合理、环境整洁、服务高效。

三、药品零售企业的库房

按照药品相关法律法规的要求，药品零售连锁企业总部应按药品批发企业要求设置库房，药品零售连锁企业门店及零售单体药店可以不设库房。如药品零售企业设置库房的，应确保库房内墙、顶光洁，地面平整，门窗结构严密，并具备可靠的安全防护、防盗等措施。库房应当设有验收专用场所、不合格药品专用存放场所等。储存中药饮片的应当设立专用库房。

四、药品零售企业的营业场所

药品零售企业的营业场所注意事项如下：

（1）应当与其经营范围、经营规模相适应，并与药品储存、办公、生活辅助及其他区域分开。

（2）应当具有相应的设施或者采取其他有效手段避免药品受室外环境的影响，并做到宽敞、明亮、整洁、卫生。

（3）按照剂型、用途以及储存要求分类陈列；处方药与非处方药应分区陈列，并设有专用标识；外用药与其他药品分开摆放；拆零销售的药品集中存放于拆零专柜或者专区；经营非药品应当设置专区，与药品区域明显隔离，并有醒目标志。

（4）经营中药饮片的，在营业场所内应设置专门的零售区域，与其他药品区严格分开。

（5）营业场所周边及室内环境不应有污染源和影响经营秩序的情况。药店选址一般在人流量较大的地方，比如菜场周边、社区底商、热门商圈附近等，但应注意营业场所周边及室内环境避免有污染源，不能影响正常的经营秩序。

（6）经营特殊管理药品或国家有专门规定的药品，应按国家有关规定进行管理，设立专门的陈列区与存放区，并与其他药品严格分开，但不一定要求有单独的房间。

任务实施

详见“模块四　GSP工作任务实施”中的“药品批发企业仓库布局设计任务工单”。

设施设备管理

动画

课件

任务导入

小李拟筹建一个药品批发企业，主要经营中药饮片、中成药、化学药、生物制品、体外诊断试剂（药品）、麻醉药品、第一类精神药品、第二类精神药品（以上包括冷藏、冷冻药品）。

讨论：

1. 小李应配备哪些设施设备?
2. 设施设备有哪些日常管理要求?

任务分析

设施设备是药品经营企业依法开展药品经营活动的基础和保障。企业应当配备与其经营方式、经营范围和经营规模相适应的设施设备。药品批发企业与药品零售企业因为经营方式的不同，所以在设施设备的配备与管理上也不同。

一、药品批发企业的设施设备

（一）库房的设施设备

1. 药品与地面之间有效隔离的设备

为防止药品受潮、污染，药品与地面之间距离应不小于10cm。常见的设备有货架、托盘或地垫，通常采用木质、塑料、金属等耐压材料。

2. “五防”设施

（1）避光设备

储存药品的仓库应当采取有效措施，避免阳光直射，如加挂窗帘，或采用遮光膜、有色玻璃、磨砂玻璃等。对于本身有遮光保存要求的药品，应尽量保持药品的原包装；若原包装已拆除或损坏，则应使用适当的遮光材料进行遮光处理。

（2）通风设备

储存药品的仓库应当配备促进空气循环、流通的设备，如空调、排风扇等。

（3）防潮设备

储存药品的仓库应当配备防止因过于潮湿而影响药品质量的设备，如地垫、货架、排风扇、空调、除湿干燥机等，还要有适当的排水设施，防止雨水堆积。

（4）防虫设备

储存药品的仓库应当配备防止蚊虫进入库房的设备，如灭蝇灯、紫外线灭蚊灯等。

（5）防鼠设备

储存药品的仓库应当配备防止鼠类进入库房的设备，如挡鼠板、老鼠夹等，不得使用灭鼠药。

3. 有效调控温湿度及室内外空气交换的设备

储存药品的仓库应当配备有效调控温湿度及室内外空气交换的设备，如空调、加湿器、除湿机等。

4. 自动监测、记录库房温湿度的设备

企业应当按照GSP及其附录3温湿度自动监测的要求，在储存药品的仓库中配备温湿度自动监测系统。温湿度自动监测系统应当对药品储存过程的温湿度状况自动进行实时监测和记录，有效防范在储存过程中可能发生的影响药品质量安全的风险，确保药品质量安全。

（1）温湿度自动监测系统组成及功能

温湿度自动监测系统由测点终端、管理主机、不间断电源以及相关软件等组成。各测点终端能够对周边环境温湿度进行数据的实时采集、传送和报警；管理主机能够对各测点终端监测的数据进行收集、处理和记录，并具备发生异常情况时的报警管理功能。

知识拓展

温湿度传感器

温湿度传感器，又称温湿度监测探头或测点终端，是一种装有热敏和湿敏元件，能够用来测量温度和湿度的传感器装置。温湿度传感器由于体积小、性能稳定等特点，被广泛应用于生产和生活的各个场景。

库房常用的温湿度传感器能自动采集温湿度数据并上传到服务器。利用已架设好的通信网络实现远距离的数据采集和传输，实现温湿度数据的集中监控和记录。

这种传感器具有温湿度上下限双控，自由设置限值，温度、湿度凭密码校准等功能，内部集成报警功能模块（如蜂鸣器），可实现高、低温报警，高、低湿报警，断电报警等。

（2）测点终端数量及位置

药品库房或仓间安装的测点终端数量及位置应当符合以下要求：

①每一独立的药品库房或仓间至少安装 2 个测点终端，并均匀分布。

②平面仓库面积在 300 平方米以下的，至少安装 2 个测点终端；在 300 平方米以上的，每增加 300 平方米至少增加 1 个测点终端，不足 300 平方米的按 300 平方米计算。平面仓库测点终端安装的位置不得低于药品货架或药品堆码垛高度的 2/3 位置。

③高架仓库或全自动立体仓库的货架层高在 4.5 ～ 8 米的，每 300 平方米面积至少安装 4 个测点终端，每增加 300 平方米至少增加 2 个测点终端，并均匀分布在货架上、下位置；货架层高在 8 米以上的，每 300 平方米面积至少安装 6 个测点终端，每增加 300 平方米至少增加 3 个测点终端，并均匀分布在货架的上、中、下位置；不足 300 平方米的按 300 平方米计算。高架仓库或全自动立体仓库上层测点终端安装的位置，不得低于最上层货架存放药品的最高位置。

④储存冷藏、冷冻药品仓库测点终端的安装数量，须符合上述的各项要求，其安装数量按每 100 平方米面积计算。

此外，企业应当对测点终端布点方案进行测试和确认，保证安装的测点终端数量及位置能够准确反映环境温湿度的实际状况。测点终端应当牢固安装在经过确认的合理位置，避免储运作业及人员活动对监测设备造成影响或损坏，其安装位置不得随意变动。

（3）温湿度自动监测系统运行管理

温湿度自动监测系统应当独立且不间断地运行，防止供电中断、计算机关闭或故障等因素影响系统正常运行或造成数据丢失。同时，温湿度自动监测系统运行应当保持独立、安全，不得与温湿度调控设施设备联动，防止温湿度调控设施

设备异常导致系统故障的风险。此外，温湿度自动监测系统还应当满足相关部门实施在线远程监管的条件。

（4）温湿度自动监测系统数据监测及记录

温湿度自动监测系统应当自动对药品储存过程中的温湿度环境进行不间断的监测和记录。至少每隔 1 分钟更新一次测点终端的温湿度数据，在药品储存过程中至少每隔 30 分钟自动记录一次实时温湿度数据。当监测的温湿度值超出规定范围时，系统应当至少每隔 2 分钟记录一次实时温湿度数据。温湿度监测记录由系统自动生成，内容包括温度值、湿度值、日期、时间、测点位置、库区或运输工具类别等。

温湿度自动监测系统温湿度测量设备的最大允许误差应当符合以下要求：测量范围在 0 ～ 40℃，温度的最大允许误差为 ± 0.5℃；测量范围在 –25 ～ 0℃，温度的最大允许误差为 ± 1.0℃；相对湿度的最大允许误差为 ± 5%RH。

当监测的温湿度值达到设定的临界值或者超出规定范围时，温湿度自动监测系统应当能够实现就地和在指定地点进行声光报警，同时采用短信方式向至少 3 名指定人员发出报警信息。当发生供电中断的情况时，系统应当采用短信方式向至少 3 名指定人员发出报警信息。

（5）温湿度自动监测系统数据管理

温湿度自动监测系统各测点终端采集的监测数据应当真实、完整、准确、有效。

①测点终端采集的数据通过网络自动传送到管理主机，进行处理和记录，并采用可靠的方式进行保存，确保数据不丢失和不被改动。

②温湿度自动监测系统具有对记录数据不可更改、删除的功能，不得有反向导入数据的功能。

③温湿度自动监测系统不得对用户开放温湿度传感器监测值修正、调整功能，防止用户随意调整，造成监测数据失真。

温湿度自动监测系统应当与企业计算机终端进行数据对接，自动在计算机终端存储数据，可以通过计算机终端进行实时数据查询和历史数据查询。温湿度自动监测系统数据应当采用安全、可靠的方式按日进行备份。备份数据应当存放在安全场所。数据至少保存 5 年，疫苗、特殊管理药品的记录及凭证按相关规定保存。

5. 符合储存作业要求的照明设备

储存药品的仓库应当配备库房专业照明设备，仓库无阴暗区，符合储存作业及安全用电要求，确保光源色温和光谱不会对存放药品的质量产生影响。

6. 零货拣选、拼箱及复核相关设施设备

储存药品的仓库内应当设置零货库（区），有用于拼箱及复核的操作区域及相应设备，如用于拼箱的箱子、封口胶带、拼箱标签、条码采集器等。

7. 特殊管理药品相关的设施设备

经营特殊管理药品的，应有符合国家规定的储存设施。经营麻醉药品和第一类精神药品的企业，应当设置麻醉药品和第一类精神药品专库，并安装专用防盗门、防火设施、监控设施和报警装置，报警装置应当与公安机关报警系统联网。

8. 其他场所应配备的设施设备

验收、发货、退货等专用场所应配备托盘、地垫、叉车等设施设备，不合格药品的专用场所应有明显的标识牌或标签，防止其与其他合格药品混淆。包装物料的存放场所应与药品存储区域有明确划分。

（二）运输的设施设备

运输药品应当使用封闭式货物运输工具，如封闭式货车、集装箱货车、厢式货车等，可以有效地将药品与外界环境隔离开来，避免药品受到污染、光照、雨淋等环境因素的影响，保证药品质量。

（三）其他有特殊要求的设施设备

1. 中药材、中药饮片

由于中药材、中药饮片的特殊性，若储存不善，则容易出现发霉、生虫、串味等问题，进而对环境造成污染，因此，企业应设置中药材、中药饮片专用库房。直接收购地产中药材的，企业应当设置中药样品室（柜），且样品种类应与直接收购地产中药材的品种相对应，便于验收员验收时进行比对，降低假劣药品入库的风险。

2. 冷藏、冷冻药品

（1）设施设备

储存、运输冷藏、冷冻药品的，企业应当配有以下设备：

①与其经营规模和品种相适应的冷库，储存疫苗的应当配备两个以上独立冷库。

②用于冷库温度自动监测、显示、记录、调控、报警的设备。

③冷库制冷设备的备用发电机组或者双回路供电系统。

④对有特殊低温要求的药品，应当配备符合其储存要求的设施设备。

⑤冷藏车及车载冷藏箱或者保温箱等设备。

（2）温湿度自动监测系统

企业经营冷藏、冷冻药品的，应当在储存药品的仓库中和运输冷藏、冷冻药品的设备中配备温湿度自动监测系统。每台独立的冷藏、冷冻药品运输车辆或车厢，安装的测点终端数量不得少于 2 个。车厢容积超过 20 立方米的，每增加 20 立方米至少增加 1 个测点终端，不足 20 立方米的按 20 立方米计算。每台冷藏箱或保温箱应当至少配置一个测点终端。

案例分析

某省药品监督管理局组织检查员在对XX医药有限公司开展现场检查时发现，二楼药品阴凉库（700 ㎡）仅配备了3个测点终端；检查现场对测点终端进行湿度超标测试，企业指定人员均未收到报警短信。

请分析，该企业存在的问题，并提出整改意见。

二、药品零售企业的设施设备

药品零售企业的设施设备主要有：

（1）货架和柜台，用于药品的陈列与分类管理，保证药品的有效隔离。

（2）监测、调控温度的设备，如空调、温湿度计等。

（3）经营中药饮片的，有存放饮片和处方调配的设备，如斗柜、调剂台、戥秤、捣药铜缸、台秤、天平等。药斗名称书写应以《中华人民共和国药典》或地方标准为准，使用正名正字。

（4）经营冷藏药品的，有专用冷藏设备。若只配备了一台冷柜，则还需要配备断电后的应急设备，如发电机、保温箱等。

（5）经营第二类精神药品、毒性中药品种和罂粟壳的，应有符合安全规定的专用存放设备。

（6）药品拆零销售所需要的调配工具、包装用品。药品拆零是指将药品的最小销售单位外包装拆封后，以单位内包装或以带包装的药品最小服用单位出售的特殊情况。拆零销售的药品应集中存放于拆零专柜或者专区，并配备消毒用具、加盖托盘、剪刀、镊子、医用手套、清洁药袋等。

（7）应当建立能够符合经营和质量管理要求的计算机系统，并满足药品追溯的要求。

素质提升

药品追溯体系建设——守护人民生命健康的重要防线

药品经营企业应当在药品采购、储存、运输、销售等环节采取有效的质量控制措施，确保药品质量，并按照国家有关要求建立药品追溯系统，实现药品可追溯。

目前，国家药品监督管理局制定了关于药品追溯的一系列标准，如《药品信息化追溯体系建设导则》《药品追溯码编码要求》《药品追溯系统基本技术要求》《疫苗追溯基本数据集》《疫苗追溯数据交换基本技术要求》《药品上市许可持有人和生产企业追溯基本数据集》《药品经营企业追溯基本数据集》《药品使用单位追溯基本数据集》《药品追溯消费者查询基本数据集》《药品追溯数据交换基本技术要求》《药品追溯码消费者查询结果显示规范》《药品追溯码印刷规范》等。企业应主动履行主体责任，建立健全药品追溯系统，确保药品从生产到使用的全过程可追溯，防止药品流入非法渠道，保障人民群众生命安全和身体健康。

?思考讨论

为进一步规范药品零售（含网络销售）配送行为，保障零售配送环节药品质量安全，国家药品监督管理局组织制定GSP附录6：药品零售配送质量管理，并于2023年1月1日开始施行。附录6要求药品零售企业应根据业务类型、范围和送达时限等配备和选择合适的配送工具、配送设备和包装。对使用药品配送箱进行配送的，应当具备以下条件：①箱体采用吸水性低、透气性小、导热系数小，具有良好保温性质的材料；②非药品（医疗器械、保健食品除外）与药品混箱配送的，箱体内应对药品存放区域进行物理隔离，确保药品与非药品分开存放；③安装防盗装置，防止药品在配送过程中丢失或被替换。

请思考：以冷链药品为例，从零售药店配送至消费者手中，会涉及哪些设施设备？

三、设施设备的维护与管理

（一）设施设备台账及档案管理

药品经营企业应建立设施设备台账，台账内容包括但不限于设备名称、规格型号、生产企业、设备来源、设备编号、配置地点、使用部门、用途、启用日期、维护周期等。同时，每个设备都应建立设备档案和唯一的编号。档案一般包括档案目录、购买凭证、保修凭证、说明书、试机或验证相关记录、日常管理相关记录等。

（二）设施设备日常管理

企业应建立设施设备管理制度和标准操作规程，明确设备维护保养的相关要求，如维护保养人员、频次、记录等内容。设备使用时应填写相关使用记录表，包括记录设备型号、设备编号、使用地点、使用日期、使用起止时间、操作人等内容。储存、运输设施设备的定期检查、清洁和维护应当由专人负责，并建立记录和档案。

（三）计量检定校准管理

在药品经营企业中，为了保证药品的质量安全，需要对企业中的一些设备仪器，按照《中华人民共和国计量法》《中华人民共和国强制检定的工作计量器具明细目录》开展检定，药品经营企业常用的属于国家强制检定的工作计量器具主要有砝码、天平、台秤等，有些验收养护工作会用到分光光度计，也属于强制检定的计量器具。设备检定合格后发放《检定合格证》或《鉴定证书》，并在设备上的显著位置进行粘贴。

《中华人民共和国计量法》规定，使用国家实施计量检定管理的计量器具以外的其他计量器具，使用者应当自行或者委托其他有资质的向社会提供计量校准服务的计量技术机构进行校准，保证其量值的溯源性。温湿度监测设备应当按规定进行定期校准。设备校准后发放《校准证书》或《校准报告》。

素质提升

为什么设备的校准至关重要

校准是在规定条件下，为确定计量仪器或测量系统的示值，或实物量具或标准物质所代表的值，与相对应的被测量的已知值之间的关系的一组操作。由于设备性能随时间推移可能会发生变化，所以定期校准对于确保读数的精确性和数据的可靠性至关重要，同时也有助于保护操作人员的安全。

在药品经营企业中，校准的重要性不容忽视，准确的测量对于保障药品的质量与安全至关重要。企业应严格遵守国家相关规定，对相关设备进行定期校准。药品经营企业的质量管理部门负责组织校准工作，确保相关人员以严谨认真、高度负责的态度执行校准任务。

任务实施

详见“模块四　GSP工作任务实施”中的“设施设备管理任务工单”。

任务三　验证管理

动画

课件

任务导入

某医药公司新采购了3辆型号相同的冷藏车，用于向市内配送生物制品（保存温度为2～10℃）。药品检查员在查看企业的冷藏车验证报告时发现，企业仅对01号车辆进行了使用前验证，且性能验证项目只做了空载温度分布测试以及开门作业测试，验证通过后就投入使用了。

讨论：

1. 药品经营企业冷藏车的验证项目应包括哪些?
2. 该医药公司的冷藏车验证工作存在哪些问题?

任务分析

验证是确保药品质量的有效手段。企业应对药品储存、运输等相关设施设备开展验证，并根据验证确定的参数及条件，正确、合理使用相关设施设备及监测系统。未经验证的设施设备及监测系统，不得用于药品冷藏、冷冻储运管理。

一、验证管理概述

（一）验证管理的内涵

验证管理是指按照规定的程序，依据科学的测试标准，采用验证设备和工具，运用系统的数据处理与分析软件，确认药品储运过程中的相关设施设备或系统能够达到设计要求、性能、参数以及预期效果的一系列测试过程，确保相关设施设备符合药品储存、运输以及质量控制的基本要求。

（二）验证范围

验证的范围包括冷库、冷藏车、冷藏箱、保温箱以及药品储运温湿度自动监测系统。

（三）验证分类

验证可根据验证对象、验证时间、验证环境模拟阶段、验证设备使用阶段等进行分类。按验证对象，可分为冷库验证、冷藏车验证、冷藏箱或保温箱验证、温湿度自动监测系统验证等；按验证时间，可分为前验证、同步验证、回顾性验证；按验证环境模拟阶段，可分为静态模拟验证、动态同步验证、极限挑战验证；按验证设备使用阶段，可分为使用前验证、定期验证和停用时间超过规定时限的验证。以下主要介绍按验证设备使用阶段划分的验证类型。

使用前验证：是指新购入的设施设备和监测系统投入使用前，或设施设备改造后投入使用前进行的验证。目的是对设计或预定的关键参数、条件及性能进行测试并确认，确定实际的关键参数及性能符合设计方案或规定的使用条件和标准。通常将新设备投入使用前的验证也称为首次验证。

定期验证：是指相关设施设备和监测系统在使用过程中开展的一定周期的验证。目的是确认相关设施设备及监测系统在使用过程中是否有发生参数漂移、设备损耗、异常变化趋势等情况。当相关设施设备及监测系统超出设定的条件或用途，或是设备出现严重运行异常或故障时，应查找原因、评估风险，采取适当的纠正和预防措施，并跟踪效果。定期验证时间一般不超过1年。

停用时间超过规定时限的验证：是指设施设备停用时间超过规定时限再次启用前进行的重新验证。企业应当根据相关设施设备和监测系统的设计参数以及验证结果，确定最长停用时限；超过最长停用时限的，在重新启用前，应进行风险评估并重新进行验证。

（四）验证管理部门及人员

质量管理部门负责组织验证、校准相关设施设备，仓储、运输等部门配合实施验证工作，质量负责人负责验证工作的监督、指导、协调与审批。在验证实施前，设立验证小组，明确验证小组组长和参与人员，并对小组成员进行职责分工。验证组长负责协调沟通，做好资源配置工作；小组成员负责验证项目的具体实施，如验证方案撰写、验证测试执行、数据采集分析、处理验证过程中的变更偏差等。若委托第三方企业开展验证工作的，则企业应对验证方案、验证报告进行审核。

（五）验证计划

企业应当按照质量管理体系文件的规定，结合实际使用的设施设备和监测系统的具体情况，按年度制定验证计划，根据计划确定的验证范围、日程、项目，实施验证工作。企业应将验证计划纳入公司的文件管理，确保验证工作顺利开展。年度验证计划示例见表 1–5。

表 1-5　年度验证计划

序号	验证对象	验证类型	验证状态	开始时间	完成时间	负责人
01	冷库					
02	冷藏车					
03	冷藏箱					
04	保温箱					
05	温湿度自动监测系统					

制定人 / 日期：　　　　复核人 / 日期：　　　　审批人 / 日期：

（六）验证控制文件

企业应当在验证实施过程中，建立并形成验证控制文件。验证控制文件内容包括验证方案、标准、报告、评价、偏差处理和预防措施等。验证控制文件应当归入药品质量管理档案，并按规定保存。

1. 验证方案

验证方案根据每一项验证工作的具体内容和要求分别制定，包括验证的实施人员、对象、目标、测试项目、验证设备，监测系统描述、测点布置、时间控制、数据采集要求，以及实施验证的相关基础条件。验证方案一般由有一定验证知识、熟悉验证流程的质量管理人员、验证对象的使用者等起草，由相关技术负责人和质量管理部门负责人初审，必要时组织有关职能部门会审，最后经企业质量负责人审核并批准后，方可实施。验证方案内容应当与所需验证的对象相匹配，做到一库一方案，一车一方案，一箱一方案。验证的实施必须严格遵循验证方案的要求，如实施过程中需要变更，则应办理变更审批手续。

2. 验证标准和验证操作规程

企业需制定实施验证的标准和验证操作规程。验证实施的标准应符合药品管理法律法规、行业标准以及企业内部的质量管理要求。验证操作规程应具有可操作性和可追溯性，确保验证活动的规范性和有效性。

3. 验证报告

验证完成后，需出具验证报告，包括验证实施人员、验证过程中采集的各项数据汇总、各测试项目数据分析图表、验证现场实景照片、各测试项目结果分析、验证结果总体评价等，验证报告由质量负责人审核和批准。

4. 偏差处理和预防措施

在验证过程中，根据验证数据分析，对设施设备运行或使用中可能存在的不符合要求的状况、监测系统参数设定的不合理情况等偏差，进行调整和纠正处理，使相关设施设备及监测系统能够符合规定的要求。根据验证结果对可能存在的影响药品质量安全的风险，制定有效的预防措施。

（七）验证数据及验证工具

1. 验证数据管理要求

企业应当认真、及时、如实收集和记录验证活动中产生的数据，如采集的温湿度数据、原始数据打印纸、记录图表等，确保所有验证数据的真实、完整、可追溯，并按规定归档保存。验证活动中发生任何异常、数据偏差，应及时反馈，找出偏差产生的原因，并制定相应的纠正和预防措施。

素质提升

验证数据真实性，永远是验证工作的底线、红线

验证工作需要体力劳动和脑力劳动的结合，特别是在执行大型仓库验证工作时，温度探头的布点数量比较多，有时需要到一定高度才能进行布点作业，且库房验证数据采集时间较长，需要持续48小时以上，切不可因偷懒而伪造验证数据，也不可在数据异常时，为省时省力而擅自修改数据。只有经过真实的数据分析、验证合格的设施设备才能放心使用，才能保障药品储运安全。

2. 验证工具

企业应当按照国家有关规定，对验证使用到的计量器具、温湿度监测设备等进行校准，未经校准合格的温度传感器，不得用于验证工作。验证使用的温度传感器应当与被验证设备的测量范围相适应，其温度测量的最大允许误差为±0.5℃。校准证书复印件应当作为验证报告的必要附件，校准证书的原件应当同验证文件一并归档保存。

二、验证项目实施

（一）冷库验证

1. 冷库的验证项目

企业应当根据验证的内容及目的，确定相应的验证项目。冷库的验证项目至少应包括：

（1）温度分布特性的测试与分析，确定适宜药品存放的安全位置及区域。

（2）温控设备运行参数及使用状况测试。

（3）监测系统配置的测点终端参数及安装位置确认。

（4）开门作业对库房温度分布及药品储存的影响。

（5）确定设备故障或外部供电中断的状况下，库房保温性能及变化趋势分析。

（6）对本地区的高温或低温等极端外部环境条件，分别进行保温效果评估。

（7）在新建库房初次使用前或改造后重新使用前，进行空载及满载验证。

（8）年度定期验证时，进行满载验证。

2. 冷库的验证测点要求

企业应当根据验证对象及项目，合理设置验证测点。冷库的验证测点应满足以下要求：

（1）在冷库内一次性同步布点，确保各测点采集数据的同步、有效。

（2）在冷库内，进行均匀性布点、特殊项目及特殊位置专门布点。

（3）每个库房中均匀性布点数量不得少于 9 个，仓间各角及中心位置均需布置测点，每两个测点的水平间距不得大于 5 米，垂直间距不得大于 2 米。

（4）库房每个作业出入口及风机出风口至少应布置 5 个测点，库房中每组货架或建筑结构的风向死角位置至少应布置 3 个测点。

3. 数据采集要求

应当确定适宜的持续验证时间，以保证验证数据的充分、有效及连续。在库房各项参数及使用条件符合规定的要求并达到运行稳定后，数据有效持续采集时间不得少于 48 小时。验证数据采集的间隔时间不得大于 5 分钟。

验证冷库一般需要提供至少 3 张挂满验证测点的实景照片。

（二）冷藏车验证

1. 冷藏车的验证项目

冷藏车的验证项目至少应包括：

（1）车厢内温度分布特性的测试与分析，确定适宜药品存放的安全位置及区域。

（2）温控设施运行参数及使用状况测试。

（3）监测系统配置的测点终端参数及安装位置确认。

（4）开门作业对车厢温度分布及变化的影响。

（5）确定设备故障或外部供电中断的状况下，车厢保温性能及变化趋势分析。

（6）对本地区高温或低温等极端外部环境条件分别进行保温效果评估。

（7）在冷藏车初次使用前或改造后重新使用前，进行空载及满载验证。

（8）年度定期验证时，进行满载验证。

2.冷藏车的验证测点要求

冷藏车的验证测点应满足以下要求：

（1）在冷藏车内，一次性同步布点，确保各测点采集数据的同步、有效。

（2）在冷藏车内，进行均匀性布点、特殊项目及特殊位置专门布点。

（3）每个冷藏车厢体内测点数量不得少于9个，每增加20立方米应增加9个测点，不足20立方米的按20立方米计算。

3.数据采集要求

在冷藏车达到规定的温度并运行稳定后，数据有效持续采集时间不得少于5小时。验证数据采集的间隔时间不得大于5分钟。

验证冷藏车一般需要提供至少3张被验证冷藏车带有车牌号的车厢验证照片。

（三）冷藏箱或保温箱验证

1.冷藏箱或保温箱的验证项目

冷藏箱或保温箱的验证项目至少应包括：

（1）箱内温度分布特性的测试与分析，分析箱体内温度变化及趋势。

（2）蓄冷剂配备使用的条件测试。

（3）温度自动监测设备放置位置确认。

（4）开箱作业对箱内温度分布及变化的影响。

（5）高温或低温等极端外部环境条件下的保温效果评估。

（6）运输最长时限验证。

2.冷藏箱或保温箱的验证测点要求

冷藏箱或保温箱的验证测点应满足以下要求：

（1）在冷藏箱或保温箱内，一次性同步布点，确保各测点采集数据的同步、有效。

（2）在冷藏箱或保温箱内，进行均匀性布点、特殊项目及特殊位置专门布点。

（3）每个冷藏箱或保温箱的测点数量不得少于5个。

3.数据采集要求

冷藏箱或保温箱经过预热或预冷至规定温度并满载装箱后，按照最长的配送时间连续采集数据。验证数据采集的间隔时间不得大于5分钟。

验证冷藏箱或保温箱需要提供至少1张现场实施验证的照片。

（四）温湿度自动监测系统验证

温湿度自动监测系统验证的项目至少应包括：

（1）采集、传送、记录数据以及报警功能的确认。

（2）监测设备的测量范围和准确度确认。

（3）测点终端安装数量及位置确认。

（4）监测系统与温度调控设施无联动状态的独立安全运行性能确认。

（5）系统在断电、计算机关机状态下的应急性能确认。

（6）防止用户修改、删除、反向导入数据等功能确认。

案例分析

请根据以下缺陷项目分析企业违反了哪些规定?

1. 企业未按规定和制度要求对温湿度自动监测系统进行定期验证，验证已超过 4 个月。

2. 企业冷库合格区内放置三个冷藏箱（两个 60L、1 个 120L），均无设备编号和使用记录，也无冰排预冷记录，且只能提供 1 个 60L 冷藏箱的验证报告。

3. 企业在开展温湿度自动监测系统验证时，其传感器校验证书中显示其湿度校准范围为 40% ~ 80%，而传感器实际测量范围为 35% ~ 80%。

任务实施

详见“模块四　GSP 工作任务实施”中的“保温箱验证任务工单”。

岗课赛证

本项目对应的岗位包括药品养护员、药品配送员、质量管理员等。本项目内容与药学、药品经营、药品购销、医药商品储运等技能大赛对接，与执业药师资格证书、“1+X”药品购销职业技能等级证书等对接。上述岗位、比赛和证书均需学生掌握GSP库房与设施设备管理相关要求，能够对药品经营企业设施设备进行合理配备以及开展日常管理，并牢固树立合规意识和质量意识。

项目评价

库房与设施设备管理评分见表 1–6。

表 1-6　库房与设施设备管理评分

<table>
<tr><td rowspan="2">基本信息</td><td>姓名</td><td></td><td>学号</td><td></td><td>班级</td><td></td><td>组别</td><td></td></tr>
<tr><td>考核日期</td><td colspan="3"></td><td colspan="2">总评成绩</td><td colspan="2"></td></tr>
<tr><td rowspan="14">考核内容</td><td rowspan="2">任务</td><td rowspan="2" colspan="2">步骤</td><td colspan="2">完成情况</td><td rowspan="2">标准分</td><td rowspan="2" colspan="2">评分</td></tr>
<tr><td>完成</td><td>未完成</td></tr>
<tr><td rowspan="3">库房筹建</td><td colspan="2">库房选址及建设</td><td></td><td></td><td>5</td><td colspan="2"></td></tr>
<tr><td colspan="2">库房分类分区管理</td><td></td><td></td><td>10</td><td colspan="2"></td></tr>
<tr><td colspan="2">库房平面图绘制</td><td></td><td></td><td>10</td><td colspan="2"></td></tr>
<tr><td rowspan="3">设施设备管理</td><td colspan="2">配备药品批发企业的设施设备</td><td></td><td></td><td>10</td><td colspan="2"></td></tr>
<tr><td colspan="2">配备药品零售企业的设施设备</td><td></td><td></td><td>10</td><td colspan="2"></td></tr>
<tr><td colspan="2">管理设施设备</td><td></td><td></td><td>5</td><td colspan="2"></td></tr>
<tr><td rowspan="3">验证管理</td><td colspan="2">验证前准备</td><td></td><td></td><td>10</td><td colspan="2"></td></tr>
<tr><td colspan="2">验证项目实施</td><td></td><td></td><td>10</td><td colspan="2"></td></tr>
<tr><td colspan="2">验证完成</td><td></td><td></td><td>10</td><td colspan="2"></td></tr>
<tr><td colspan="5">合规操作</td><td>10</td><td colspan="2"></td></tr>
<tr><td colspan="5">严谨细致</td><td>5</td><td colspan="2"></td></tr>
<tr><td colspan="5">团队协作</td><td>5</td><td colspan="2"></td></tr>
<tr><td>组员互评</td><td colspan="8"></td></tr>
<tr><td>教师评价</td><td colspan="8"></td></tr>
</table>

项目拓展

参考答案

理论知识回顾

一、单项选择题

1. 为防止地面、墙壁、空气中的水分影响药品的质量，以下哪个不属于药品仓库中的防潮设备？（　　）

A. 地垫、货架　　B. 风帘

C. 药品仓库专用的空调、除湿干燥机　　D. 遮光帘

2. 对于国家强制（　　）的仪器需要到国家计量的行政单位进行计量。

A. 鉴定　　B. 检定　　C. 校准　　D. 检定和校准

3. GSP 附录 5：验证管理规定，未经（　　）的设施、设备及监测系统，不得用于药品冷藏、冷冻储运管理。

A. 确认　　B. 检查　　C. 校准　　D. 验证

4. 定期验证间隔时间不应超过（　　）。

A. 6 个月　　B. 1 年　　C. 2 年　　D. 3 年

5.（　　）负责验证工作的监督、指导、协调与审批。

A. 企业负责人　　B. 仓储部经理

C. 质量管理员　　D. 质量负责人

6. 下列关于冷链设施设备验证说法错误的是（　　）。

A. 冷库、冷藏车、冷藏箱或保温箱验证都要进行开门（箱）作业测试

B. 冷库和冷藏车在初次使用前或改造后重新使用前，要进行空载及满载验证

C. 冷藏车需要进行运输最长时限验证

D. 冷藏箱的验证数据采集的间隔时间不得大于 5 分钟

二、多项选择题

1. 药品批发企业库房的选址要遵循哪些原则?（　　）

A. 应选择在地面平坦、地质坚硬、地势较高的地方

B. 雨季能迅速排水、通风良好的地区

C. 选址应交通便利，方便药品运输

D. 要远离污染源

2. 根据验证设备使用阶段，可将验证分为（　　）。

A. 使用前验证　　B. 冷藏车验证　　C. 定期验证

D. 停用时间超过规定时限的验证　　E. 动态同步验证

3. 以下属于验证控制文件的有（　　）。

A. 验证方案　　B. 验证报告　　C. 验证标准

D. 验证操作规程　　E. 偏差处理和预防措施

三、简答题

1. 储存、运输冷藏和冷冻药品应当配置哪些设备?

2. 冷藏箱验证的项目至少包括哪些?

实践能力提升

走访调研：对学校周边药店的设施设备管理情况开展调研，分析存在的问题，并提出对策建议。

项目三　计算机系统管理

学习目标

知识目标

1. 掌握计算机系统的配置要求、数据管理要求和质量控制功能。
2. 熟悉计算机系统的数据备份要求、职责分工、各环节的应用。
3. 了解药品零售企业计算机系统的要求。

能力目标

1. 能对计算机系统数据进行准确录入、科学管理。
2. 能正确使用计算机系统的各个功能。

素质目标

1. 培养严守药规、精益求精的工匠精神。
2. 增强创新意识，培养创新思维。

计算机系统建立

动画

课件

岗位解读

计算机管理员（信息员）岗位信息见表 1–7。

表 1–7　计算机管理员（信息员）岗位信息

任职要求	学历与专业	高中以上文化程度；计算机应用、计算机科学与技术、软件工程等相关专业
	知识结构	计算机应用知识、网络管理知识、数据库的开发与应用知识、GSP 相关知识等
	职业素养	严守药规、创新意识、工匠精神
职责清单	负责企业计算机系统程序的安装、测试及网络维护	
	负责企业计算机系统数据库的管理	
职业能力清单	能创建、维护、管理计算机系统网络	
	能安装、测试、使用、维护、管理计算机系统相关软硬件	
	能管理计算机系统数据	
	能对计算机系统开展风险排查工作	
	能培训、指导、协调各环节岗位人员正确使用计算机系统	

任务导入

小李是药品批发企业的计算机管理员，他按照质量管理部门的要求，对企业的计算机系统功能进行优化。

讨论：

1. 计算机系统应有哪些基本功能?

2. 计算机系统在药品经营各环节是如何应用的?

任务分析

计算机系统是指用于数据库管理的计算机软硬件及网络系统，它是药品经营企业质量管理体系的重要组成部分，也是药品监督管理部门智慧化监管的重要支撑。随着信息技术的快速发展，计算机系统运行的可靠性、稳定性、安全性等问题已成为药品经营企业在实施GSP管理中必须面对的现实问题。因此，药品经营企业必须建立符合药品经营全过程管理及质量控制要求的计算机系统，实现药品可追溯。

一、计算机系统的组成

药品经营企业的计算机系统一般包括企业资源计划系统（enterprise resource planning, ERP）、仓库管理系统（warehouse management system, WMS）、运输管理系统（transportation management system，TMS）、订单管理系统（order management system，OMS）、温湿度监测系统等，企业可根据实际需要进行配置。

（1）ERP系统：在信息技术基础上，将药品经营企业物流、资金流、信息流进行全面管理的一体化信息管理系统，主要包括采购、销售、仓储、财务、人员、质量等管理功能。

（2）WMS系统：通过入库、出库、仓库调拨、库存调拨、虚仓管理等功能，对批次管理、物料对应、库存盘点、虚仓管理和即时库存管理等功能进行综合运用的仓储信息管理系统。该系统可以独立执行库存操作，也可与其他系统的单据和凭证等结合使用。

（3）TMS系统：集成了订单管理、运输计划、运输执行、运输成本管理和数据分析等功能的软件系统，用于规划、执行和监控企业的货物运输流程，以提高物流运输效率、降低运输成本，并确保货物按时、安全地送达目的地。

（4）OMS系统：是新零售业态下的产物，是ERP的一部分，也是WMS、TMS、电商平台的资源整合，主要包括订单中心、仓库管理、商品管理、基础档案、财务结算等模块，可以透明化实时掌握订单所有进度状态，解决订单时效问题，从而节省运作时间和作业成本，提高企业市场竞争力。

（5）温湿度监测系统：通过有线或无线的方式，将测点终端采集到的数据传输到计算机系统，配合相应软件及报警设备，对药品储存过程中的温湿度状况和冷藏、冷冻药品运输过程中的温度状况进行实时自动监测和记录，有效防范在储运过程中可能发生的影响药品质量安全的风险，确保药品质量安全。

二、计算机系统的功能

药品经营企业计算机系统应符合GSP及其附录2药品经营企业计算机系统的要求，能够实时控制并记录药品经营各环节和质量管理全过程。其核心功能主要包括权限的管理、业务流程的管控、数据的追溯、监管平台的对接等。下面从质量控制和业务控制两个方面分析计算机系统的功能要求。

（一）质量控制功能

由于药品经营企业经营活动中涉及的药品品规、购货及供货单位等数量都较大，如果仅通过人工进行控制，所耗费的人工成本、时间成本均较大，且难以保证质量控制的有效性，对业务的处理速度与服务质量也将产生较大的影响。所以，GSP规定，药品经营企业计算机系统中应设置各经营流程的质量控制功能，与采购、销售以及收货、验收、储存、养护、出库复核、运输等系统功能形成内嵌式结构，对各项经营活动进行判断，并对不符合药品监督管理法律法规以及GSP的行为进行识别及控制，确保各项质量控制功能的实时和有效。具体可以包括以下几个方面。

1. 企业资格控制

药品经营企业应将审核合格的供货单位及其销售人员资质、购货单位及其采购人员、提货人员资质等信息输入计算机系统，与对应的供货单位、购货单位合法性控制相关联。在下达购进或销售指令时，相关岗位人员只能通过计算机系统从审核合格的单位中采购或销售药品。

2. 药品品种控制

药品经营企业应将审核合格的药品品种信息输入计算机系统，并与本企业、供货单位、购货单位的经营范围相呼应。在下达采购或销售指令时，由系统自动跟踪、识别和控制药品品种在相关证照的规定范围内，否则无法产生采购订单和销售凭证。

3. 效期控制

计算机系统对企业证照的有效期、药品有效期等数据进行自动管理和控制，对近效期的数据进行提示、预警，对失效数据相关的业务功能进行锁定。

4. 养护活动控制

养护员应将药品的养护规则输入计算机系统，由系统根据养护规则自动生成养护计划，养护员按照养护计划的指示开展养护活动。

5. 质量状态控制

GSP在药品经营各环节都对药品质量管理有严格的要求和规定，例如，药品采购环节对首营企业和首营品种资料的合法性进行审核，收货、验收、养护、出库等环节对包装、标签、说明书等药品质量状态进行检查，等等。相关岗位人员在质量检查、判断、处置后，若发现可能存在质量问题的药品，计算机系统应提供相应功能用于锁定该药品，防止有问题的药品流入市场。

（二）业务控制功能

计算机系统的业务控制功能是质量控制功能的基础。药品经营企业只有将经营活动的全过程纳入计算机系统管理，才能真正实现计算机系统对药品质量控制的要求。业务控制功能与质量控制功能两者相辅相成，共用一个系统。例如，采购员、销售员等必须通过计算机系统下达采购和销售指令，由计算机系统对企业资格、药品品种、效期、质量状态等进行控制，经相关岗位人员确认无误后，计算机系统才能生成、打印或签发采购订单和销售凭证。

三、计算机系统的配置

（一）药品批发企业计算机系统软硬件配置要求

药品批发企业计算机系统软硬件配置要求如下：

（1）有支持系统正常运行的服务器，并在CPU、芯片、内存、磁盘、稳定性、安全性等方面符合企业质量管理要求。

（2）在质量管理、采购、收货、验收、储存、养护、出库复核、销售等岗位配有专用的终端设备，并授予相应的操作权限。

（3）有稳定、安全的网络环境，有固定接入互联网的方式和可靠的信息安全平台，安装有防火墙和防病毒系统，并有专业的信息管理人员定期对网络安全进行维护。

（4）有实现相关部门之间、岗位之间信息传输和数据共享的局域网，能实现实时数据传输，并能按照规定的权限实时进行数据查询。

（5）有药品经营业务票据生成、打印和管理功能。

（6）有符合GSP及药品批发企业管理实际需要的应用软件和相关数据库。

此外，为保障计算机系统正确、安全、有效运行，药品批发企业还应当建立计算机使用及维护、网络访问及网络安全等管理制度，按照GSP的要求制定计算机操作规程。同时，还应有网络服务器突然断电等突发情况的应急预案，与软硬件供应商签订完整的服务协议，能及时对系统进行升级、完善，确保企业计算机系统能正常使用。

（二）相关部门职责

1.信息管理部门职责

（1）负责系统硬件和软件的安装、测试及网络维护。

（2）负责系统数据库管理和数据备份。

（3）负责培训、指导相关岗位人员使用系统。

（4）负责系统程序的运行及维护管理。

（5）负责系统网络以及数据的安全管理。

（6）保证系统日志的完整性。

（7）负责建立系统硬件和软件管理档案。

2.质量管理部门职责

（1）负责指导设定系统质量控制功能。

（2）负责系统操作权限的审核，并定期跟踪检查。

（3）监督各岗位人员严格按规定流程及要求操作系统。

（4）负责质量管理基础数据的审核、确认生效及锁定。

（5）负责经营业务数据修改申请的审核，符合规定要求的方可按程序修改。

（6）负责处理系统中涉及药品质量的有关问题。

素质提升

计算机系统管理人员——企业信息技术的先行人

在数字化时代背景下，药品经营企业的计算机系统管理人员已成为企业推动信息技术发展的关键力量。他们不仅需要掌握计算机系统的知识和技能，还需要对业务流程和信息需求有深入的理解，以便更好地为企业提供信息技术的支持和解决方案。

药品经营企业的计算机系统往往承载着药品追溯、质量控制、业务管理等方面的重要任务，一旦出现错误，可能直接影响患者的生命健康。因此，计算机系统管理人员应具备严守药规、坚韧不拔的工匠精神，能对每一个可能出现的问题进行深入分析，并找到合适的解决方案。随着技术的不断发展，计算机系统管理人员必须不断学习新政策、新技术、新方法，才能与时俱进、不断创新。

（三）药品零售企业计算机系统相关配置要求

药品零售企业计算机系统的硬件、软件、网络环境及管理人员的配备，应当满足企业经营规模和质量管理的实际需要，并满足药品追溯的要求。药品零售连锁企业总部与门店之间、各门店之间的计算机系统还应联网、数据共享。质量管理部门或质量管理人员负责计算机系统操作权限的审核、控制及质量管理基础数据的维护和管理。

四、计算机系统的应用

（一）药品批发企业应用

1. 采购

采购员在系统中录入首营相关资料数据，填报首营审批表，审核批准后，所填报数据可进入系统质量管理基础数据库。采购订单中的质量管理基础数据应当依据数据库生成。采购员根据业务经营需要从系统中选择供货单位和品种，系统对供货单位、药品品种的合法性资料，能够自动进行识别、审核，拒绝任何无质量管理基础数据支持、无质量保证协议的采购订单生成，防止超出经营方式或经营范围的采购行为发生。采购订单确认后，系统可自动生成采购记录。

2. 收货

药品到货时，系统应当支持收货员查询采购记录，对照随货同行单（票）及实物确认相关信息后，方可收货，并在系统中录入批号、数量等相关信息。系统会自动生成入库验收通知单，并提交验收员进行验收。

3. 验收

验收员按规定进行药品质量验收，对照药品实物在系统中录入验收合格数量、验收结果等内容，确认后，系统可自动生成验收记录。

4. 储存

系统应当按照药品的管理类别及储存特性，自动提示相应的储存库区，并记录和跟踪药品实际储存库区、货架位置。同时，系统应当对库存药品的有效期进行自动跟踪和控制，具备近效期预警提示、超有效期自动锁定及停销等功能。

5. 养护

系统应当依据质量管理基础数据和养护制度，对库存药品按期自动生成养护工作计划，提示养护员对库存药品进行有序、合理的养护，对可能存在质量问题的药品进行锁定。

6. 销售

系统应当依据质量管理基础数据及库存记录生成销售订单。系统会拒绝无质量管理基础数据或无有效库存数据支持的任何销售订单的生成。系统对各购货单位的法定资质能够自动进行识别并审核，防止超出经营方式或经营范围、缺少销售合同等违规销售行为的发生。销售订单确认后，系统会自动生成销售记录。

7. 出库

系统应当将确认后的销售数据传输至仓储部门提示出库及复核。复核人员完成出库复核操作后，系统可自动生成出库复核记录、打印随货同行单（票）。

8. 销后退回

（1）处理销后退回药品时，系统能够调出原始对应的销售、出库复核记录。

（2）对应的销售、出库复核记录与销后退回药品实物信息一致的，方可收货、验收，并依据原销售、出库复核记录数据以及验收情况，生成销后退回验收记录。

（3）当退回药品实物与原记录信息不符，或退回药品数量超出原销售数量时，系统会拒绝药品退回操作。

（4）系统不支持对原始销售数据所作的任何更改。

9. 质量可疑药品控制

（1）各岗位人员若发现质量可疑药品，应按照本岗位操作权限实施锁定，并通知质量管理人员。

（2）被锁定药品应当由质量管理人员确认，不属于质量问题的，可解除锁定，属于不合格药品的，由系统生成不合格记录。

（3）系统对质量不合格药品的处理过程、处理结果进行记录，并跟踪处理结果。

10. 运输

系统应当对药品运输的在途时间进行跟踪管理，对有运输时限要求的，应当提示或警示相关部门及岗位人员。系统应自动生成运输记录。委托运输的，系统应当与受托单位实现数据对接。

（二）药品零售企业应用

药品零售企业计算机系统的销售管理应当符合以下要求：

（1）建立包括供货单位、经营品种等相关内容的质量管理基础数据。

（2）依据质量管理基础数据，自动识别处方药、特殊管理的药品以及其他国家有专门管理要求的药品。

（3）拒绝国家有专门管理要求的药品超数量销售。

（4）与结算系统、开票系统对接，每笔销售可自动打印票据，并自动生成销售记录。

（5）依据质量管理基础数据，对拆零药品单独建立销售记录，并实施安全、合理的销售控制。

（6）依据质量管理基础数据，定期自动生成陈列药品检查计划。

（7）依据质量管理基础数据，对药品有效期进行跟踪管理，对近效期的药品进行预警提示，超有效期的药品应自动锁定及停销。

案例分析

某大药房有限公司售卖过期药品案

某市市场监管局接到顾客投诉，称其在某大药房有限公司购买了 1 盒某小儿退热颗粒（批号：221127，零售价 39.8 元/盒），回家后发现药品已过期。

经查实，当班营业员陈某承认在销售该药品时，未将购买人及药品销售信息录入计算机系统，且未打印小票，平时也未对该药品进行日常检查。同时，执法人员在现场还发现了货架上陈列的 1 瓶某牌子的益母草膏（批号：230405，零售价：18 元/瓶）已超过有效期，在计算机系统中也无该批药品的检查计划和记录。

该市场监管局对该药店作出以下处罚：①没收超过有效期的益母草膏 1 瓶；②没收违法所得 39.8 元；③处罚款 100000 元。

请分析，该药店存在的问题，并提出整改意见。

五、计算机系统的作用

1. 提升企业管理效率

计算机系统可以帮助药品经营企业实现信息化管理，使各环节业务流程更加规范化、标准化，减少人为错误，提高工作效率。例如，计算机系统能够自动处理养护计划、跟踪库存等一系列任务，同时也可以实时监控药品的质量状况，从而提升企业的管理效率。

2. 保障药品质量

计算机系统能够全面记录药品经营过程中各个环节的信息，实现药品的全过程可追溯，有助于保障药品质量。同时，计算机系统还可以对药品购货单位的资质审核、首营企业审核、首营品种审核等环节进行严格把关，保障药品来源合法、质量可靠。

3. 提升服务水平

计算机系统可以帮助企业更好地服务于客户，例如，通过电子商务平台为客户提供更便捷的药品信息查询和购买服务，同时也可以通过计算机系统对药品的售后服务进行跟踪和管理，提升客户的满意度。

4. 满足监管要求

计算机系统可以帮助企业更好地符合国家对于药品经营管理的相关法规和标准要求，提升企业的合规性，同时便于监管部门的监督和检查。

5. 提供决策支持

计算机系统可以提供大量真实、准确的数据，帮助企业管理人员进行数据分析和决策，例如，通过数据分析来评估企业的经营状况、市场需求、行业趋势等，为企业发展决策提供科学依据。

知识拓展

从药品电子监管码到药品追溯制度

2006年，为加强药品电子监管工作，提高公众用药安全水平，实现药品全品种全过程监管，国家食品药品监督管理局开始实施药品电子监管工作，并计划于2015年12月31日前将境内药品制剂生产企业、进口药品制药厂商以及所有药品批发、零售企业全部纳入药品电子监管网。然而，在药品电子监管码的实施过程中，部分药企认为，这是一种重复建设、浪费资本的行为，不仅增加了企业运营成本，而且数据的安全性也难以保证。2016年，国家食品药品监督管理总局发布公告，暂停药品电子监管相关工作，同时，在现行GSP中全部用“药品追溯制度”代替原来的“电子监管码”。GSP规定，企业应当建立能够符合经营全过程管理及质量控制要求的计算机系统，实现药品质量可追溯。由此可见，计算机系统是药品追溯制度得以实现的关键工具。

药品追溯制度建设主要遵循“一物一码、一码同追”，要求药品上市许可持有人、生产经营企业、医疗机构都要建立药品追溯体系，实现药品最小包装单元可追溯、可核查。建设药品追溯制度总的原则是监管部门定制度、建标准，允许多码并存，可以兼容原来的电子监管码，也可兼容现在国际上常用的其他编码，充分发挥企业的主体作用。

任务实施

详见“模块四　GSP工作任务实施”中的“计算机系统购置任务工单”。

任务二　计算机系统数据管理

动画

课件

任务导入

小李是某药品批发企业的收货员，他发现计算机系统中的收货记录有错误，想对其进行修改。

讨论：

1. 请问小李有哪些计算机系统操作权限？

2. 计算机系统中的收货记录应如何备份和保存？他想修改收货记录，该如何操作？

任务分析

一、计算机系统基础数据的建立

计算机系统的数据主要可以分为两大类。一类是计算机系统自动采集、生成的数据，另一类是药品经营各环节的岗位人员手动录入的数据。其中，第二类数据主要包括质量管理基础数据，以及系统无法自动采集、必须由岗位人员手动从终端录入的数据。

质量管理基础数据包括供货单位、购货单位、经营品种、供货单位销售人员资质、购货单位采购人员资质及提货人员资质等相关内容。药品经营企业相关岗位人员应当将审核合格的质量管理基础数据录入系统，建立质量管理基础数据库并能有效运用。质量管理基础数据与对应的供货单位、购货单位以及购销药品的合法性、有效性相关联，与供货单位或购货单位的经营范围相对应，由系统进行自动跟踪、识别与控制。系统对接近失效的质量管理基础数据进行提示、预警，提醒相关部门及岗位人员及时索取、更新相关资料；任何质量管理基础数据失效时，系统都会自动锁定与该数据相关的业务功能，直至数据更新和生效后，相关功能方可恢复。

质量管理基础数据是企业合法经营的基本保障，须由专门的质量管理人员对相关资料审核合格后，据实确认和更新，更新时间由系统自动生成。其他岗位人员只能按规定的权限，查询、使用质量管理基础数据，不能修改数据的任何内容。

二、计算机系统数据的管理

药品批发企业应当严格按照管理制度和操作规程进行系统数据的录入、修改和保存，以保证各类记录的原始、真实、准确、安全和可追溯。

1. 账号权限管理

每个系统有且仅有一个系统管理员账号。系统为每个岗位操作人员提供了账号，每个账号都有明确的岗位操作权限，并与实际工作内容相适应。质量管理部门负责系统操作权限的审核，并定期跟踪检查。各操作人员必须通过输入用户名、密码等身份确认方式登录系统，并在权限范围内录入或查询数据，未经批准不得修改数据信息。各操作人员的账号名称应固定，密码不能为空，也不能长期使用初始密码作为登录密码。系统对每个账号的建立、登录和退出时间应能自动记录，且不得修改、删除。

2. 操作记录管理

所有的数据操作，包括数据录入、修改、删除等，都由系统自动生成操作记录，包括操作的时间、操作的内容等，并可供审计和查询使用。任何未经授权的操作，系统应能自动识别并报警。数据的更改应当经质量管理部门审核并在其监督下进行，更改过程应当留有记录。系统操作人员、操作日期和时间由系统自动生成，不得采用手工编辑、菜单选择等方式录入。

3. 系统安全管理

计算机系统的安全性是数据管理的关键。药品批发企业应当根据计算机管理制度，采取有效的安全措施，对系统各类记录和数据进行安全管理。例如，采用加密技术、访问控制、加密通信、强口令、防火墙等，防止数据被非法访问或篡改。不得留有影响数据安全性的“后门”，以确保数据的准确性、完整性和可追溯性。

4. 储存备份管理

计算机系统中涉及企业经营和质量管理的数据应当采用安全、可靠的方式存储。数据至少应当保存5年，疫苗、特殊管理药品的相关数据应按相关规定保存。

数据备份是保证数据安全的最后一道防线。备份数据可以帮助药品经营企业实现业务的连续性，记录药品经营企业的业务发展历程和数据变化情况，方便企业进行数据追溯、分析和决策；在发生故障、自然灾害、人为破坏等情况下导致数据被删除或损坏时，备份数据能够快速导入系统，以保证业务的正常运行，满足药品监管部门的检查需求。数据备份应由专人负责，且职责明确、按日备份。备份记录和数据的介质应存放于安全场所，并与服务器分开存放，防止与服务器同时遭遇灾害造成损坏或丢失。

知识拓展

科学数据管理

随着科技的不断进步，数据量呈爆炸式增长，科学数据已经成为国家科技创新和社会经济发展的重要基础性战略资源。通过对科学数据的分析挖掘和综合利用，人们可以更好地解决实际问题、推动科技进步和社会发展。2018年3月17日，国务院办公厅印发的《科学数据管理办法》（国办发〔2018〕17号）是为进一步加强和规范科学数据管理，保障科学数据安全，提高开放共享水平，更好支撑国家科技创新、经济社会发展和国家安全。该办法第九条和第十六条规定如下。

第九条 有关科研院所、高等院校和企业等法人单位（以下统称法人单位）是科学数据管理的责任主体，主要职责是：

（一）贯彻落实国家和部门（地方）科学数据管理政策，建立健全本单位科学数据相关管理制度；

（二）按照有关标准规范进行科学数据采集生产、加工整理和长期保存，确保数据质量；

（三）按照有关规定做好科学数据保密和安全管理工作；

（四）建立科学数据管理系统，公布科学数据开放目录并及时更新，积极开展科学数据共享服务；

（五）负责科学数据管理运行所需软硬件设施等条件、资金和人员保障。

第十六条　法人单位应建立科学数据保存制度，配备数据存储、管理、服务和安全等必要设施，保障科学数据完整性和安全性。

?思考讨论

2022年12月1日，《药品网络销售监督管理办法》（国家市场监督管理总局令第58号）正式施行。药品经营企业纷纷拥抱互联网，为进一步满足患者的购药需求，不断发展医药电商服务。

请思考，网络售药行为对药品经营企业计算机系统质量管理带来了哪些新的挑战？企业应如何加强计算机系统管理，保障药品质量，提升服务水平，提高企业服务效率？

任务实施

详见“模块四　GSP工作任务实施”中的“计算机系统账号及数据管理任务工单”。

岗课赛证

本项目对应的岗位包括计算机管理员（信息员）以及质量管理相关岗位。本项目内容与药学、药品经营、药品购销、医药商品储运等职业技能大赛对接，与执业药师资格证书、“1+X”药品购销职业技能等级证书等对接。上述岗位、比赛和证书均需学生掌握GSP计算机系统管理相关要求，能够对计算机系统进行账号及数据管理，能够实时控制并记录药品经营各环节和质量管理全过程，树立精益求精的工匠精神。

项目评价

计算机系统管理评分见表1–8。

表1–8　计算机系统管理评分

<table>
<tr><td rowspan="2">基本信息</td><td>姓名</td><td></td><td>学号</td><td></td><td>班级</td><td></td><td>组别</td><td></td></tr>
<tr><td>考核日期</td><td colspan="3"></td><td colspan="3">总评成绩</td><td colspan="2"></td></tr>
<tr><td rowspan="5">考核内容</td><td rowspan="2">任务</td><td colspan="3" rowspan="2">步骤</td><td colspan="2">完成情况</td><td rowspan="2">标准分</td><td rowspan="2">评分</td></tr>
<tr><td>完成</td><td>未完成</td></tr>
<tr><td rowspan="3">计算机系统建立</td><td colspan="3">计算机系统功能确定</td><td></td><td></td><td>10</td><td></td></tr>
<tr><td colspan="3">计算机系统配置</td><td></td><td></td><td>10</td><td></td></tr>
<tr><td colspan="3">计算机系统应用</td><td></td><td></td><td>20</td><td></td></tr>
</table>

续表

<table>
<tr><td rowspan="7">考核内容</td><td rowspan="4">计算机系统账号及数据管理</td><td>账号权限设置</td><td></td><td></td><td>10</td><td></td></tr>
<tr><td>操作记录管理</td><td></td><td></td><td>10</td><td></td></tr>
<tr><td>安全管理</td><td></td><td></td><td>10</td><td></td></tr>
<tr><td>数据储存备份</td><td></td><td></td><td>10</td><td></td></tr>
<tr><td colspan="4">合规操作</td><td>10</td><td></td></tr>
<tr><td colspan="4">严谨细致</td><td>5</td><td></td></tr>
<tr><td colspan="4">团队协作</td><td>5</td><td></td></tr>
<tr><td>小组互评</td><td colspan="6"></td></tr>
<tr><td>教师评价</td><td colspan="6"></td></tr>
</table>

项目拓展

参考答案

理论知识回顾

一、单项选择题

1. 企业计算机系统数据应按（　　）备份，保存（　　）年，并要求异地存放。

A. 年；5　　B. 月；3　　C. 周；3　　D. 日；5

2. 药品批发企业负责信息管理的部门应当履行的职责不包括（　　）。

A. 负责系统硬件和软件的安装、测试及网络维护

B. 负责指导设定系统质量控制功能

C. 负责培训、指导相关岗位人员使用系统

D. 保证系统日志的完整性

3. 下列有关系统基础数据的表述，错误的是（　　）。

A. 质量管理基础数据应包括供货单位、购货单位、经营品种、供货单位销售人员资质、购货单位采购人员资质及提货人员资质等相关内容

B. 质量管理基础数据应与对应的供货单位、购货单位以及购销药品的合法性、有效性相关联，与供货单位或购货单位的经营范围相对应，由系统进行自动跟踪、识别与控制

C. 系统对接近失效的质量管理基础数据进行提示、预警，并自动锁定与该数据相关的业务功能，直至数据更新后，相关功能方可恢复

D. 药品批发企业应当将审核合格的供货单位、购货单位及经营品种等信息录入系统，建立质量管理基础数据库并能有效运用

二、多项选择题

1. 计算机系统必须满足的配置包括（　　）。
   A. 服务器和终端机（工作站电脑）
   B. 网络（内部局域网络）
   C. 数据库软件和管理信息应用软件
   D. 对公共互联网的安全接入环境及信息安全防护设备（或防毒杀毒系统）
   E. 无线网络
2. 以下有关计算机系统数据的管理要求，说法正确的是（　　）。
   A. 各操作岗位通过输入用户名、密码等身份确认方式登录系统，并在权限范围内录入或查询数据，未经批准不得修改数据信息
   B. 数据的更改应当经质量管理部门审核并在其监督下进行，更改过程应当留有记录
   C. 系统对各岗位操作人员姓名的记录，根据专有用户名及密码自动生成，不得采用手工编辑或菜单选择等方式录入
   D. 药品批发企业应当严格按照管理制度和操作规程进行系统数据的录入、修改和保存，以保证各类记录的原始、真实、准确、安全和可追溯
   E. 系统操作、数据记录的日期和时间由系统自动生成，不得采用手工编辑、菜单选择等方式录入
3. 下列有关药品零售企业计算机系统的销售管理功能，表述错误的是（　　）。
   A. 无须与结算系统、开票系统对接，但必须能自动生成销售记录
   B. 超数量销售国家有专门管理要求的药品时，需在系统中进行登记和备案
   C. 依据质量管理基础数据，定期自动生成陈列药品检查计划
   D. 依据质量管理基础数据，对药品有效期进行跟踪管理，对近效期的药品给予预警提示，超有效期的药品应自动锁定及停销
   E. 应及时对系统进行升级，完善系统功能

三、简答题

1. 简述药品经营企业计算机系统的质量控制功能要求。
2. 简述药品经营企业计算机系统账号及数据管理要求。

实践能力提升

市场调研：随着信息化、智能化时代的到来，药品经营企业该如何优化计算机系统功能，才能进一步提升质量管理水平和经营效率呢？

项目四　质量管理体系文件管理

学习目标

知识目标

1. 掌握质量管理体系文件的类型，文件编号的基本要求、原则和方法。
2. 熟悉质量管理体系文件的管理要求。
3. 了解质量管理体系文件制定的基本要求。

能力目标

1. 能编制质量管理体系文件目录。
2. 能解读质量管理体系文件。
3. 具备质量管理体系文件全生命周期管理的能力。

素质目标

1. 培养严谨、认真的工作态度。
2. 强化规则意识、敬畏法规，提高风险管理意识，提升社会责任感。

任务一　文件编写

动画

课件

岗位解读

质量管理员岗位信息见表 1–9。

表 1–9　质量管理员岗位信息

任职要求	学历与专业	药学中专或者医学、生物、化学等相关专业大学专科以上学历或者具有药学初级以上专业技术职称
	知识结构	药品专业知识、药品经营质量管理知识以及相关法律法规知识
	职业素养	规则意识、风险意识、社会责任感
职责清单	组织制（修）订质量管理体系文件，开展质量策划、质量控制、质量保证、质量改进和质量风险管理等活动	
	药品经营全过程的质量监督、检查、指导	
	对药品质量问题、质量投诉、质量事故等进行调查、处理及报告	
职业能力清单	能督促相关部门和岗位人员执行药品管理的法律法规及 GSP 的相关要求	
	能组织制订质量管理体系文件，并指导、监督文件的执行	
	能审核供货单位和购货单位的合法性、购进药品的合法性以及供货单位销售人员、购货单位采购人员的合法资格，并进行动态管理	
	能收集和管理质量信息，并建立药品质量档案	
	能指导并监督药品采购、储存、养护、销售、退货、运输等环节的质量管理工作	
	能对不合格药品进行确认，对不合格药品的处理过程实施监督	

续表

职业能力清单	能调查、处理及报告药品质量投诉和质量事故
	能开展药品质量查询，并报告假劣药品
	能指导设定计算机系统质量控制功能
	能审核计算机系统操作权限，能建立和更新质量管理基础数据
	能组织验证、校准相关设施设备
	能开展药品召回、报告药品不良反应
	能组织质量管理体系内审和风险评估
	能组织考察和评价药品供货单位及购货单位质量管理体系和服务质量
	能组织审查被委托运输的承运方的运输条件和质量保障能力
	能协助开展质量管理教育和培训
	能对药品经营质量管理过程进行风险研判

任务导入

小李拟开办药品批发企业，经营范围为中成药、化学药制剂、抗生素制剂（以上均不包含冷藏、冷冻药品）。GSP 要求企业建立相关的质量管理体系文件，并对制定的质量管理体系文件进行管理。

讨论：

1. 质量管理体系文件的分类有哪些？
2. 如何起草质量管理体系文件？

任务分析

药品经营企业的质量管理体系文件是企业质量管理的基石，为企业内部各层级人员提供明确的操作指南和质量控制标准，对于保障药品质量、提升企业竞争力和实现可持续发展具有至关重要的作用。

一、建立质量管理体系文件的目的和原则

（一）目的

质量管理体系文件是药品经营质量管理中的基础要求，也是实施、保证和保持质量管理体系有效运行的关键性因素。企业建立以制度、程序、职责和记录为代表的全面质量管理文件体系是为了规范质量管理行为。在整个质量管理体系的运行中，其中心任务是建立并实施文件化的质量管理体系。药品在进、存、销等环节都能按文件要求执行，并有可追溯的原始记录，使质量管理活动做到：“行有痕，查有据，追有踪。”

（二）原则

为使企业质量管理体系有效运行，企业在编制质量管理体系文件时，应遵循以下原则。

第一，文件内容应遵循合法性原则，符合国家现行药品相关法律、法规、规章、标准和规范的规定。第二，文件的编制应具有一定的前瞻性和预见性，学习和借鉴外部先进的管理经验和理念，不断改进和提高企业的管理水平。第三，文件内容的编制应做到实事求是、切实可行，不得盲目复制、抄袭其他企业的文件。第四，编制的文件要保持系统性和完整性，做到层次清晰，文件之间应保持逻辑性、关联性和一致性，不能互相矛盾。文件内容规定应具体明确，具有可操作性。

二、质量管理体系文件分类

企业制定质量管理体系文件应当符合企业实际。质量管理体系文件包括质量管理制度、部门及岗位职责、操作规程、档案、报告、记录和凭证等。

（一）质量管理制度

质量管理制度是企业根据GSP的要求和企业质量管理工作的实际需要而制定的质量管理规则，是对企业各部门和各业务环节如何开展质量管理工作做出的明确规定。质量管理制度在药品经营全过程中具有权威性和约束力，是企业经营活动最基本的支撑性文件。

（二）质量职责

质量职责是根据GSP的要求和企业经营的实际需要，对企业各相关部门和岗位人员的工作内容、工作目标和工作结果等做出的具体规定，也就是明确了相关的质量管理工作由谁来做。

（三）操作规程

操作规程是一套详细的书面指导文件，用于规范和指导特定操作或活动的执行。操作规程中一般包含活动的目的和范围，明确规定何时开展、何地开展以及如何做，有哪些质量管理文件，活动过程应如何控制和记录等。

（四）质量记录

质量记录是阐明所取得的结果或提供所完成活动的证据性文件。记录是工作过程的真实记载，反映了工作的质和量，同时为追溯相关质量信息提供了证据。在药品流通过程中，伴随着大量记录的流转，相关人员可以根据记录了解、追溯和控制药品流通情况。因此，GSP要求企业应在药品流通过程的各环节建立各种质量记录，且能按药品批号进行追踪查询。

三、文件的编写

（一）文件编号

所有的质量管理体系文件都应该进行编号。在编写文件之前，应根据GSP的要求和企业内部管理的要求，统一确定文件编号的方法。相同类型或层次的程序文件应统一编号，便于识别。

1. 编号的基本原则

（1）系统性：统一分类、专人管理。

（2）唯一性：编号应与文件一一对应，如果该文件被废止，则该文件的编号应立即作废，不得再次使用。

（3）可追溯性：可根据文件的编号，随时查询到某一文件或其变更历史。

（4）相关一致性：文件重新修订，需提供新的修订号，与其相关的文件也应随之变更。

（5）识别性：文件编号便于识别文件文本和类别。

2. 编号结构

质量管理体系文件的编号结构应符合企业实际，并按照文件管理操作规程进行制定和管理。比如，企业可采用公司代码、文件类别代码、文件顺序号和文件版本号相结合的方法。文件编号结构示意如图 1–2 所示，每个部分之间用间隔符分开。

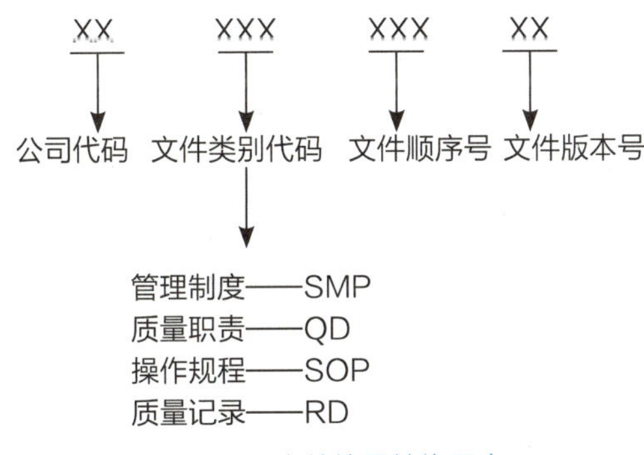

图 1–2　文件编号结构示意

（1）文件类别代码：主要指企业文件类别，如制度、职责、规程、记录等。

（2）文件顺序号：按照一定顺序使用数字对文件进行编号，如从“001”开始按顺序编号。

（3）文件版本号：一般由 00 ～ 99 组成，第一版本为 00，第二版本为 01，以此类推。

（二）文件文头

文件文头通常包含文件名称、文件编号、起草人、审核人、批准人、日期、页数、起草部门、颁发部门、分发部门和变更原因等内容，文头样式如表 1–10 所示。

表 1-10　质量管理体系文件文头样式

文件名称				文件编号	
起草人		日期	年　月　日	版本号	
审核人		日期	年　月　日	页数	
批准人		日期	年　月　日	生效日期	
起草部门			颁发部门		
分发部门					
变更原因					

（三）文件内容及编写要求

文头下方为正文。正文一般包含目的、依据、范围、相关术语及定义、职责、文件内容及历史变更等内容，如表 1–11 所示。如果文件中没有相关术语及定义，则可以省略该部分内容。首次颁发的文件也可以省略文件中的历史变更内容。

表 1-11　质量管理体系文件示例

文件名称				文件编号	
起草人		日期	年　月　日	版本号	
审核人		日期	年　月　日	页码	
批准人		日期	年　月　日	生效日期	
起草部门			颁发部门		
分发部门					
变更原因					

1. 目的
2. 依据
3. 范围
4. 相关术语及定义
5. 职责
6. 文件内容
7. 历史变更

文件内容应当符合企业实际，文件应用词准确、条理清晰、层次分明、通俗易懂。需要注意的是，文件中一般不可使用模棱两可的表述。若出现“定期检查”等具有时间模糊性的表述，在其后面应明确是每月检查一次还是每年检查一次等，同时也要避免在文件中出现“有关部门”等表述，应在文件中明确具体的部门。

企业质量管理体系文件目录实例

素质提升

记录的填写

在药品经营活动中，药品经营企业会产生大量的记录，如采购记录、收货记录、验收记录、在库养护记录、销售记录、出库复核记录、运输记录等。

记录的填写应符合GSP的要求，做到及时、准确、规范、内容真实、字迹清晰及结论明确，不得随意涂改和撕毁。具体事项如下：

①各部门签发意见日期均应为当日，并按顺序签署。

②签订采购合同应明确质量条款。

③药品的有效期应填写完全，不能只填年份。

④记录人签名时应签全名，不能只签署姓氏或只签署名。如刻有印章，则在盖印时不能竖盖、倒盖、空盖。

⑤若填写内容与前项内容相同，也应重复填写，不得使用“同上”等表示形式。

⑥日期一律横写。

⑦记录中的项目应填写齐全，不得留有空项，若无内容可填则要用“/”表示。

⑧不同的质量记录，其在质量状况栏目中的表述也有所区别。若入库验收时质量无问题，则在其质量状况栏目中填“合格”；若在库检查和出库复核时质量检查无问题，则应填“正常”。

⑨记录应保持清洁，不得随意涂改和撕毁。不得使用铅笔、涂改液和橡皮。记录要及时、真实、准确、清晰、完整、原始，不得事后追记。

记录的填写涉及GSP的各个岗位，真实完整的记录能保证药品质量可控和可追溯。因此，每个人都要树立药品质量至上和规范从业意识，按要求及时、完整和如实地填写记录，不事后追记和涂改记录等，做到填写的是数据，记录的是诚信。

?思考讨论

药品流通过程中的质量管理体系文件有哪些？请将内容填入表1-12。

表1-12　质量管理体系文件及作用

药品流通过程中的质量管理体系文件	质量管理体系文件的作用
1. 2. 3. ……	

任务实施

详见“模块四　GSP工作任务实施”中的“质量管理体系文件编写任务工单”。

任务二 文件管理

动画

课件

任务导入

小李拟开办药品批发企业，经营范围为中成药、化学药制剂、抗生素制剂（以上均不包含冷藏、冷冻药品）。按照GSP的要求，企业需要建立相关的质量管理体系文件，并对制定的质量管理体系文件进行管理。

讨论：

药品经营企业应如何对质量管理体系文件进行管理和控制?

任务分析

药品经营企业应当制定文件管理制度和规程，按照制度和规程管理文件，并建立和保存相关记录。文件管理包括文件的起草、审核、批准、复制和分发、培训、生效执行、修订、存档、撤销及销毁等。

一、文件的起草

文件的起草通常由使用该文件的部门人员负责撰写，如果文件涉及两个使用部门，则应由两个使用部门的人员共同撰写。文件起草人员需要有相应的学历和资质，且对该文件在相应岗位工作中有较深入的研究。

二、文件的审核

文件起草后需进行审核，可参照文件编写的基本原则，审核其与现行GSP要求是否相符、文件内容的可行性如何，文字是否简练、准确、无歧义，应避免文件内容之间存在相悖或冲突，保证文件内容的全面性。经审核后的文件如需修改，起草人员应根据审核意见进行修改，直至符合要求为止。

三、文件的批准

文件审核无误后，需经批准人批准后方可生效。批准人应审查文件的编号、格式、内容等，并对文件及相关文件的统一性，各部门之间的协调性，文件内容的可行性、先进性、合规性及可操作性等进行审查。文件的起草人、审核人、批准人不可以是同一人。在文件符合要求后，批准颁发文件，确定生效日期。

四、文件的复制和分发

文件管理员按发放部门及各部门需求的数量进行复制，填写文件复制记录表。复制件应与原件一样内容清晰，在复制件的每页加盖“受控文件”红章，并于第一页加盖“部门编号—部门发放流水号”红章，避免文件的混淆和丢失，便于文件的管理和回收。如果复制文件有特殊用途的，如培训使用、对外提供给客户或官方等，应注明“仅供 × × 使用”的字样。

质量管理部门根据分发部门的数量下发具有分发标识的文件复制件，部门接收人员接收后进行签字。所有分发的文件复制件都必须进行登记，填写GSP文件分发、回收记录表。分发使用的文件必须是批准的现行版本，已废止或失效的文件不得出现在工作现场。

五、文件的培训

文件生效使用前应完成相应使用部门人员的培训工作。其间可由文件起草人、复核人或批准人对新文件使用者进行培训，培训人员应完成考核。

六、文件的生效执行

在新文件的初始执行阶段，相关管理人员应对文件执行状态进行监督检查，以确保文件执行的有效性。任何人都不得随意更改文件，对文件的任何更改都应得到相关人员的批准，并按文件管理规定执行。

七、文件的修订

药品经营企业应当定期审核、修订文件。文件管理部门应检查文件修订后是否会引起其他文件的变更，若有则进行关联修订。任何文件修订及变更过程均应有记录，确保现行版本和历史版本有明显标识，做到可追溯。

案例分析

某药品监督管理部门组织省药品检查中心在对XX医药有限公司（经营范围为中成药、化学药制剂、抗生素制剂、生物制品）进行现场检查时，发现以下几个与质量管理体系文件相关的问题。

1.质量管理体系文件的修订、审核、批准未按文件管理操作规程进行，如现场提供的文件起草人、审核人、批准人处均为打印，无本人手写签名，也不能提供审批过程的原始记录。

2.新《药品管理法》实施后，企业未及时修订质量管理体系文件。

请分析，该企业存在的问题，并提出整改意见。

八、文件的存档

负责文件使用或保管的部门应将文件按类别及编号顺序存放在指定的文件夹内，并进行登记；文件应妥善保管，不得丢失、撕毁或涂改，涉密文件应按保密制度进行管理。严格遵守文件借阅制度，文件借阅时要做好借阅记录。各类记录一旦完成，应按照档案管理办法进行分类归档，并保存至规定日期。药品经营企业记录及凭证应至少保存 5 年，疫苗、特殊管理的药品的记录及凭证按相关规定保存。

九、文件的撤销及销毁

文件的使用者和管理人员均有权提出撤销申请，但任何文件未经批准不得撤销，修订后的文件一经生效，原文件自动失效。当文件需要撤销时，应按要求填写文件撤销申请表，说明撤销原因，部门负责人签署意见并报质量管理部批准后，可根据撤销批准意见执行撤销。质量管理部人员应负责检查因文件撤销而造成的其他相关影响，并及时做出调整。质量管理部将文件撤销申请表存档保存，以便跟踪检查。自新版本文件生效之日起，旧版本文件应被收回，收回的文件复制件，除保留部门留档备查外，其余文件需点清数量，经质量管理部门负责人批准后进行销毁，并记录销毁情况。

知识拓展

数字化文件管理系统

随着数字化转型的加速，企业对文件管理的需求日益增长。传统的文件管理方式已无法满足现代企业的需求，因此，数字化文件管理系统应运而生。

数字化文件管理系统通常包含文件管理、记录管理、档案管理、培训管理、系统管理等模块及相关功能。它可以实现企业经营质量管理过程中各类GSP文件的全生命周期管理——文件的起草、审核、批准、复制和分发、培训、生效执行、修订、存档、撤销及销毁的整个过程；达到文件版本管理、电子签名及审计追踪等合规性要求；实现对文件的安全管理和权限管控，便于药品经营企业对文档进行查阅、共享、预览、搜索、统计、回顾、分析等，方便不同部门和团队之间的协作和沟通，减少重复性工作，提高团队协作的效率。同时，数字化文件管理系统还包含全员的培训管理系统，通过该平台可以提升药品经营企业培训的合规性，提高培训的效率和效果。数字化文件管理系统也可以减少纸质文档的使用，降低企业的纸张、打印、存储等方面的成本。因此，越来越多的药品经营企业正积极采用数字化文件管理系统，以实现文件管理的规范化、有序化和高效率，从而提升企业的市场竞争力和行业地位。

素质提升

规范GSP文件管理——药品质量安全的保障

药品检查员在对药品经营企业进行现场检查时，会重点检查质量管理体系文件。检查中常见的问题包括：实际操作与标准操作规程内容不一致；已废止文件与现行文件同时出现在操作现场；某标准操作规程文件生效时未对相关人员进行培训；文件记录不及时，存在补签名、代签名现象等。这些都反映了部分药品经营企业在文件管理环节上的不足，制定的文件内容和实际操作不一致或未严格按照文件规定操作，可能会导致混淆和差错，造成药品安全风险隐患。因此，药品经营企业在文件管理过程中应严格遵守《药品管理法》《药品经营质量管理规范》等法律法规的有关规定，强化规则意识、敬畏法规。GSP文件涉及范围广、内容多，企业需要在日常管理中保持严谨、细致的工作态度，时刻心存敬畏，确保药品质量安全。

?思考讨论

上网查阅资料，讨论质量管理体系文件管理的注意事项。

任务实施

详见“模块四　GSP工作任务实施”中的“质量管理体系文件管理任务工单”。

岗课赛证

本项目对应的岗位涵盖药品经营环节中的所有岗位，如质量负责人、质量管理部门负责人和药品质量管理员等。本项目内容与药学、药品经营、药品购销、医药商品储运等技能大赛对接，与执业药师资格证书、“1+X”药品购销职业技能等级证书等对接。上述岗位、比赛和证书均需学生掌握GSP质量管理体系文件的相关要求，能够识别和解读各类文件，建立药品经营质量管理体系文件，熟悉文件管理等，树立合规意识和质量意识。

项目评价

质量管理体系文件管理评分见表1–13。

表1-13　质量管理体系文件管理评分

<table>
<tr><td rowspan="2">基本信息</td><td>姓名</td><td></td><td>学号</td><td></td><td>班级</td><td></td><td>组别</td><td></td></tr>
<tr><td>考核日期</td><td colspan="3"></td><td colspan="2">总评成绩</td><td></td><td></td></tr>
<tr><td rowspan="12">考核内容</td><td rowspan="2">任务</td><td rowspan="2" colspan="3">步骤</td><td colspan="2">完成情况</td><td rowspan="2">标准分</td><td rowspan="2">评分</td></tr>
<tr><td>完成</td><td>未完成</td></tr>
<tr><td rowspan="3">文件编写</td><td colspan="3">文件分类和编号</td><td></td><td></td><td>10</td><td></td></tr>
<tr><td colspan="3">文件文头设计</td><td></td><td></td><td>10</td><td></td></tr>
<tr><td colspan="3">文件正文编写</td><td></td><td></td><td>20</td><td></td></tr>
<tr><td rowspan="4">文件管理</td><td colspan="3">文件审核及批准</td><td></td><td></td><td>10</td><td></td></tr>
<tr><td colspan="3">文件复制和分发、培训及生效执行</td><td></td><td></td><td>10</td><td></td></tr>
<tr><td colspan="3">文件修订与存档</td><td></td><td></td><td>10</td><td></td></tr>
<tr><td colspan="3">文件撤销及销毁</td><td></td><td></td><td>10</td><td></td></tr>
<tr><td colspan="6">合规操作</td><td>10</td><td></td></tr>
<tr><td colspan="6">严谨细致</td><td>5</td><td></td></tr>
<tr><td colspan="6">团队协作</td><td>5</td><td></td></tr>
</table>

续表

组员互评	
教师评价	

项目拓展

参考答案

理论知识回顾

一、单项选择题

1. 药品经营企业记录及凭证应至少保存（　　）。

A. 有效期后一年　　B. 3 年　　C. 4 年　　D. 5 年

2. 计算机系统记录的数据，更改时需要（　　）审核。

A. 信息管理部门　　B. 财务部门　　C. 质量管理部门　　D. 销售部门

3. 下列关于质量管理体系文件说法错误的是（　　）。

A. 应当定期审核、修订文件　　B. 文件应当分类存放，便于查阅

C. 使用的文件应为现行有效的版本，已废止或者失效的文件可以出现在工作现场，只要标明“失效”字样即可

D. 企业应当保证各岗位获得与工作内容相对应的必要文件，并严格按照规定开展工作

二、多项选择题

1. 以下哪些属于药品批发和零售企业均应制定的管理制度？（　　）

A. 处方审核管理制度　　B. 计算机系统管理制度

C. 药品追溯管理制度　　D. 质量事故、质量投诉管理制度

E. 记录和凭证管理制度

2. 药品经营企业应当制定操作规程的环节包括（　　）。

A. 药品采购　　B. 收货、验收　　C. 储存、养护

D. 销售　　E. 出库复核、运输

三、简答题

1. 简述质量管理体系文件的分类及编写要求。
2. 简述质量管理体系文件的管理要求。

实践能力提升

实践应用：查找国内外药品批发企业在质量管理体系文件管理方面有哪些常见的缺陷项目，并提出整改建议。

项目五　药品经营企业开办

学习目标

知识目标

1. 掌握药品经营许可证申办条件和程序。
2. 熟悉药品经营许可证管理要求。

能力目标

1. 能正确填写药品经营许可证申请表。
2. 能开展药品经营许可证申办工作。
3. 能开展药品经营许可证变更、重新审查发证、注销、补发管理等工作。

素质目标

1. 具备强烈的社会责任感和使命感。
2. 践行诚信理念，树立质量管理意识、风险防范意识。

任务一　药品经营许可证申办

动画

课件

岗位解读

药品经营企业负责人岗位信息见表 1-14。

表 1-14　药品经营企业负责人岗位信息

<table>
<tr><td rowspan="3">任职要求</td><td>学历与专业</td><td>药品批发企业、零售连锁企业负责人应当具备大学专科以上学历或者中级以上专业技术职称</td></tr>
<tr><td>知识结构</td><td>药学专业知识、药品管理相关法律法规知识</td></tr>
<tr><td>职业素养</td><td>合规意识、质量意识、企业社会责任意识</td></tr>
<tr><td rowspan="3">职责清单</td><td colspan="2">主持企业日常工作，是企业药品经营和质量管理的第一责任人，对企业所经营药品质量承担法律责任</td></tr>
<tr><td colspan="2">始终坚持“诚实守信”“质量至上”等医药职业道德规范，确保企业能认真贯彻执行国家有关药品经营和管理相关的法律法规及相应的规章制度</td></tr>
<tr><td colspan="2">负责提供必要的条件，保证质量管理部门和质量管理人员有效履行职责</td></tr>
<tr><td rowspan="4">职业能力清单</td><td colspan="2">能组织贯彻国家药品质量相关方针、政策、法规、指令，全面负责药品的质量安全及药品质量管理体系的正常运行</td></tr>
<tr><td colspan="2">能设定清晰、可衡量的企业战略和部门目标，并能根据行业动态和市场变化及时做出调整，确保企业长期稳定的发展</td></tr>
<tr><td colspan="2">能根据企业目标和各部门需求，合理分配人力、物力、财力等资源，确保资源的有效利用</td></tr>
<tr><td colspan="2">能设计合理的激励机制，如绩效考核、奖金制度、晋升机会等，激发员工的工作积极性和创造力</td></tr>
</table>

续表

职业能力清单	能组织协调各部门、各岗位之间的关系，确保彼此之间顺畅运行和高效合作
	能识别企业内部可能存在的风险和问题，制定风险应对策略和预案，确保在风险发生时能够迅速响应和有效应对
	能领导企业质量管理机构，保证其正确行使职权，并支持其合理意见和要求
	能正确处理药品质量与经济效益的关系，在经营中落实药品质量问题否决权

任务导入

某地市场监督管理局在日常监督检查过程中发现，某药品批发企业现场不能提供执业药师注册证，并涉嫌在申办药品经营许可证时，提供虚假材料。检查人员将该线索移送至综合行政执法局办理。经查实，该企业通过伪造企业负责人及质量负责人的离职证明、个人简历、聘用书等虚假资料，骗取药品经营许可证。

讨论：

1. 开办药品经营企业需要具备哪些条件？
2. 药品批发企业在申办药品经营许可证时需要准备哪些资料？

任务分析

药品经营条件事关人民身体健康和生命安全。为加强药品管理，保证药品质量，保障公众用药安全，药品经营企业开办须经药品监督管理部门批准，企业的日常经营行为也须接受相应的监管。在经营过程中，药品经营企业应积极主动履行企业的社会责任，诚信合规经营，切实为人民的健康保驾护航。

一、药品经营企业分类

药品经营企业是指经营药品的专营企业或兼营企业。根据经营方式的不同，药品经营企业可分为药品批发企业和药品零售企业。

（一）药品批发企业

药品批发企业是指将购进的药品销售给药品生产企业、药品经营企业、医疗机构、科研院所等的药品经营企业。从事药品批发活动，应当经所在地省、自治区、直辖市人民政府药品监督管理部门批准，取得药品经营许可证。无药品经营许可证的，不得经营药品。药品零售连锁企业总部参照药品批发企业管理。

（二）药品零售企业

药品零售企业是指将购进的药品直接销售给消费者的药品经营企业。从事药品零售活动，应当经所在地县级以上人民政府药品监督管理部门批准，取得药品经营许可证。无药品经营许可证的，不得经营药品。药品零售门店参照药品零售企业管理。

素质提升

合规执业 诚信经营

2023 年 4 月，XX 市场监督管理局执法人员在日常检查过程中发现，某大药房有限公司虽已办理药品经营许可证（经营方式为零售），但在 2023 年 2 月至 4 月，未经药品监督管理部门审核批准，其通过互联网向 5 家企业批发药品。当事人未经审核批准擅自改变经营方式的行为违反了相关规定。

药品经营与人民身体健康和生命安全息息相关，为保障人民用药安全，药品经营企业必须牢固树立合规的执业意识、诚信的经营意识，切实消除药品质量安全风险隐患，不断提升药品质量安全风险防控水平。我国对药品相关的违法、违规行为，始终坚持落实“四个最严”要求，实行“最严厉的处罚”和“最严肃的问责”。该企业主体责任意识、合规意识、诚信意识淡薄，必将受到应有的处罚。

二、药品经营许可证申办条件

（一）药品批发企业

从事药品批发活动的，应当具备以下条件。

（1）有与其经营范围相适应的质量管理机构和人员。企业法定代表人、主要负责人、质量负责人、质量管理部门负责人等符合规定的条件。

（2）有依法经过资格认定的药师或者其他药学技术人员。

（3）有与其经营品种和规模相适应的自营仓库、营业场所和设施设备，仓库具备实现药品入库、传送、分拣、上架、出库等操作的现代物流设施设备。

（4）有保证药品质量的质量管理制度以及覆盖药品经营、质量控制和追溯全过程的信息管理系统，并符合药品经营质量管理规范要求。

从事药品零售连锁经营活动的，应当设立药品零售连锁总部，对零售门店进行统一管理。药品零售连锁总部应当具备以上第 1 项、第 2 项、第 4 项规定的条件，并具备能够保证药品质量、与其经营品种和规模相适应的仓库、配送场所和设施设备。

（二）药品零售企业

从事药品零售活动的，应当具备以下条件。

（1）经营处方药、甲类非处方药的，应当按规定配备与经营范围和品种相适应的依法经过资格认定的药师或者其他药学技术人员。只经营乙类非处方药的，可以配备经设区的市级药品监督管理部门组织考核合格的药品销售业务人员。

（2）有与所经营药品相适应的营业场所、设备、陈列、仓储设施以及卫生环境；同时经营其他商品（非药品）的，陈列、仓储设施应当与药品分开设置。在超市等其他场所从事药品零售活动的，应当具有独立的经营区域。

（3）有与所经营药品相适应的质量管理机构或者人员，企业法定代表人、主要负责人、质量负责人等符合规定的条件。

（4）有保证药品质量的质量管理制度、符合质量管理与追溯要求的信息管理系统，符合药品经营质量管理规范要求。

三、药品经营许可证申办程序

（一）提出申请

开办药品经营企业，应当在取得营业执照后，向所在地县级以上药品监督管理部门申请药品经营许可证，并提交下列材料。

（1）药品经营许可证申请表。

（2）质量管理机构情况以及主要负责人、质量负责人、质量管理部门负责人学历、工作经历相关材料。

（3）药师或者其他药学技术人员资格证书以及任职文件。

（4）经营药品的方式和范围相关材料。

（5）药品质量管理规章制度以及陈列、仓储等关键设施设备清单。

（6）营业场所、设备、仓储设施及周边卫生环境等情况，营业场所、仓库平面布置图及房屋产权或者使用权相关材料。

（7）法律、法规规定的其他材料。

申请人应当对其申请材料全部内容的真实性负责，应当按照国家有关规定对申请材料中的商业秘密、未披露信息或者保密商务信息进行标注，并注明依据。药品经营许可证申办程序见图 1–3。

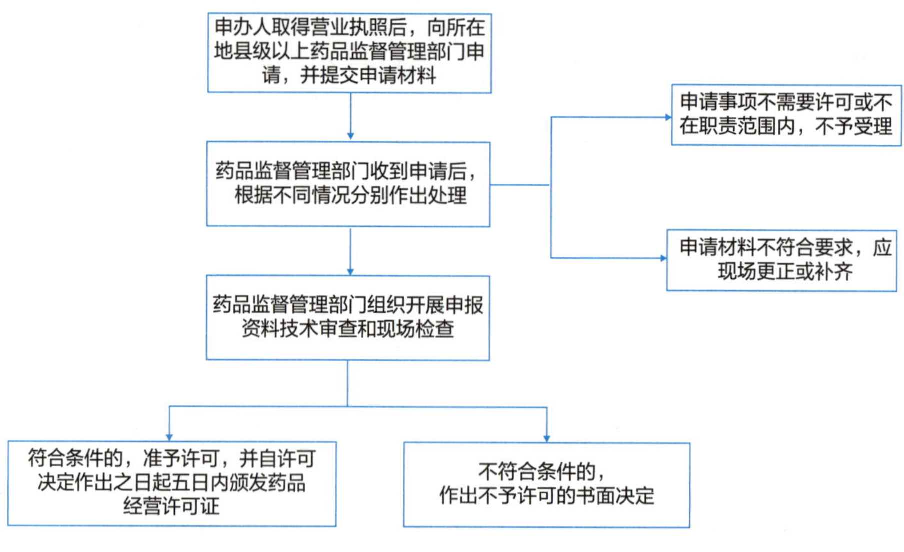

图 1–3　药品经营许可证申办程序

（二）形式审查

药品监督管理部门收到药品经营许可证申请后，应当根据下列情况分别作出处理：

（1）申请事项依法不需要取得药品经营许可的，应当即时告知申请人不受理。

（2）申请事项依法不属于本部门职权范围的，应当即时作出不予受理的决定，并告知申请人向有关行政机关申请。

（3）申请材料存在可以当场更正的错误的，应当允许申请人当场更正。

（4）申请材料不齐全或者不符合形式审查要求的，应当当场或者在五日内发给申请人补正材料通知书，一次性告知申请人需要补正的全部内容，逾期不告知的，自收到申请材料之日起即为受理。

（5）申请材料齐全、符合形式审查要求，或者申请人按照要求提交全部补正材料的，应当受理药品经营许可证申请。

药品监督管理部门应当自受理申请之日起二十日内作出决定。药品监督管理部门受理或者不予受理药品经营许可证申请的，应当出具加盖本部门专用印章和注明日期的受理通知书或者不予受理通知书。

（三）技术审查、现场检查及发证

药品监督管理部门按照药品经营质量管理规范及其现场检查指导原则、检查细则等有关规定，组织开展申报资料技术审查和现场检查。经技术审查和现场检查，符合条件的，准予许可，并自许可决定作出之日起五日内颁发药品经营许可证；不符合条件的，作出不予许可的书面决定，并说明理由。

仅从事乙类非处方药零售活动的，申请人提交申请材料和承诺书后，符合条件的，准予许可，当日颁发药品经营许可证。自许可决定作出之日起三个月内由药品监督管理部门组织开展技术审查和现场检查，发现承诺不实的，责令限期整改，整改后仍不符合条件的，撤销药品经营许可证。

药品监督管理部门应当公开药品经营许可证申请的许可结果，并提供条件便利申请人查询审批进程。未经申请人同意，药品监督管理部门、专业技术机构及其工作人员不得披露申请人提交的商业秘密、未披露信息或者保密商务信息，法律另有规定或者涉及国家安全、重大社会公共利益的除外。

知识拓展

《药品经营和使用质量监督管理办法》出台背景介绍

国家市场监督管理总局于 2023 年 9 月 27 日公布了《药品经营和使用质量监督管理办法》（国家市场监督管理总局令第 84 号），自 2024 年 1 月 1 日起施行。2019 年，《疫苗管理法》和新修订的《药品管理法》明确要全面实行药品上市许可持有人制度，强化药品研制、生产、流通、使用全过程监管，要求建立健全药品追溯制度，鼓励、引导药品零售连锁经营，对药品经营和使用活动及其监督管理提出新理念、新要求。同时，随着“放管服”改革的不断深入，药品经营许可准入管理进一步优化调整。《药品经营和使用质量监督管理办法》的出台是为了深入贯彻中共中央、国务院关于药品改革的决策部署，全面落实《药品管理法》《疫苗管理法》的有关要求，推动和促进医药行业转型升级，切实保障药品经营和使用环节的质量安全。

任务实施

详见“模块四　GSP工作任务实施”中的“药品经营许可证申办任务工单”。

任务二　药品经营许可证管理

动画

课件

任务导入

某药品批发企业经营范围为化学药、生物制品。最近，该企业了解到中药饮片市场销售情况较好，故也想经营中药饮片。

讨论：

该药品批发企业若想经营中药饮片，是否需要进行药品经营许可证的变更？

任务分析

各级药品监督管理部门应当加强药品经营许可证管理，包括许可证的核发、重新审查发证、变更、吊销、撤销、注销等事项，旨在确保药品经营活动的合法性和药品市场的秩序，保障公众用药安全。

一、药品经营许可证变更

药品经营许可证载明事项分为许可事项和登记事项。许可事项是指经营地址、经营范围、经营方式、仓库地址；登记事项是指企业名称、统一社会信用代码、法定代表人、主要负责人、质量负责人等。

1. 许可事项变更

变更药品经营许可证载明的许可事项的，应当向发证机关提出药品经营许可证变更申请。未经批准，不得擅自变更许可事项。发证机关应当自受理变更申请

之日起十五日内作出准予变更或者不予变更的决定。药品零售企业被其他药品零售连锁总部收购的，按照变更药品经营许可证程序办理。

2. 登记事项变更

药品经营许可证载明的登记事项发生变化的，应当在发生变化起三十日内，向发证机关申请办理药品经营许可证变更登记。发证机关应当在十日内完成变更登记。药品经营许可证载明事项发生变更的，由发证机关在副本上记录变更的内容和时间，并按照变更后的内容重新核发药品经营许可证正本。

案例分析

某日，某地市场监督管理局执法人员依法对位于XX市XX区XX路8号首层铺位的XX药店进行检查。现场检查时，该药店处于开门营业状态，药店内货架上摆放着待售的药品，执法人员要求当事人提供药品经营许可证，当事人提供的《药品经营许可证》显示的地址为XX市XX区XX路20号，与现经营地址不一致。当事人的上述行为涉嫌未按规定办理药品经营许可事项变更，为进一步调查核实，该地市场监督管理局对当事人进行立案调查。

请对上述案例中当事人的行为进行分析。

二、药品经营许可证重新审查发证与注销

1. 重新审查发证

药品经营许可证有效期为5年。药品经营许可证有效期届满需要继续经营药品的，药品经营企业应当在有效期届满前六个月至两个月期间，向发证机关提出重新审查发证申请。发证机关按照《药品经营和使用质量监督管理办法》关于申请办理药品经营许可证的程序和要求进行审查，必要时，可开展现场检查。药品经营许可证有效期届满前，应当作出是否许可的决定。经审查符合规定条件的，准予许可，药品经营许可证编号不变。不符合规定条件的，责令限期整改；整改后仍不符合规定条件的，不予许可，并书面说明理由。逾期未作出决定的，视为准予许可。在有效期届满前两个月内提出重新审查发证申请的，药品经营许可证有效期届满后不得继续经营；药品监督管理部门准予许可后，方可继续经营。

2. 注销

有下列情形之一的，由发证机关依法办理药品经营许可证注销手续，并予以公告：

（1）企业主动申请注销药品经营许可证的。

（2）药品经营许可证有效期届满未申请重新审查发证的。

（3）药品经营许可依法被撤销、撤回或者药品经营许可证依法被吊销的。

（4）企业依法终止的。

（5）法律、法规规定的应当注销行政许可的其他情形。

三、药品经营许可证补发

药品经营许可证遗失的，应当向原发证机关申请补发。原发证机关应当及时补发药品经营许可证，补发的药品经营许可证编号和有效期限与原许可证一致。

?思考讨论

李某已向药品监督管理部门递交了药品经营企业开办申请资料。药品监督管理机构已组织现场验收，但结果尚未公示。其间药品监管部门接到举报，李某已开始销售药品，并看到药品已装车发货。药品监督管理部门立刻到现场进行情况核查。

请思考，李某的行为是否存在问题，若存在，该如何处罚?

知识拓展

规范药品经营许可证管理

2024 年 4 月 22 日，国家市场监督管理总局发布《关于进一步做好药品经营监督管理有关工作的公告》(以下简称《公告》)，进一步明确新开办企业准入、药品经营许可证管理、委托储运管理以及“批零一体化”、自助售药机、异地设库等新业态监管要求，并鼓励药品经营企业开展首营资料电子化交换与管理。

《公告》明确，药品经营许可证有效期届满，申请重新审查发证的药品批发企业，原则上应当达到《药品经营和使用质量监督管理办法》相关要求。各省级药品监督管理部门可以结合实际制定验收细则，引导药品批发企业通过设施设备升级、资源整合等方式逐步达到现代物流条件。

《公告》指出，各级药品监督管理部门应当加强药品经营许可证管理，在核发、重新审查发证、变更、吊销、撤销、注销等事项完成后十日内将信息上传至国家药品监管数据共享平台，及时更新相关企业许可证信息。申请注销药品经营许可证，存在立案未结案或者行政处罚决定未履行完毕情形的，不予注销。

任务实施

详见“模块四　GSP 工作任务实施”中的“药品经营许可证管理任务工单”。

岗课赛证

本项目对应的岗位为药品经营企业负责人岗位。本项目内容与药学、药品经营、药品购销等技能大赛对接，与执业药师资格证书、“1+X”药品购销职业技能等级证书等对接。上述岗位、比赛和证书均需学生掌握药品经营企业开办的相关要求和条件，能够规范开展药品批发企业和药品零售企业的开办工作，并牢固树立诚信合规意识和质量意识。

项目评价

药品经营企业开办评分见表 1–15。

表 1-15　药品经营企业开办评分

<table>
<tr><td rowspan="2">基本信息</td><td>姓名</td><td></td><td>学号</td><td></td><td>班级</td><td></td><td>组别</td><td></td></tr>
<tr><td>考核日期</td><td colspan="3"></td><td colspan="2">总评成绩</td><td colspan="2"></td></tr>
<tr><td rowspan="9">考核内容</td><td rowspan="2">任务</td><td rowspan="2" colspan="3">步骤</td><td colspan="2">完成情况</td><td rowspan="2">标准分</td><td rowspan="2">评分</td></tr>
<tr><td>完成</td><td>未完成</td></tr>
<tr><td rowspan="2">药品经营许可证申办</td><td colspan="3">拟开办企业类型选择及申办条件检查</td><td></td><td></td><td>20</td><td></td></tr>
<tr><td colspan="3">药品经营许可证申请</td><td></td><td></td><td>20</td><td></td></tr>
<tr><td rowspan="2">药品经营许可证管理</td><td colspan="3">药品经营许可证变更管理</td><td></td><td></td><td>20</td><td></td></tr>
<tr><td colspan="3">药品经营许可证重新审查发证、注销、补发管理</td><td></td><td></td><td>20</td><td></td></tr>
<tr><td colspan="6">合规操作</td><td>10</td><td></td></tr>
<tr><td colspan="6">严谨细致</td><td>5</td><td></td></tr>
<tr><td colspan="6">团队协作</td><td>5</td><td></td></tr>
<tr><td>组员互评</td><td colspan="8"></td></tr>
<tr><td>教师评价</td><td colspan="8"></td></tr>
</table>

项目拓展

参考答案

理论知识回顾

一、单项选择题

1. 开办药品批发企业必须具有（　　）。

A. 保证所经营药品质量的规章制度

B. 保证药品经营人员业务素质的规章制度

C. 保证企业服务质量的规章制度

D. 药品销售相关规章制度

2. 开办药品批发企业，要具有大学本科以上学历且必须是执业药师的岗位是（　　）。

A. 企业市场部负责人　　B. 企业负责人

C. 企业质量负责人　　D. 企业质量管理员

3. 药品经营许可证的有效期为（　　）。

A. 2 年　　B. 3 年　　C. 5 年　　D. 10 年

4. 对技术审查和现场检查合格的药品经营企业由县级以上药品监督管理部门核发（　　）。

A. 药品生产许可证　　B. 药品经营许可证

C. 药品生产合格证　　D. 营业执照

二、多项选择题

1. 新开办药品批发企业必须取得（　　）。

A. 药品经营许可证　　B. 营业执照　　C. GSP 认证证书

D. 员工健康证　　E. 执业药师注册证

2. 由发证机关依法办理药品经营许可证注销手续的情形包括（　　）。

A. 药品经营许可证有效期届满未申请重新审查发证的

B. 企业法定代表人或负责人以及质量负责人发生变更的

C. 企业主动申请注销药品经营许可证的

D. 药品经营许可证被依法撤销的

E. 企业依法终止的

三、简答题

1. 简述药品批发企业开办应具备的条件。
2. 简述药品批发企业药品经营许可证申办程序。
3. 结合当地药品批发企业重新审查发证要求，简述重新审查发证所需的申请材料。

实践能力提升

走访调研：走访周边的药品经营企业，调研企业开办过程中存在的问题。

实践应用：走访零售药店，查看零售药店营业场所悬挂的证照是否齐全，是否存在超范围经营的情况。

Module 2

模块二

药品经营过程管理

模块导航

在推进健康中国建设的背景下，药品经营过程的规范化和精细化管理显得尤为关键。药品经营过程管理旨在强化药品经营过程的规范性、安全性和有效性。通过经营过程质量管理，确保企业从药品采购到销售的每个环节都能严格遵守法律法规和行业标准，降低药品质量风险，保障患者用药安全。

本模块从药品经营全过程出发，设置了药品采购、收货与验收、储存与养护、出库与运输、销售与售后五个核心项目。在药品采购环节，强调对供货单位的严格筛选和评估，确保采购的药品质量可靠、来源合法；在药品收货与验收环节，按照规定的程序和要求对到货药品进行收货与验收，确保药品的质量符合规定；在药品储存与养护环节，设置适宜的储存环境，定期对药品进行质量检查；在药品出库与运输环节，制定科学合理的配送和运输管理制度，确保药品在运输过程中不受污染、损坏或变质；在药品销售与售后环节，建立销售管理制度，确保销售药品的合法性、合规性，并为客户提供优质的售后服务。这一模块的实施，对于确保药品经营全过程的规范性和安全性、提升药品经营企业的管理水平和运营效率、促进药品行业的健康发展，具有重要意义。

项目一　药品采购

学习目标

知识目标

1. 掌握首营企业、首营品种的审核要求和程序。
2. 熟悉药品质量保证协议的签订要求，以及药品采购的分类、流程和要求。
3. 了解采购合同签订要求、药品质量评审要求。

能力目标

1. 能选择合格的供货单位。
2. 能对首营企业、首营品种进行审核。
3. 能开展药品采购和管理工作。

素质目标

1. 培养诚实守信的职业道德。
2. 培养质量第一的意识。

任务一　首营审核

动画

课件

岗位解读

药品采购员岗位信息见表 2–1。

表 2-1　药品采购员岗位信息

<table>
<tr><td rowspan="3">任职要求</td><td>学历与专业</td><td>药学或者医学、生物、化学等相关专业中专以上学历</td></tr>
<tr><td>知识结构</td><td>药品采购相关法律法规政策、药品专业知识、财务知识</td></tr>
<tr><td>职业素养</td><td>诚实守信、质量第一</td></tr>
<tr><td rowspan="3">职责清单</td><td colspan="2">负责供货单位的选择和管理</td></tr>
<tr><td colspan="2">负责药品的采购</td></tr>
<tr><td colspan="2">负责药品的退换货</td></tr>
<tr><td rowspan="8">职业能力清单</td><td colspan="2">能索取、查验首营资料</td></tr>
<tr><td colspan="2">能应用计算机系统规范填写首营审批表</td></tr>
<tr><td colspan="2">能筛选、管理合格的供货单位</td></tr>
<tr><td colspan="2">能审查、签订、执行和跟踪质量保证协议、购销合同</td></tr>
<tr><td colspan="2">能开展药价谈判工作</td></tr>
<tr><td colspan="2">能开展退换货处理工作</td></tr>
<tr><td colspan="2">能开展药品质量评审工作</td></tr>
<tr><td colspan="2">能对采购过程进行风险研判</td></tr>
</table>

任务导入

假设小李是一家药品批发企业的采购员，某药品生产企业业务员向小李推销他们企业新上市的产品。小李分析后发现，他所在企业的经营范围涵盖了该产品，但他未能在合格供货单位名录中找到该药品生产企业的信息。

讨论：

1. 小李应向该药品生产企业索取哪些资料进行合法性审核?
2. 合法性审核的程序是怎样的?

任务分析

药品采购，作为药品经营企业经营活动的起点，是药品质量控制的第一道防线，也是药品质量管理体系的重要组成内容。药品经营企业必须从具有合法资质的供货单位处采购药品，并确保所采购药品的质量符合国家法律法规和标准。

一、首营审核的重要性

首营审核是药品采购的重要环节之一，包括首营企业的审核和首营品种的审核。其中，首营企业是指在采购药品时，与本企业首次发生供需关系的药品生产或经营企业；首营品种是指本企业首次采购的药品，包括新品种、新规格、新剂型、新包装等。GSP规定，药品采购中涉及的首营企业、首营品种，采购部门应当填写相关申请表，经过质量管理部门和企业质量负责人的审核批准，必要时应当组织实地考察，对供货单位质量管理体系进行评价。首营审核作为质量控制的关键环节，对于企业的合法经营和可持续发展具有重要意义。

1. 保障药品质量和安全

首营审核是对药品质量的初步把关，通过审核首营资料可以了解药品的质量标准、成分、药效和安全性等信息，评估拟采购的药品是否符合国家相关法规和标准的要求，从而保证进货药品的质量，保障患者的健康和生命安全。

2. 防范潜在风险

首营审核可以防范因缺乏对新供货单位的了解而引入存在质量风险的产品。通过对供货单位的资质、质量管理体系等方面的审核，可以降低因供货单位而导致的药品质量风险。

3. 优化资源配置

首营审核可以有效地筛选出资质合法、产品合格、质量保障能力强的企业，提高整个行业的质量和安全水平，进一步优化药品资源配置。

4. 提高供应链透明度

首营审核可以使企业在采购过程中清楚地了解药品的来源和质量情况，增加供应链的透明度，有助于在后续的业务合作中建立更加紧密和稳定的合作关系。

二、首营企业审核

（一）审核内容

1. 供货单位合法性资料

（1）许可证复印件

若供货单位为药品生产企业，则需提供《药品生产许可证》复印件；若供货单位为药品经营企业，则需提供《药品经营许可证》复印件。许可证复印件上应加盖供货单位公章原印章，重点审查证书许可范围、有效期等内容，必要时还可进入国务院药品监督管理部门的官方网站进行真实性查询。

（2）营业执照复印件及年度报告公示情况

营业执照复印件上应加盖供货单位公章原印章，重点审查有效期，以及企业名称、法定代表人、地址等信息是否与许可证相一致，必要时还可进入国家企业信用信息公示系统进行查询。同时，还需通过国家企业信用信息公示系统审查供货单位上一年度的企业年度报告公示情况，查看是否存在行政处罚、异常经营、严重违法失信等情况，为选择合法合规的供货单位提供参考。

知识拓展

企业年度报告公示制度

企业年度报告公示制度是我国《企业信息公示暂行条例》的重要内容。该条例是中华人民共和国国务院于 2014 年 8 月 7 日发布，自 2014 年 10 月 1 日起施行的行政法规。2024 年 3 月 10 日，国务院发布的《国务院关于修改和废止部分行政法规的决定》指出，企业未按照条例规定的期限公示年度报告或者未按照市场监督管理部门责令的期限公示有关企业信息的，由县级以上市场监督管理部门列入经营异常名录，并依法给予行政处罚。企业因连续 2 年未按规定报送年度报告被列入经营异常名录未改正，且通过登记的住所或者经营场所无法取得联系的，由县级以上市场监督管理部门吊销营业执照。

企业公示信息隐瞒真实情况、弄虚作假的，法律、行政法规有规定的，依照其规定；没有规定的，由市场监督管理部门责令改正，处 1 万元以上 5 万元以下罚款；情节严重的，处 5 万元以上 20 万元以下罚款，列入市场监督管理严重违法失信名单，并可以吊销营业执照。被列入市场监督管理严重违法失信名单的企业的法定代表人、负责人，3 年内不得担任其他企业的法定代表人、负责人。

企业年度报告公示制度强化了企业的信息公示义务，促进了企业自律和社会共治，对于构建诚信社会、加强事中事后监管等具有重要意义。

（3）相关印章、随货同行单（票）样式

相关印章一般包括企业公章、法定代表人印章、质量管理专用章、出库专用章、合同章、发票章、财务章等。所有印章样式应用原尺寸、原规格的原印章进行备案留存，随货同行单（票）上还应加盖出库专用章，便于后期查验。

（4）开户名、开户银行及账号信息

供货单位应提供本企业开户名、开户银行及账号信息，用于货款结算，禁止现金交易。

2. 供货单位销售人员合法性资料

（1）销售人员身份证复印件

身份证复印件应真实有效，复印件必须加盖供货单位公章原印章，并与销售人员本人进行核对，确保人证一致。

（2）授权书

授权书应加盖供货单位公章原印章和法定代表人印章或签名，应当载明被授权人姓名、身份证号码，以及授权销售的品种、地域、期限。被授权人信息应与销售人员身份证信息一致，法定代表人印章或签名应与企业合法性审核时留存的备案信息一致，被授权的品种和地域应与实际业务活动一致。若供货单位名称、法人、销售人员等关键信息发生变更，应重新提交授权书。

（二）审核程序

药品采购员负责向供货单位索取企业合法性资料和销售人员合法性资料，并对材料进行初步审核；审核无误后，采购员在计算机系统中填写“首营企业审批表”，内容包括企业基本信息、许可证信息、营业执照信息、销售人员信息等；“首营企业审批表”需依次经采购部门负责人、质量管理部门负责人、企业质量负责人审核批准；必要时进行实地考察，详细了解供货单位的生产经营情况、质量管理体系建设情况、质量保障能力等，确保供货单位的合法性；审批通过后，由质量管理部门负责在计算机系统中将该供货单位列入“合格供货单位列表”，建立首营企业基础数据库，并将“首营企业审批表”、供货单位合法性资料、供货商销售人员合法性资料等整理存档，建立合格供货单位档案。

采购员只能从“合格供货单位列表”中选择合适的供货单位开展药品采购活动。计算机系统应对供货单位相关资质文件效期进行自动跟踪、近效期预警和过期锁定。同时，若供货单位相关信息有变更，采购员也应及时向供货单位索取变更后的材料信息，经审核通过后，更新首营企业基础数据库和合格供货单位档案。

首营企业审批流程如图 2–1 所示。

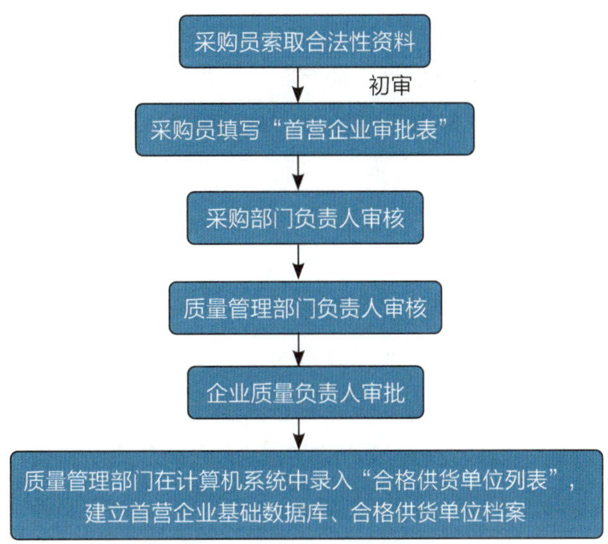

图 2-1　首营企业审批流程

三、首营品种审核

（一）审核内容

GSP 规定，采购首营品种应当审核药品的合法性，索取加盖供货单位公章原印章的药品生产或者进口批准证明文件复印件并予以审核，审核无误的方可采购。

若首营品种属于国产药品，则药品采购员应向供货单位索取的资料包括：《药品注册批件》（或《再注册批件》或《补充申请批件》）复印件，药品质量标准复印件，药品包装、标签、说明书实样或扫描件，检验报告书，《药品生产许可证书》及营业执照复印件等。若存在医疗器械组合包装的，还需提供相关批件及医疗器械生产企业的资质证明等材料。

若首营品种属于进口药品，则药品采购员应向供货单位索取的资料包括：《进口药品注册证》（或《医药产品注册证》）复印件，药品包装、标签、说明书实样或扫描件等资料；除此之外，进口的麻醉药品、精神药品、蛋白同化制剂、肽类激素还需提供《进口准许证》。首次进口的中药材，应索取《进口药材批件》；首次在中国销售的化学药品应提供同批号《进口药品检验报告书》；进口国家规定的批签发管理的生物制品，应提供批签发证明文件和《进口药品检验报告书》。

供货单位提供的首营资料若为复印件，则需加盖供货单位公章原印章。合法性审查时应重点审查以上资料是否过期或即将过期，内容是否彼此一致，是否与实际业务活动相一致等，必要时还可进入国务院药品监督管理部门的官方网站进行真实性查询。

（二）审核程序

首营品种的审核程序与首营企业的审核程序基本一致。药品采购员负责向供货单位索取首营品种资料，并对材料进行初步审核；审核无误后，采购员在计算机系统中填写“首营品种审批表”，内容包括药品商品名称、通用名称、剂型、规格、单位、上市许可持有人、生产企业、批准文号等信息；“首营品种审批表”需依次经采购部门负责人、质量管理部门负责人、企业质量负责人审核批准；必要时进行实地考察，确保药品的合法性；审批通过后，由质量管理部门负责在计算机系统中输入药品信息，建立首营品种基础数据库，并将“首营品种审批表”以及首营品种资料等整理存档，建立药品质量档案。

采购员只能从计算机系统内的药品质量档案中选取合适的品种开展药品采购活动。计算机系统应对药品相关资质文件效期进行自动跟踪、近效期预警和过期锁定。同时，若药品相关信息有变更，则采购员应及时向供货单位索取变更后的材料，经审核通过后，更新首营品种基础数据库和药品质量档案。

首营品种审批流程如图 2–2 所示。

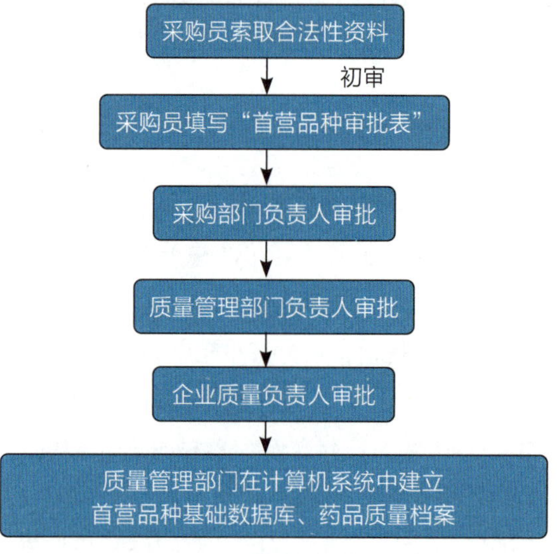

图 2–2　首营品种审批流程

任务实施

详见“模块四　GSP 工作任务实施”中的“首营审核任务工单”。

任务二　药品采购管理

动画

课件

任务导入

假设小李是一家药品批发企业的采购员，最近，他了解到某生物制品市场需求较大，但他所在的企业从未经营过该品种的生物制品。于是，他计划采购一些试试。

讨论：

小李采购该品种的生物制品需要满足哪些条件？需要经过哪些流程？

任务分析

药品采购过程是药品经营活动的重要环节，也是确保药品质量、保障人民用药安全的关键步骤。药品采购管理的规范化和科学化，对于推动药品经营企业的健康发展，促进药品市场的公平竞争，以及提升整个行业的水平都具有重要意义。

一、药品采购的基本原则

1. 质量第一原则

药品的质量直接关系到患者的治疗效果和生命安全，因此，在采购药品时，必须坚持质量第一的原则，确保购进药品安全有效。

2. 合法合规原则

药品采购应遵守国家法律法规，并应接受相关部门的合规审查和监管，确保采购过程的合法合规。

3. 风险管理原则

药品采购活动应建立完善的风险管理和内部控制体系，加强对供货单位的评估和审核，确保药品来源合法，降低质量风险。

4. 按需采购原则

按照市场需求和药品库存情况制订采购计划，避免药品积压和浪费。

5. 公开透明原则

药品采购人员应诚实守信、廉洁从业，确保采购过程的公开、公平、公正。

素质提升

采办务真，修制务精，不至欺予以欺世人

在某百年药企的大厅里挂着一块特殊的匾——“戒欺”匾。匾额上书写着：“凡百贸易均着不得欺字，药业关系性命，尤为万不可欺。余存心济世，誓不以劣品弋取厚利，惟愿诸君心余之心，采办务真，修制务精，不至欺予以欺世人，是则造福冥冥，谓诸君之善为余谋也可，谓诸君之善自为谋也亦可。”这是由该药企的创始人在开业之初跋文写就的。他要求每一位员工都必须遵守“采办务真，修制务精，不至欺予以欺世人”的职业操守，并将“戒欺”的牌匾作为堂规，挂在店堂墙上，目的是要上下牢记“药业关系性命，尤为万不可欺”的宗旨。

人无信不立，国无德不强。古人用“戒欺”，今人用“诚信”，虽然遣词不同，但意义同样深远。所以，作为一名医药人，在药品采购过程中，必须具备诚实守信、淡泊名利的道德品质，时刻树立质量第一的意识。

二、药品采购的模式

1. 首营采购

对于首营企业和首营品种，采购员应向供货单位索取相关合法性资料，并填写“首营企业审批表”和“首营品种审批表”，经质量管理部门和企业质量负责人的审核批准后方可采购。必要时，由质量管理部门会同采购部门进行实地考察，对供货单位质量管理体系进行评价。审批通过后，由质量管理部门负责在计算机系统中将该供货单位列入“合格供货单位列表”，并制作合格供货单位档案和药品质量档案。

2. 直接采购

采购员应从“合格供货单位列表”中选择合适的供货单位，对于已采购过的药品，则可直接开展采购活动。

3. 其他特殊情形

（1）药品集中带量采购

药品集中带量采购是协同推进医药服务供给侧结构性改革的重要举措。按照保基本、保临床的原则，重点将基本医保药品目录内用量大、采购金额高的药品纳入采购范围，逐步覆盖国内上市的临床必需、质量可靠的各类药品，做到应采尽采。

知识拓展

药品集中带量采购

药品集中采购是指医疗机构通过药品集中招标采购组织，以招投标的形式购进所需药品的一种采购方式。该政策的目的是规范医疗机构药品购销行为，让患者以相对低廉的价格用上质量更好的药品，提高医疗保障水平。2018 年，中央全面深化改革委员会第五次会议审议通过《国家组织药品集中采购试点方案》，揭开了我国药品集中带量采购的序幕。2021 年 1 月，国务院办公厅发布《关于推动药品集中带量采购工作常态化制度化开展的意见》（国办发［2021］2 号）要求，所有公立医疗机构（含军队医疗机构）均应参加药品集中带量采购，并按照“国家组织、联盟采购、平台操作”的总体思路，采取带量采购、量价挂钩、以量换价的方式，与药品生产企业进行谈判，在严格保证质量的前提下，达到降低药品虚高价格，减轻患者医药费用负担的目的。其中，对通过（含视同通过）仿制药质量和疗效一致性评价的药品优先纳入采购范围。

（2）直调药品采购

直调药品采购是指在灾情、疫情、突发事件或临床紧急救治等特殊情况，以及其他符合国家有关规定的情形下，将已采购但未入库的药品从供货单位直接发送至向本企业购买同一药品的购货企业的一种购销方式。直调药品采购可以节省运输成本、加快流通速度，但由于存在票货分离的现象，增加了“挂靠”“走票”的风险，因此必须建立专门的采购记录，确保直调药品全过程可追溯。

（3）特殊管理药品采购

药品经营企业必须具有特殊管理药品的经营范围才可采购特殊管理药品。此外，麻醉药品、精神药品、医疗用毒性药品、放射性药品、药品类易制毒化学品等有其他特殊管理规定的，还要符合相关法律法规要求。

从事麻醉药品和第一类精神药品的批发企业有全国性批发企业和区域性批发企业两类。全国性批发企业是指经国务院药品监督管理部门批准，跨省、自治区、直辖市从事麻醉药品和第一类精神药品批发业务的企业；区域性批发企业是指经所在地省、自治区、直辖市人民政府药品监督管理部门批准，在本省、自治区、直辖市行政区域内从事麻醉药品和第一类精神药品批发业务的企业。

全国性批发企业应当从定点生产企业采购麻醉药品和第一类精神药品。区域性批发企业可以从全国性批发企业购进麻醉药品和第一类精神药品；经所在地省、自治区、直辖市人民政府药品监督管理部门批准，也可以从定点生产企业购进麻醉药品和第一类精神药品。企业应建立专门的特殊管理药品采购记录，由专门人员负责采购。

三、药品采购的流程

（一）制订采购计划

制订采购计划是药品经营企业的一项重要任务，有助于确保采购过程的合法性和合规性，促进企业的可持续发展和经营效益的提高。采购计划可根据企业的实际需求进行编制，通常可分为年度采购计划、季度采购计划、月度采购计划、临时采购计划等。

1. 选择合适的药品品种

采购员应充分考虑当前药品市场供需情况、药品购销存情况、药品价格情况，结合药品相关国家政策方针、法律法规以及监管部门的监管要求，确定拟采购的药品品种和数量。

2. 选择合适的供货单位

采购员应遵循全面、具体、客观的原则，建立全面评价指标体系，对供货单位质量管理体系、质量保障能力、供货能力、售后服务能力、价格竞争力以及产品质量等方面做出科学评价，并选择合适的供货单位和确定合理的采购价格。

？思考讨论

请思考，药品经营企业在制订采购计划时，应考虑哪些因素？

（二）确定采购模式

根据药品采购计划，在计算机系统中核查拟合作的供货单位是否在“合格供货单位列表”中，拟采购的药品是否在药品质量档案中。若在，采购员可直接开展采购活动；若不在，则属于首营企业或首营品种，需经过合法性审批后方可采购。此外，还需注意是否存在直调药品采购、特殊管理药品采购等特殊情形。对于药品零售连锁企业而言，连锁门店只能向总部提出进货需求，由总部进行统一采购、统一配送至各个门店，连锁门店不得自行从其他渠道采购药品。

（三）签订质量保证协议

质量保证协议是指在药品经营活动中供需双方就质量责任达成的协议，确保流通过程中药品质量符合法律法规和标准的要求，防止质量不合格药品流入市场。GSP规定，企业与供货单位签订的质量保证协议至少应包括以下内容：

（1）明确双方质量责任。

（2）供货单位应当提供符合规定的资料且对其真实性、有效性负责。

（3）供货单位应当按照国家规定开具发票。

（4）药品质量符合药品标准等有关要求。

（5）药品包装、标签、说明书符合有关规定。

（6）药品运输的质量保证及责任。

（7）质量保证协议的有效期限。

质量保证协议可以单独签订，也可以作为购销合同的内容之一。单独签订的质量保证协议可以详细规定双方在药品质量方面的权利和义务，一般按年度签订，约定有效期限，加盖双方企业公章或合同章，并在购销合同中写明“见质量保证协议”，具有与购销合同相同的法律效力；在购销合同中规定质量保证协议的内容，可以方便地将质量要求和保证措施与药品的购销流程结合起来。无论选择哪种方式，都需要明确双方在药品质量方面的权利和义务，并按照法律法规和标准的要求作出具体规定。

（四）签订购销合同

药品购销合同是药品供货企业与购货企业双方达成的购销协议，用于明确双方在药品购销过程中的权利和义务，防范和控制药品购销过程中的风险。

1. 购销合同的签订原则

（1）公平公正原则

合同内容应公平、公正，合理地确定各自的权利和义务，不得有任何形式的歧视和偏袒。

（2）平等自愿原则

药品采购企业与供货企业作为合同的甲方和乙方，地位平等，享有同等的权利和义务，合同所有内容应由双方自愿协商达成，不涉及任何强制性要求。

（3）诚实守信原则

合同双方在合同签订、执行的全过程中，都应做到诚实守信、知行合一，履行合同中规定的各项义务，不欺骗、不隐瞒。

（4）合法合规原则

合同内容应当遵守我国相关法律法规的要求，不得违反法律，不得违背公序良俗。

2. 购销合同的内容

双方当事人可通过合同书、信件、电报、电传、传真等书面形式签订《药品购销合同》，明确双方的权利和义务。合同主要内容如下。

（1）双方名称：指合同供货单位和购货单位的名称，且应与合同落款所盖章的名称一致。

（2）药品信息：包括药品通用名称、规格、单位、剂型、数量、采购金额等，复方制剂要写明主要含量。

（3）药品数量：明确计量单位。

（4）药品价格：指与计量单位一致的单位价格。

（5）质量条款：若已与供货单位签订质量保证协议，则只需在合同中写明“见质量保证协议”。

（6）运输方式：根据药品特性选择合适的运输方式，特别是冷藏冷冻药品、特殊管理药品的运输，必须符合相关法律法规的要求。

（7）交货信息：明确具体的交货日期（或截止期限）、交货方式、交货地点等信息。若委托第三方运输，应当提供委托运输协议。

（8）结算方式：双方可根据实际需求选择现金、支票、汇票、托收承付等结算方式，并确定结算期限。

（9）合同期限：明确具体执行期限，过期后合同自动失效。

（10）验收方法：明确验收标准和验收方法。

（11）违约责任及纠纷解决方式：若某一方的违约导致对方造成损失的，还应赔偿相应损失。

3. 购销合同的签订程序

首先，由药品采购部门与供货单位针对合同内容进行沟通、谈判，在此基础上制订和完善购销合同。其次，质量管理部门负责对合同中质量相关的条款进行审查，对合同的合法性、合规性提出意见；财务部门负责对合同中的采购价格、结算方式和账期等内容进行审查。最后，由企业法定代表人审批、签字、写明签订日期，并加盖企业公章或合同章。合同签订后，采购部门应按照合同约定内容开展采购活动，并督促其他部门予以配合。若是不可抗力导致的合同无法按时执行，则应及时与供货单位协商变更合同内容或终止合同履行。

（五）执行采购计划

计算机系统根据采购计划生成采购订单，由采购员按照购销合同的约定，执行采购任务。

（六）建立采购记录

GSP规定，采购药品应当建立采购记录。药品采购记录应在采购合同或订单提交后由计算机系统自动生成。采购记录应真实、准确、可追溯。采购记录一般包括药品通用名称、商品名称、剂型、有效期、规格、单位、上市许可持有人、生产企业、供货单位、数量、单价、金额、购货日期及国务院药品监督管理部门规定的其他内容。此外，采购中药材、中药饮片的还应当标明产地。采购记录一旦生成不得随意修改。

（七）索取发票并付款

在采购药品时，药品经营企业应当向供货单位索取发票。2023 年，《中华人民共和国发票管理办法》（国务院令第 764 号）规定：发票包括纸质发票和电子发票，电子发票与纸质发票具有同等法律效力；已经开具的发票存根联，应当保存 5 年。

发票应当列明药品的通用名称、规格、单位、数量、单价、金额等；不能全部列明的，应当附《销售货物或者提供应税劳务清单》，并加盖供货单位发票专用章原印章、注明税票号码。

在药品采购过程中，应做到票、账、货三者相符。发票上药品信息或《销售货物或者提供应税劳务清单》所载内容应与采购记录、供货单位提供的随货同行单（票）内容完全一致；发票上的购、销单位名称及金额、品名应当与付款流向及金额、品名完全一致，并与财务账目内容相对应；发票及《销售货物或者提供应税劳务清单》上应加盖供货单位发票专用章原印章，并与合格供货单位档案中该供货企业留存的印章样式、开户名、开户银行及账号信息等完全一致。

（八）开展质量评审

GSP规定，药品经营企业应当定期对药品采购的整体情况进行综合质量评审，建立药品质量评审和供货单位质量档案，并进行动态跟踪管理。

1. 质量评审的意义

（1）保证采购药品的质量和安全

通过对所采购药品的合法性和质量可靠性进行评审，企业可以及时发现并排除质量不可靠或信誉不良的供货单位，确保所采购药品的质量和安全。

（2）实现质量风险管理

通过质量评审，企业可以及时掌握药品质量状况，进而制定更科学、规范的质量控制措施，实现质量风险的有效管理。

（3）提升采购效率

通过对供货单位进行审核和评价，企业可以更好地了解其质量保障等方面的信息，进而与供货单位建立密切的合作关系，提高采购过程的效率和质量。

（4）促进企业可持续发展

通过质量评审，企业可以不断提高质量管理水平、信誉度和竞争力，进而促进企业的可持续发展。

2. 质量评审的程序

由质量管理部门组织采购部门、销售部门、储运部门等对采购的药品进行全面的质量评审，评审过程记录完整。评审合格的供货单位可直接列入下一年度的“合格供货单位列表”中，并择优选购；评审不合格的，应在计算机系统中将其锁定，不得向其采购。

3. 质量评审的内容

（1）供货单位的法定资格和质量保证能力

具体包括供货单位许可证、营业执照等资格文件，变更信息资料提供的及时性，质量管理体系运行情况等。

（2）供货单位提供的药品质量

具体包括提供品种合法性资料，验收合格率，储存养护情况、销后退回情况、顾客投诉情况、抽检不合格情况等。

（3）供货单位的履约能力

具体包括购销合同、质量保证协议的执行情况，供货能力（准确到货率），运输与配送能力（准时到货率）等。

（4）供货单位的服务质量

具体包括沟通的及时性、售后服务质量、投诉处理能力、质量查询配合度、价格合理性等。

（5）供货单位销售人员的合法资格

具体包括授权书的完整性、真实性，销售人员的配合度，变更信息资料提供的及时性等。

案例分析

某市药品监督管理部门执法人员依法对某药店进行检查，发现上述药店在网络平台所注册的“XX大药房旗舰店”销售的“XX胶囊”无法提供供货单位的资质证明、进货票据、销售发票等凭证。后经查明，该药店自XX年XX月以来，从“张X”处多次采购含“XX胶囊”在内的多种药品进行销售，且未按规定索取、查验、留存供货单位有关证件、资料。

另查明，涉案药品中“XX胶囊”生产企业为江苏某制药厂，经核实销售流向，该批号药品由江苏某制药厂全部销售给了重庆某医药公司，然后又全部销往了重庆市各医疗机构，不存在销售给零售药店和网络平台的情形，且该分销公司并无姓名为“张X”的销售代表。经监督管理部门查明后，确认上述药品的供货人“张X”无药品经营资格。

结合现场的采购单据、现场询问笔录、销售明细账、交易流水等，计算得出上述药店在“张X”处采购的涉案药品货值金额为143726.8元、违法所得为143726.8元。

请分析，以上案件存在哪些违法违规行为？按照2019版《药品管理法》，应该如何处罚？

任务实施

详见“模块四　GSP工作任务实施”中的“药品采购任务工单”。

岗课赛证

本项目对应的岗位主要是采购员岗位。本项目内容与药学、药品经营、药品购销等技能大赛对接，与执业药师资格证书、“1+X”药品购销职业技能等级证书等对接。上述岗位、比赛和证书均需学生掌握首营审核、药品采购管理相关要求，能够开展药品采购工作，同时具备诚实守信的精神，树立质量第一的意识。

项目评价

药品采购评分填入表2–2。

表2-2　药品采购评分

<table>
<tr><td rowspan="2">基本信息</td><td>姓名</td><td></td><td>学号</td><td></td><td>班级</td><td></td><td>组别</td><td></td></tr>
<tr><td>考核日期</td><td colspan="3"></td><td colspan="2">总评成绩</td><td colspan="2"></td></tr>
<tr><td rowspan="6">考核内容</td><td rowspan="2">任务</td><td rowspan="2" colspan="3">步骤</td><td colspan="2">完成情况</td><td rowspan="2">标准分</td><td rowspan="2">评分</td></tr>
<tr><td>完成</td><td>未完成</td></tr>
<tr><td rowspan="4">首营审核</td><td colspan="3">索取合法性资料</td><td></td><td></td><td>5</td><td></td></tr>
<tr><td colspan="3">填写审批表</td><td></td><td></td><td>10</td><td></td></tr>
<tr><td colspan="3">合法性审批</td><td></td><td></td><td>10</td><td></td></tr>
<tr><td colspan="3">计算机系统录入</td><td></td><td></td><td>5</td><td></td></tr>
</table>

续表

考核内容	药品采购	制订采购计划			10	
		确定采购模式			10	
		签订质量保证协议			10	
		签订购销合同			10	
		执行采购计划			5	
		建立采购记录			5	
	合规操作				10	
	严谨细致				5	
	团队协作				5	
小组互评						
教师评价						

项目拓展

理论知识回顾

参考答案

一、单项选择题

1. 采购员填写“首营品种审批表”后，经（　　）后，方可建立药品质量档案。
   A. 质量管理员审核—质量管理部门负责人审核—企业质量负责人审批
   B. 采购部门负责人审核—质量管理部门负责人审核—企业质量负责人审批
   C. 质量管理员审核—质量管理部门负责人审核—企业负责人审批
   D. 采购部门负责人审核—质量管理部门负责人审核—企业负责人审批
2. 采购药品时索取的发票不能全部列明药品信息的，应当附（　　），并加盖供货单位发票专用章原印章、注明税票号码。
   A.《销售货物或者提供应税劳务清单》　B. 采购合同
   C. 质量保证协议　D. 随货同行单（票）
3. 中药材、中药饮片的采购记录还需要标明（　　）。
   A. 商品名　B. 质量标准　C. 产地　D. 联系人
4. 对审核合格的首营企业，由（　　）在计算机系统中输入合格供货单位信息，并制作合格供货单位档案。
   A. 采购部门　B. 信息管理部门　C. 销售部门　D. 质量管理部门

二、多项选择题

1. 企业的采购活动应当（　　）。
   A. 确定供货单位的合法资格
   B. 确定所购入药品的合法性
   C. 核实供货单位销售人员的合法资格
   D. 与供货单位签订质量保证协议
   E. 确定购货单位的合法资质
2. 药品采购质量评审的内容包括（　　）。
   A. 供货单位的法定资格和质量保证能力
   B. 供货单位提供的药品质量
   C. 供货单位的履约能力
   D. 供货单位的服务质量
   E. 供货单位销售人员的合法资格

三、简答题

1. 简述药品采购首营审核的内容及流程。
2. 简述药品采购的基本流程。

实践能力提升

实践应用：分组开展药品采购模拟活动，对药品采购模拟活动中存在的问题进行分析。

项目二　药品收货与验收

学习目标

知识目标

1. 掌握药品收货、验收要求，验收抽样原则和方法。

2. 熟悉药品收货、验收程序，冷链药品、销后退回药品、特殊管理药品的收货、验收要求。

3. 了解药品收货类型、直调药品验收要求。

能力目标

1. 能开展药品收货、验收操作和管理工作。

2. 能正确填写药品收货、验收记录表。

3. 能对药品收货、验收时出现的异常情况进行分析和处理。

素质目标

1. 具备强烈的社会责任感和使命感。

2. 树立质量意识、风险防范意识。

任务一　药品收货

动画

课件

岗位解读

收货员岗位信息见表 2-3。

表 2-3　收货员岗位信息

任职要求	学历	高中以上文化程度
	知识结构	药品专业知识、药品收货知识以及相关法律法规知识
	职业素养	社会责任感、质量意识、风险意识
职责清单	负责采购到货药品的收货	
	负责销后退回药品的收货	
职业能力清单	能指导、协助药品卸货人员按规定卸货、码放	
	能接收、核对到货药品的相关票据	
	能检查到货药品的运输工具、运输状况	
	能规范处理收货异常的药品	
	能应用计算机系统建立并保存收货记录	
	能对收货过程进行风险研判	

任务导入

假设小李是一家药品批发企业的收货员。今天，企业到了一批正常采购的药品A和一批销后退回的药品B，小李按照企业收货管理制度及操作规程进行收货操作。

讨论：

1. 采购到货药品的收货与销后退回药品的收货有何异同点？

2. 若小李在收货时发现药品B的到货数量与企业计算机系统中采购记录的数量不一致，该如何处理？

任务分析

药品收货是药品经营企业质量管理的重要环节之一，是防止假劣药品流入企业的重要关口。企业应当建立药品收货管理制度和药品收货操作规程，配备符合资质要求的收货人员，并严格按照GSP的要求开展药品收货工作，确保药品质量与安全。

一、药品收货的内涵

药品经营企业的药品收货是指收货人员对到货药品进行运输工具和运输状态的检查、相关票据的查验以及货源与实物的核对，将符合要求的药品按照其特性放置于相应待验区的过程。

根据收货药品的来源，药品收货可以分为采购到货收货和销后退回收货。采购到货收货是根据供货单位的随货同行单（票）与本企业的药品采购记录进行核对，审核药品的采购来源。销后退回收货则是依据销后退回的相关审批手续，核对销售记录，审核药品退回来源。

二、一般药品的收货

（一）采购到货药品的收货流程

1. 运输检查

（1）运输工具检查。药品到货时，企业收货人员需要检查运输工具的选用是否合适，是否密闭，是否存在破损、雨淋、污染、霉变、腐蚀、潮湿等可能影响药品质量的现象，确保运输工具符合药品运输的要求。若发现运输工具不符合要求，则收货人员应拒收，同时通知采购部门并报质量管理部门做进一步的处理。

（2）运输状态检查。如果是供货单位自行运输药品的，则收货人员应检查运输方是否为供货单位，核查运输单所载明的启运时间和在途时限是否符合质量保证协议约定的要求。如果是供货单位委托运输药品的，则企业采购部门应提前向供货单位索要委托的承运单位、承运方式、启运时间等信息，并将以上信息提前传递给收货人员。收货人员在药品到货后，应逐一核对上述信息，若存在不一致的问题，则应通知采购部门并报质量管理部门做进一步的核实和处理。

2. 票据查验

一是查验是否有随货同行单（票），随货同行单（票）是不是计算机系统生成并打印的。若供货单位或运输人员无法提供随货同行单（票），或随货同行单（票）上的信息是手写的，则收货人员应拒收。

二是查验随货同行单（票）样式、随货同行单（票）上的供货单位药品出库专用章原印章样式是否与本企业备案的样式一致。若样式存在不一致或无出库专用章原印章，则收货人员应拒收，同时通知采购部门并报质量管理部门做进一步的处理。

三是核查随货同行单（票）上载明的药品信息是否与本企业计算机系统中的采购记录信息一致。若单据信息存在不一致，则收货人员应通知采购部门做进一步处理。

3. 实物核对

一是核对药品实物。收货人员应依据随货同行单（票）逐批核对药品实物信息。具体包括供货单位、上市许可持有人、生产企业、通用名称、剂型、规格、批号、数量等。若信息存在不一致，则收货人员应拒收，同时通知采购部门做进一步处理。

在药品收货过程中，对于随货同行单（票）、到货药品实物、采购记录三者信息存在不一致的问题，应由采购部门负责与供货单位核实和处理，务必做到票、账、货相符。

（1）对于随货同行单（票）内容中，除数量以外的其他内容与采购记录、药品实物不相符的，经供货单位确认并提供正确的随货同行单（票）后，方可收货。

（2）对于随货同行单（票）与采购记录、药品实物数量不相符的，经供货单位确认后，应当由采购部门确定并调整采购数量后，方可收货。

（3）对随货同行单（票）与采购记录、药品实物不相符的内容，若供货单位不予确认的，收货人员应当拒收。存在异常情况的，收货人员应报告质量管理部门处理，必要时报告药品监督管理部门。

二是检查药品包装。收货人员应当拆除药品的运输防护包装，检查药品外包装是否完好，对于存在破损、污染、标识不清等情况的药品，收货人员应拒收。

4. 签字记录

运输、票据、实物均查验无误后，收货人员在随货同行单（票）上签字，一联交还给供货单位或委托运输单位的运输人员，另一联由本企业留存。

同时，收货人员应根据收货检查情况，在企业计算机系统中填写收货记录。收货记录一般包括收货日期、通用名称、剂型、规格、单位、上市许可持有人、生产企业、批准文号、供货单位、收货数量、批号、生产日期、有效期、收货人员等内容。

5. 存放交接

收货人员应当将核对无误的药品存放于相应的待验区域内或者设置状态标志，将签字留存的随货同行单（票）、药品检验报告书等随货同行的材料移交给验收人员，并通知验收人员验收。

（二）销后退回药品的收货流程

1. 确认销后退回原因

销后退回药品是指药品经营企业在销售药品后，由于各种原因，已经销售的药品被退回至本企业的情形。药品销后退回的标准主要有以下两个方面。

一是药品本身的质量问题。例如，药品经营企业对药品养护不当或运输不当，导致药品破损、污染、渗液、封条损坏、封口不严、标签脱落、药品外观性状不符合要求等，客户可以申请退货；或者是按照法律法规要求，药品被召回、追回或发生不良事件等，客户可以申请退货。

二是购销合同的约定。若客户出现购销合同中约定的退回情形，如客户自身销售不力导致药品滞销等，则客户可以申请退货。

药品经营企业应与销售客户核实药品销后退回的原因，符合销后退回标准的，应按照销后退回程序，积极配合客户办理退货手续；不符合销后退回标准的，应拒绝退货，并给予解释说明。

?思考讨论

请思考，若客户因以下问题而提出销后退回申请，药品批发企业是否应该按照销后退回程序，配合客户办理退货手续?

1. 药品购货企业在药品养护过程中发现药品存在质量问题。

2. 拟销后退回的药品超过有效期。

2. 核对销售记录

销售人员应查阅计算机系统中的销售记录，核对客户采购药品的品种、批号、规格、销售时间等信息。若信息存在不一致的情况，则销售人员应拒绝退货。

3. 审批退货申请

销售人员填写“销后退回药品申请单”，经审核批准后，告知客户进行退货。

4. 执行收货程序

收货人员应凭借计算机系统自动生成的销后退回药品通知单，严格执行收货程序。销后退回的药品到货后，收货人员应将到货药品与销后退回药品通知单上的药品信息逐批进行核对，确认是本企业销售的药品后，方可进行收货检查。

销后退回药品应存放于退货区，收货人员应对销后退回药品进行运输检查、票据查验以及实物核对，确认无误后，填写收货记录，并通知验收员进行验收。

三、冷藏、冷冻药品的收货

冷藏、冷冻药品到货时，收货人员在一般药品收货流程的基础上，应当对其运输方式及运输过程的温度记录、运输时间等质量控制状况进行重点检查并记录，不符合要求的应当拒收。

（一）收货区域的设置

冷藏、冷冻药品的收货必须在符合药品储存温度要求的库区内进行，且不得置于阳光直射、热源设备附近或其他可能会提升周围环境温度的区域。收货人员应在规定时限内完成冷藏、冷冻药品的收货检查。

知识拓展

冷库收货缓冲区

为更好地保证冷藏药品收货时的温度符合药品储存温度要求，许多药品批发企业会在冷库外设置一个冷库收货缓冲区。冷库收货缓冲区是冷藏药品在卸货、收货时，直接与冷藏车门对门的一个特定区域，温度一般控制在 15℃以下。它是连接冷库与外界的一个过渡区域。冷库收货缓冲区的建立可以减少不必要的冷库冷气泄漏，节约冷库成本，还可以保证冷藏药品在卸货、收货过程中保持温度恒定，降低药品的不合格率。

（二）运输工具的检查

收货人员应检查冷藏、冷冻药品的运输是否使用符合要求的冷藏车、车载冷藏箱或保温箱。对未按规定运输的药品，收货人员应当拒收。

冷藏车应具有自动调控温度、显示温度、存储和读取温度监测数据的功能，其配置应符合国家相关标准要求；冷藏车厢具有防水、密闭、耐腐蚀等性能，车厢内部留有保证气流充分循环的空间；药品与厢内前板距离不小于 10cm，与后板、侧板、底板间距不小于 5cm，药品码放高度不得超过制冷机组出风口下沿，应确保气流正常循环和温度均匀分布。

（三）运输温度的查验

收货人员应查验冷藏车、车载冷藏箱或保温箱的温度状况，检查和留存运输过程和到货时的温度记录，确认运输全过程温度状况是否符合规定要求；同时，通过核实启运时间及发货地点，确认药品运输过程的在途温度记录是否覆盖运输全过程，有无脱节或者空白时间。对存在无在途温度记录、在途温度记录有脱节、无到货温度数据、温度不符合要求等情形的，收货人员应当拒收，对药品进行控制管理，做好记录并报质量管理部门处理。

销后退回的冷藏、冷冻药品，收货人员还应同时检查退货方提供的温度控制说明文件和售出期间温度控制的相关数据。对不能提供文件、数据，或温度控制不符合规定要求的，收货人员应当拒收，做好记录并报质量管理部门处理。

（四）运输票据的签收

收货人员应向冷藏、冷冻药品运输人员现场索要运输过程中的冷藏和冷冻药品运输交接单、在途温度记录和随货同行单（票），经运输检查、票据查验以及实物核对，确认无误后签字。若有多个交接环节，则每个交接环节都需要签收交接单。

（五）收货记录的填写

冷藏、冷冻药品收货完成后，收货人员须做好收货记录，内容包括药品通用名称、剂型、规格、批号、数量、上市许可持有人、生产企业、供货单位、运输单位、发运地点、启运时间、运输工具、到货时间、到货温度、收货人员等。

案例分析

某药品监督管理部门在对某药品批发企业开展现场检查时发现，该企业在留存的收货资料中找到了一份手写的冷藏药品的随货同行单（票），未加盖供货单位药品出库专用章原印章，且无法提供该批冷藏药品相关的在途温度记录和冷藏、冷冻药品运输交接单，收货记录中显示该批冷藏药品到货温度为 5℃。企业收货员陈某解释说，虽然随货同行单（票）不符合要求，也无药品在途温度记录，但供货单位运输员保证该批药品在运输过程中是全程冷链的，且最终测得药品到货温度是 5℃，符合要求，所以才办理了收货手续。

请分析，上述企业存在哪些违规行为？

四、特殊管理药品的收货

特殊管理药品到货时，收货人员应在特殊管理药品规定的区域内完成收货工作，并在一般药品收货流程基础上，重点从以下两个方面进行检查。

一是运输检查。收货人员在检查运输工作和运输状况时，应检查是否使用专用车辆，是否专人押送，是否有中途异常停车过夜等情况。通过铁路运输的麻醉药品和第一类精神药品到货时，应检查是否使用集装箱或者铁路行李车。药品类易制毒化学品到货时，应检查专用车辆是否在明显部位张贴易制毒化学品标识。放射性药品到货时，应检查专用车辆是否悬挂警示标志。

二是凭证检查。麻醉药品、第一类精神药品到货时，收货人员应查验《麻醉药品、第一类精神药品运输证明》，运输证明有效期为 1 年；放射性药品到货时，收货人员应查验是否有《道路运输证》。

任务实施

详见“模块四　GSP 工作任务实施”中的“药品采购到货收货任务工单”。

 药品验收

动画

课件

岗位解读

验收员岗位信息见表 2-4。

表 2-4　验收员岗位信息

任职要求	学历与职称	普通验收员	药学或者医学、生物、化学等相关专业中专以上学历或者药学初级以上专业技术职称
		中药材、中药饮片验收员	中药学专业中专以上学历或者中药学中级以上专业技术职称
		直接收购的地产中药材验收员	中药学中级以上专业技术职称
		疫苗验收员	预防医学、药学、微生物学或者医学等专业本科以上学历及中级以上专业技术职称，并有 3 年以上从事疫苗管理或者技术工作经历
	知识结构	药品专业知识、药品法律法规知识、医药政策知识、药品质量标准相关知识	
	职业素养	质量意识、风险管理意识	
职责清单	负责采购到货药品的验收		
	负责销后退回药品的验收		
职业能力清单	能核查随货同行单（票）与药品实物信息		
	能逐批查验药品的合格证明文件		
	能开展抽样检查工作		
	能规范处理验收异常药品		
	能应用计算机系统建立并保存验收记录		
	能对验收过程进行风险研判		

任务导入

假设小李是一家药品批发企业的验收员。今天，有一批药品已完成收货工作，正等待验收。小李按照企业验收管理制度及操作规程进行验收操作。

讨论：

1. 小李应如何进行验收操作?

2. 若药品中有若干产品存在破损现象，则小李在验收时该如何处理?

任务分析

药品验收的目的是保证到货药品数量准确、质量合格，防止不合格药品入库。企业应当建立药品验收管理制度和药品验收操作规程，配备符合资质要求的验收人员，并严格按照GSP的要求开展药品验收工作，把好药品质量关。

一、药品验收的内涵

药品验收是指验收人员依据国家药品标准、相关法律法规及企业验收标准等对到货药品的质量状况进行检查的过程。

二、药品验收的类型

药品验收的类型：按照药品的来源渠道，可以分为采购到货验收和销后退回药品验收；按照药品的管理要求，可以分为一般药品验收、冷链药品验收和特殊管理药品验收；按照药品的购销方式，可以分为普通购销验收和直调药品验收。

（一）一般药品验收

药品验收由质量管理部门的专职验收人员负责。药品验收的一般流程包括核对单据和药品、查验合格证明文件、验收抽样、质量检查、填写验收记录和入库交接等环节。药品验收程序如图 2–3 所示。

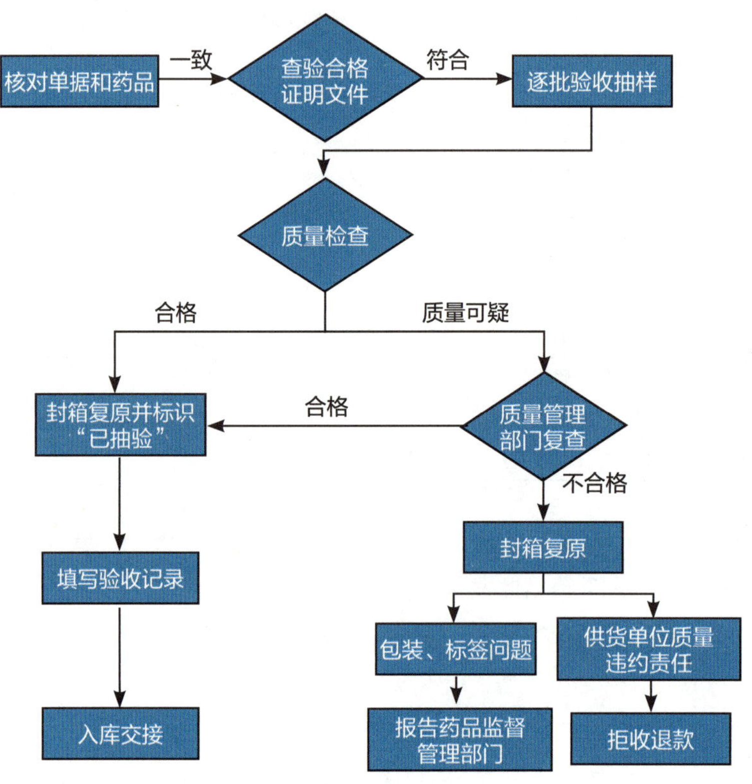

图 2–3　药品验收程序

1. 核对单据和药品

验收人员根据随货同行单（票）再次核对药品实物，逐一核对品名、规格、数量、批号、有效期、上市许可持有人、生产企业、批准文号等。

2. 查验合格证明文件

验收药品应当按照批号逐批查验药品的合格证明文件，对于相关证明文件不全或内容与到货药品不符的，不得入库，并交质量管理部门处理。

（1）检验报告书

验收药品应当按照药品批号查验同批号的检验报告书。供货单位为药品批发企业，检验报告书应加盖其质量管理专用章原印章。检验报告书的传递和保存可以采用电子数据形式，但应当保证其合法性和有效性。

（2）《生物制品批签发合格证》

验收实施批签发管理的生物制品时，应有加盖供货单位药品检验专用章或质量管理专用章原印章的《生物制品批签发合格证》复印件。

（3）进口药品相关证明文件

验收进口药品时，需查验加盖供货单位质量管理专用章原印章的相关证明文件：①《进口药品注册证》或《医药产品注册证》；②进口麻醉药品、精神药品以及蛋白同化制剂、肽类激素应当有《进口准许证》；③首营品种属于进口中药材，如果是首次进口的应当有《进口药材批件》；④首次在中国销售的化学药品要有同批号《进口药品检验报告书》；⑤进口国家规定的批签发管理的生物制品，必须有批签发证明文件和《进口药品检验报告书》。

检验报告书的传递和保存可以采用电子数据形式，但应当保证其合法性和有效性。药品检验专用章或质量管理专用章原印章应与在本企业备案的印章式样保持一致。

3. 验收抽样

GSP 规定，企业应当按照验收要求，对到货药品进行逐批抽样验收。同一批号的药品应当至少检查一个最小包装，但生产企业有特殊质量控制要求或者打开最小包装可能会影响药品质量的，可不打开最小包装；整件药品存在破损、污染、渗液、封条损坏等包装异常以及零货、拼箱的，应当开箱检查至最小包装；外包装及封签完整的原料药、实施批签发管理的生物制品，可不开箱检查。

验收抽取的样品应具有代表性，能反映被验收药品的整体质量情况，验收抽样数量计算和抽样要求如下。

（1）抽样数量计算

同一批号的整件药品按照堆码情况随机抽样。整件药品抽样数量要求见表 2–5，整件数量在 2 件及以下的，要全部抽样检查；整件数量在 2 件以上至 50 件及以下的，至少抽样检查 3 件；整件数量在 50 件以上的，每增加 50 件，至少增加抽样检查 1 件，不足 50 件的，按 50 件计。

表 2-5　药品的抽样数量要求

<table>
<tr><td>是否为整件药品</td><td colspan="2">整件</td><td>非整件</td></tr>
<tr><td rowspan="3">抽取件数</td><td>N≤2</td><td>全部抽样</td><td rowspan="3">逐箱检查</td></tr>
<tr><td>2＜N≤50</td><td>至少抽取 3 件</td></tr>
<tr><td>N＞50</td><td>在 3 件的基础上，每增加 50 件，至少增加抽样检查 1 件</td></tr>
<tr><td>抽取的最小包装数</td><td colspan="2">至少抽取 3 个</td><td>至少抽取 1 个</td></tr>
</table>

（2）抽样要求

抽样要求如下：①从每整件药品的上、中、下位置随机抽样检查至最小包装，每整件药品中至少抽取 3 个最小包装；②封口不牢、标签污损、有明显重量差异或外观异常等情况的，至少应当加倍抽样检查；③整件药品存在破损、污染、渗液、封条损坏等包装异常以及零货、拼箱的，应当开箱检查至最小包装；④非整件的零货、拼箱药品要逐箱检查，同一批号的药品，随机至少抽取 1 个最小包装进行检查。

案例分析

某省药品监督管理局组织专家对某医药有限公司开展了现场检查。在抽查企业相关记录时发现，该公司将药品A销售给了某卫生服务中心，但该药品处于已开具销售单未实际出库的状态。由于某些原因该卫生服务中心取消了订单，于是，验收员直接在计算机系统中做了退货验收处理，而并无实际验收过程。检查中还发现，在对药品B开箱验收时，验收员只抽取了 1 个最小包装进行检查。

请分析，以上案件存在哪些违反GSP要求的行为？

4.质量检查

为确保购进药品的质量，验收药品应当对抽样药品的外观、包装、标签、说明书等逐一进行检查、核对。

（1）检查药品外观性状

验收人员根据药品质量标准或说明书规定的性状，结合专业知识和实践经验，对药品进行外观性状检查。药品的性状包括形态、颜色、气味、味感等。不同剂型的药品检查重点有所不同，常见剂型外观性状检查标准如下。

①片剂。完整光洁，色泽均匀；无杂质、污垢；无裂片、松片，无吸潮、粘连、熔化、发霉、变色现象。包衣片无花斑、瘪片、龟裂、脱壳、掉皮、膨胀，片芯无变色、变软等。

②胶囊剂。整洁，不得有黏结、变形、渗漏或囊壳破裂等现象，并应无异臭。硬胶囊无瘪粒、变形、膨胀等现象，胶囊壳无脆化。软胶囊大小应均匀一致、光亮，无漏油现象。

③颗粒剂。干燥，颗粒均匀，色泽一致，无吸潮、软化、结块、潮解等现象。

④丸剂。外观应圆整，大小、色泽应均匀，无粘连现象。蜡丸表面应光滑无裂纹，丸内不得有蜡点和颗粒。滴丸表面应无冷凝介质黏附。

⑤散剂。干燥、疏松、混合均匀、色泽一致，无吸潮、结块、发霉、变质、异臭等现象。

⑥口服溶液剂、口服混悬剂、口服乳剂。制剂应稳定、无刺激性，不得有发霉、酸败、变色、异物、产生气体或其他变质现象。口服乳剂的外观应呈均匀的乳白色，可能会出现相互分离的现象，但经振摇后应易再分散。口服混悬剂应分散均匀，放置后若有沉淀物，经振摇后应易再分散。

⑦糖浆剂、合剂。不得有发霉、酸败、产生气体或其他变质现象；糖浆剂允许有少量摇之易散的沉淀，在一般情况下，合剂应保持澄清状态。

⑧注射剂。液体注射剂的包装应严密；溶液型注射液应澄清，色泽均匀，无变色、沉淀、浑浊、结晶、霉变等现象；混悬型注射液若有可见沉淀，振摇时，应容易分散均匀；乳状液型注射液，不得有相互分离的现象，冬季应当注意检查注射剂是否有冻结的情况；粉针剂应色泽一致，无变色、粘瓶、结块、溶化等现象，无异物。

⑨滴眼剂、滴鼻剂、滴耳剂。无混浊、沉淀、变色、颗粒、霉变等现象。

⑩软膏剂、乳膏剂。软膏剂应均匀、细腻，无酸败、异臭、变色、变硬等现象。乳膏剂不得有油水分离及胀气现象。

⑪栓剂。外形光滑完整并有适宜的硬度，色泽均匀，无失水变脆、变色、变形、粘连、溶化、酸败、腐败等现象。

⑫膜剂。外观完整光洁、厚度一致、色泽均匀，无明显气泡；多剂型的膜剂，分格压痕应均匀清晰，并能按压痕撕开；无受潮、发霉、变质现象；包装清洁卫生、密封、防潮等。

⑬凝胶剂。应均匀、细腻，在常温下保持胶状，不干涸或液化。混悬型凝胶剂中胶粒应分散均匀。

⑭贴剂。贴剂外观应完整光洁，有均一的应用面积，冲切口应光滑无锋利的边缘。

⑮贴膏剂。膏料应涂布均匀，膏面应光洁、色泽一致，贴膏剂应无脱膏、失黏现象；背衬面应平整、洁净、无漏膏现象。

验收中药材和中药饮片时，要观察药材或中药饮片的形状、大小、色泽、表面特征，质地、断面特征等，各项检查内容要符合规定。验收地产中药材时，如果对到货中药材的质量存疑的，应当将实物与企业中药样品室（柜）中收集的相应样品进行比对确认。

（2）检查包装

检查药品外包装、中包装、最小包装等各级包装，核对包装的信息和样式。

①检查运输储存包装的封条有无损坏，包装上是否清晰注明药品通用名称、规格、上市许可持有人、生产企业、批号、生产日期、有效期、批准文号、贮藏、包装规格及储运图示标志，以及特殊管理的药品、外用药品、非处方药的标识等。

②检查最小包装的封口是否严密、牢固，有无破损、污染或渗液，包装及标签上的印字是否清晰，标签粘贴是否牢固。

③整件药品的每件包装中应有产品合格证。合格证内容一般包括药品通用名称、规格、上市许可持有人、生产企业、批号、检验标准、包装人员以及检验人员的签字盖章等信息。

④中药饮片的包装或容器应与药品性质相适应。中药饮片整件包装上有品名、产地、生产日期、批准文号（仅限实施批准文号管理的中药饮片）、上市许可持有人、生产企业等，并有质量合格的标志。

⑤中药材有包装，并标明品名、规格、产地、批准文号（仅限实施批准文号管理的中药材）、供货单位、收购日期、发货日期等。

⑥进口药品的包装以中文注明药品通用名称、主要成分以及注册证号等。

（3）检查标签、说明书

①标签、说明书的项目、内容是否齐全、规范。

药品的内标签应当包含药品通用名称、适应症或者功能主治、规格、用法用量、生产日期、批号、有效期、上市许可持有人、生产企业等内容。包装尺寸过小无法全部标明上述内容的，至少应当标注药品通用名称、规格、批号、有效期等内容。

药品外标签应当注明药品通用名称、成分、性状、适应症或者功能主治、规格、用法用量、不良反应、禁忌、注意事项、贮藏、生产日期、批号、有效期、批准文号、上市许可持有人、生产企业等内容。适应症或者功能主治、用法用量、不良反应、禁忌、注意事项不能全部注明的，应当标出主要内容并注明"详见说明书"字样。

原料药的标签应当注明药品名称、贮藏、生产日期、批号、有效期、执行标准、批准文号、上市许可持有人、生产企业，同时还需注明包装数量以及运输注意事项等必要内容。

药品说明书的具体格式、内容和书写应符合国务院药品监督管理部门制定的要求。

药品说明书应当列出全部活性成分或者组方中的全部中药药味。注射剂和非处方药还应当列出所用的全部辅料名称。药品处方中含有可能引起严重不良反应

的成分或者辅料的，应当予以说明。

说明书一般列有以下内容：药品名称、成分、性状、适应症或功能主治、规格、用法用量、不良反应、禁忌、注意事项、孕妇及哺乳期妇女用药、儿童用药、老年用药、药物相互作用、药物过量、贮藏、包装、有效期、执行标准、批准文号、上市许可持有人、生产企业等。化学药和生物制品还有临床试验、药理毒理、药代动力学等数据。进口药品应有中文说明书。

②标签或说明书的一致性，包括标签与说明书内容是否一致，药品的各级包装标签是否一致，标签所示的品名、规格与实物是否相符。

③标签印字是否清晰，粘贴是否端正、牢固、整洁。

④标识、警示语是否规范、清晰。

标识应当清楚醒目，不得有印字脱落或者粘贴不牢等现象，不得以粘贴、剪切、涂改等方式进行修改或者补充。

A. 特殊管理药品

特殊管理药品专有标识（见图 2–4）如下。

麻醉药品：蓝白相间的“麻”字样；

精神药品：绿白相间的“精神药品”字样；

毒性药品：黑底白字的“毒”字样；

放射性药品：红黄相间的圆形图案。

B. 处方药和非处方药

非处方药的专有标识为“OTC”，甲类非处方药标识为红底白字，乙类非处方药标识为绿底白字（见图 2–4）。

处方药警示语：凭医师处方销售、购买和使用！

非处方药警示语：请仔细阅读药品使用说明书并按说明使用或在药师指导下购买和使用！

C. 外用药品

外用药品专有标识为红底白字的“外”字样（见图 2–4）。

彩图

D. 蛋白同化制剂和肽类激素及含兴奋剂类成分的药品

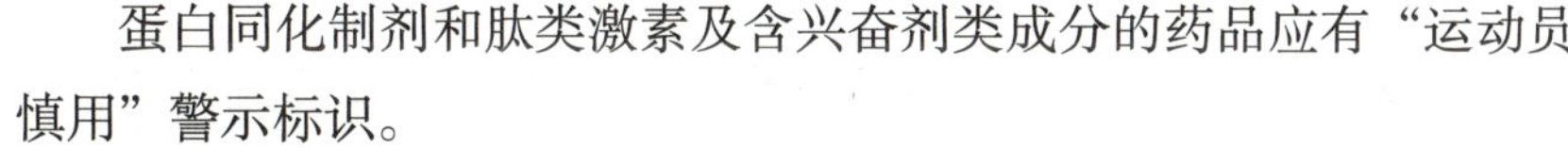

蛋白同化制剂和肽类激素及含兴奋剂类成分的药品应有“运动员慎用”警示标识。

图 2–4　药品专有标识

质量检查验收结束后，应当将检查后的完好样品放回原包装，并在抽样的整件包装上加贴抽验标志。已完成验收的药品，应及时调整药品质量状态标识或根据验收结论移入相应区域，并在计算机系统中输入药品验收信息。

素质提升

药品验收——把牢药品入库质量关

验收是保证药品质量的重要环节，验收员必须时刻树立质量第一的意识，严格把关，确保药品质量安全。在验收过程中，验收员要严格按照既定的药品验收管理制度和标准操作规程，确保操作的规范性，对冷链药品、特殊管理药品和销后退回药品进行重点关注。

药品是抵御疾病的重要武器之一。验收员在验收药品时，要始终秉持人民至上、生命至上的理念，以高度的责任心和使命感为保障人民健康贡献力量。

5. 填写验收记录

验收完成后，需及时在计算机系统中填写验收记录。验收记录包括药品的通用名称、商品名称、剂型、规格、批准文号、批号、生产日期、有效期、上市许可持有人、生产企业、供货单位、到货数量、到货日期、验收合格数量、验收结论等内容。验收记录自动关联验收员姓名和验收日期。

中药材验收记录应当包括品名、产地、供货单位、到货数量、验收合格数量等内容。中药饮片验收记录应当包括品名、规格、批号、产地、生产日期、上市许可持有人、生产企业、供货单位、到货数量、验收合格数量、验收结果等内容。另外，实施批准文号管理的中药饮片还应当记录批准文号。

6. 入库交接

验收结束后，验收人员应当在计算机系统中对验收情况进行确认。验收合格的药品，应当由验收人员与仓储部门办理入库交接手续。仓库管理人员应按照计算机系统的提示，将验收合格药品从待验区域转到合格药品储存区域，在计算机系统中确认后，系统会自动生成库存记录。

（二）冷链药品验收

冷链药品验收除按照一般药品验收流程操作外，还需注意：①冷链药品的待验区应设置在冷库内，冷链药品的验收须在冷库待验区完成。②冷链药品应及时验收，随到随验。如果因各种原因而不能及时验收的药品，应在冷库待验区存放。

（三）特殊管理药品验收

特殊管理药品验收需注意：①特殊管理的药品应当在专库内验收。②麻醉药品和第一类精神药品要求双人验收，货到即验，开箱验收清点到最小包装。③验收时要核对其包装上的标签或说明书上应有规定的标识和警示说明。④验收进口麻醉药品和精神药品时，供货单位应提供加盖其质量管理章原印章的《进口许可证》。⑤特殊管理药品应采用专用账册按规定内容记录。

（四）销后退回药品验收

企业应当加强对销后退回药品的收货、验收管理，防止混入假冒药品。销后退回药品的验收流程与一般药品验收一致。验收时需注意以下几点：①验收人员凭销后退回药品通知单执行严格的验收程序，按照销后退回药品的管理程序逐批验收。②整件包装完好的，在一般药品验收抽样原则的基础上加倍抽样检查；无完好外包装的，每件须抽样检查至最小包装，必要时送药品检验机构检验。

建立专门的销后退回药品验收记录，销后退回药品验收记录包括退货单位、退货日期、通用名称、规格、批准文号、批号、上市许可持有人、生产企业（或产地）、有效期、数量、验收日期、退货原因、验收结果和验收人员等内容。

? 思考讨论

某医药公司到货了一批某制药有限公司生产的六味地黄丸（浓缩丸）80件，其中，60件批号为20230061，20件批号为20230035，每件有24个最小包装。

请思考：

1. 如果该批货为购进药品，且外包装完好，验收员在抽样时至少应抽多少个最小包装?

2. 如果该批货为销后退回药品，且外包装完好，验收员在抽样时至少应抽多少个最小包装?

（五）直调药品的验收

直调药品由于存在票货分离的现象，必须严格规范地进行直调药品验收。直调企业可委托购货单位进行药品验收，购货单位应当严格按照要求验收药品。直调企业应当与购货单位签订委托验收协议，明确质量责任和义务。购货单位应当建立专门的直调药品验收记录，直调验收记录应真实、完整。验收记录应及时传递，购货单位在验收当日应当将验收记录相关信息传递给直调企业。

三、药品验收异常情况的处置

验收不合格或验收过程中有质量可疑的药品，验收员应填写“药品质量复查通知单”，报告质量管理部门进行复查。经质量管理部门确认合格的，封箱复原药品，由验收人员与仓储部门办理入库交接手续；经质量管理部门确认不合格的，封箱复原药品，填写“药品拒收报告单”。对于不合格的药品，应当尽快处置。常见的药品验收异常情形和处置情况如下。

（一）药品包装、标签、说明书异常

药品包装、标签、说明书的内容不符合药品监督管理部门批准的，应将药品移入不合格品区，并需报告药品监督管理部门处理。

若存在包装的封条损坏，最小包装封口不严、有破损、污染或渗液，包装及标签印字不清晰，标签粘贴不牢固等情况，应将药品移入退货区，并办理退货手续。

（二）药品合格证明文件异常

药品的相关合格证明文件不全或内容与到货药品不符，如随货同行单（票）与到货实物不符的、整件包装中无出厂检验合格证的药品、合格证明上印章不符合要求或印章与备案不一致等。药品验收员需报告质量管理部门，由质量管理部门通知供货企业补全资料后方可入库。如果无法提供正确、完整的资料，则应拒收退货。

（三）药品质量异常

药品外观性状不符合要求或存在其他质量问题，药品验收人员应报告质量管理部门进行处理。如对内在质量存疑的，还可将药品送检验机构检验确定。药品外观性状不符合要求等情况，若属于供货单位质量违约责任的，则办理拒收退货手续。

任务实施

详见“模块四　GSP工作任务实施”中的“药品验收任务工单”。

岗课赛证

本项目对应的岗位包括药品收货员、药品验收员等。本项目内容与药学、药品经营、药品购销、医药商品储运等技能大赛对接，与执业药师资格证书、“1+X”药品购销职业技能等级证书等对接。上述岗位、比赛和证书均需学生掌握GSP药品收货和验收相关要求，能够对采购到货和销后退回药品进行收货，对来货药品进行验收，并牢固树立合规意识和质量意识。

项目评价

药品收货与验收评分见表 2–6。

表 2-6　药品收货与验收评分

<table>
<tr><td rowspan="2">基本信息</td><td>姓名</td><td></td><td>学号</td><td></td><td>班级</td><td></td><td>组别</td><td></td></tr>
<tr><td>考核日期</td><td colspan="3"></td><td colspan="2">总评成绩</td><td colspan="2"></td></tr>
<tr><td rowspan="14">考核内容</td><td rowspan="2">任务</td><td colspan="3" rowspan="2">步骤</td><td colspan="2">完成情况</td><td rowspan="2">标准分</td><td rowspan="2">评分</td></tr>
<tr><td>完成</td><td>未完成</td></tr>
<tr><td rowspan="5">药品收货</td><td colspan="3">运输检查</td><td></td><td></td><td>10</td><td></td></tr>
<tr><td colspan="3">票据查验</td><td></td><td></td><td>10</td><td></td></tr>
<tr><td colspan="3">实物核对</td><td></td><td></td><td>10</td><td></td></tr>
<tr><td colspan="3">签字记录</td><td></td><td></td><td>10</td><td></td></tr>
<tr><td colspan="3">存放交接</td><td></td><td></td><td>5</td><td></td></tr>
<tr><td rowspan="4">药品验收</td><td colspan="3">验收准备</td><td></td><td></td><td>5</td><td></td></tr>
<tr><td colspan="3">实施验收</td><td></td><td></td><td>10</td><td></td></tr>
<tr><td colspan="3">建立记录</td><td></td><td></td><td>10</td><td></td></tr>
<tr><td colspan="3">验收后处理</td><td></td><td></td><td>10</td><td></td></tr>
<tr><td colspan="6">合规操作</td><td>10</td><td></td></tr>
<tr><td colspan="6">严谨细致</td><td>5</td><td></td></tr>
<tr><td colspan="6">团队协作</td><td>5</td><td></td></tr>
<tr><td>组员互评</td><td colspan="8"></td></tr>
<tr><td>教师评价</td><td colspan="8"></td></tr>
</table>

项目拓展

参考答案

理论知识回顾

一、单项选择题

1. 企业应当按照规定的程序和要求对到货药品（　　）进行收货、验收，防止不合格药品入库。

A. 逐批　　B. 逐个　　C. 按品种　　D. 按批准文号

2.《麻醉药品、第一类精神药品运输证明》有效期为（　　）。

A. 5 年　　B. 3 年　　C. 2 年　　D. 1 年

3. 某药店购进了两个批号的某药品，外包装完好，每批有 120 件，每件有 24 个最小包装，请问验收员至少应抽（　　）个最小包装？

A. 18　　B. 30　　C. 36　　D. 144

4. 进行药品直调的，可委托（　　）进行药品验收。

A. 发货单位　　B. 供货单位　　C. 购货单位　　D. 运输单位

二、多项选择题

1. 关于到货药品抽样验收，下列叙述正确的是（　　）。
   A. 逐批抽样
   B. 实施批签发管理的生物制品可不开箱检查
   C. 同一批号的药品应当检查至最小包装，生产企业有特殊质量控制要求或打开最小包装可能影响药品质量的除外
   D. 零货、拼箱的可不打开最小包装
   E. 外包装及封签完整的原料药可不开箱检查
2. 药品验收时的质量异常包括（　　）。
   A. 药品小包装异常　　B. 检验报告书异常
   C. 药品内在质量异常　　D. 药品标签异常
   E. 药品说明书异常

三、简答题

1. 简述一般药品收货与验收工作流程。
2. 简述冷链药品收货与验收工作流程。

实践能力提升

走访调研：走访调研当地的药品批发企业，围绕“如何成为一名合格的药品收货员/验收员”这一主题撰写调研报告。

实践应用：分组模拟开展药品验收活动，对药品验收操作中存在的问题进行分析。

项目三　药品储存与养护

学习目标

知识目标

1. 掌握药品储存温湿度要求，分类储存、色标管理、效期管理，药品堆垛要求，药品陈列要求。
2. 熟悉重点养护品种的确定、药品陈列的商业原则、养护异常情况处理流程。
3. 了解药品零售企业药品盘点要求。

能力目标

1. 能对在库药品进行储存、养护操作。
2. 能正确对营业场所的药品进行陈列。
3. 能对药品储存、养护、陈列时出现的异常情况进行分析和处理。

素质目标

1. 具备严谨的工作态度。
2. 树立质量意识、风险防范意识。

药品储存

动画

课件

岗位解读

药品保管员岗位信息见表 2–7。

表 2–7　药品保管员岗位信息

任职要求	学历	高中以上文化程度
	知识结构	药品专业知识、物流管理知识以及相关法律法规知识
	职业素养	社会责任感、风险管理意识
职责清单	负责药品入库储存操作	
	负责药品出库拣选操作	
	负责药品定期盘点工作，保证账货相符	
职业能力清单	能根据药品的质量特性，规范储存药品	
	能开展色标管理工作	
	能规范搬运和堆垛药品	
	能规范处理质量可疑药品	
	能对保管过程进行风险研判	
	能做好仓库及库存药品的卫生清理工作	

任务导入

小李是某药品批发企业的一名仓库保管员，负责药品的储存工作。一天，公司从某供货单位处购进一批药品，包括中药饮片和其他多种化学药。

讨论：

1. 小李该如何开展入库管理。

2. 对于新入库的药品，小李该如何进行储存管理?

任务分析

药品储存是保证药品质量和安全的重要环节。正确、科学的药品储存有利于保持药品的稳定性。药品的稳定性不仅与其自身的性质有关，在很大程度上还受到许多外界因素的干扰，如温度、湿度、光线，空气中的氧气、二氧化碳、微生物，储存时间，包装容器等，这些因素可能会使药品质量发生变化。因此，药品经营企业应当正确储存药品，确保药品质量。

一、药品储存区域划分

（一）按库房温度划分

根据药品对储存温度要求的不同，可将库房分为冷库（2 ～ 10℃）、阴凉库（不超过 20℃）、常温库（10 ～ 30℃）三种。这三种库房相对湿度均应控制在 35% ～ 75%。药品按包装标示的温度要求存放于不同的库位，若包装上没有标示具体温度的，则应按照《中华人民共和国药典》的规定进行储存。

（二）按药品质量状态划分

根据药品质量状态，库房可分为待验药品库（区）、合格品库（区）、不合格品库（区）、发货库（区）、退货库（区），并悬挂有明显的标识。

（三）按药品包装状态划分

根据药品包装状态，库房可分为整件库（区）、零货库（区）。

知识拓展

《中华人民共和国药典》（2020 版）凡例中关于贮藏的规定

遮光系指用不透光的容器包装，例如棕色容器或黑色包装材料包裹的无色透明、半透明容器。

避光系指避免日光直射。

密闭系指将容器密闭，以防止尘土及异物进入。

密封系指将容器密封，以防止风化、吸潮、挥发或异物进入。

熔封或严封系指将容器熔封或用适宜的材料严封，以防止空气与水分的侵入，并防止污染。

阴凉处系指不超过 20℃。
凉暗处系指避光并不超过 20℃。
冷处系指 2 ～ 10℃。
常温（室温）系指 10 ～ 30℃。
除另有规定外，贮藏项下未按规定贮藏温度的一般系指常温。

二、药品储存管理要求

（一）色标管理

为有效管理人工作业仓库的药品，减少错误和混淆等情况的发生，应对不同质量状态的库房实行色标管理，色标应当醒目清晰。如果是全机械自动作业的立体库或区域，储存场所可以不设色标，但需要在计算机系统中明确标示出药品所处的不同质量状态，并严格制定和执行各种质量状态药品的操作流程及权限，以防止混淆的发生。合格药品库（区）、发货库（区）为绿色；不合格药品库（区）为红色，破损、过期、确认质量不合格等药品必须放置于红色色标标识的区域；待验药品库（区）、退货药品库（区）为黄色，其他质量可疑药品，应当进行有效隔离或悬挂黄色标识牌。

（二）堆垛管理

1. 药品堆垛原则

（1）安全。堆垛是指将药品向上和交叉堆放，以增加药品在单位面积内的堆放高度和堆放数量，减少药品堆放所需的面积，提高仓容使用效能。药品堆垛必须稳固，防止药品翻倒、损坏或造成人员伤亡。药品堆垛时应严格按照外包装标示要求规范操作，做到“三不倒置”，即轻重不倒置、软硬不倒置、标识不倒置，堆垛高度要符合包装图示要求，避免损坏药品包装。常见的包装储运图示标志如图 2–5 所示。

图 2–5　包装储运图示标志

（2）方便。堆垛要方便药品进出库和检查盘点等作业的开展，保持走道、支道畅通，没有阻塞。要垛垛分清，垛垛成活（一货垛不被另一货垛围成“死垛”），使每垛药品都有利于出库，便于盘点、养护等工作的开展。

（3）节约。在保证药品安全和质量的前提下，合理利用仓库的空间和资源，提高存储效率，降低成本。

2. 药品堆垛要求

药品按品种、批号堆垛，便于先产先出、近效期先出、按批号发货。不同批号的药品不得混垛。

药品货垛与仓库地面、墙壁、顶棚、散热器之间应有相应的间距或隔离措施，设置足够宽度的货物通道，防止库内设施对药品质量产生影响，保证仓储和养护管理工作有效开展。

药品堆垛的具体距离要求如下：①垛间距不小于5cm；②与库房内墙、顶、温度调控设备、柱子及管道等设施的间距不小于30cm；③药品应置于地垫、货架上，与地面间距不小于10cm。此外，冷藏、冷冻药品的码放还应符合以下要求：①冷库内距制冷机组100cm范围内，以及高于冷风机出口的位置，不得码放药品；②冷藏车厢内，药品与厢前板距离不小于10cm，与后板、侧板、底板距离不小于5cm，药品码放高度不得超过制冷机组出风口下沿，确保气流正常循环和温度均匀分布。

药品堆码时，应使用隔离设备，如地垫、货架等确保药品与地面间距不小于10cm。药品库房地垫及货架的材质应选用金属、复合材料等，具备一定的强度，不应对药品质量有直接或间接的影响。

（三）分类管理

为防止药品污染、差错、混淆，药品经营企业应有适宜药品分类管理的仓库，按照药品的管理要求、用途、质量特性等进行分类储存。

药品与非药品、外用药与其他药品应分开存放，中药材、中药饮片应分库存放。特殊管理的药品应当按照国家有关规定储存，拆除外包装的零货药品应当集中存放。药品储存作业区内不得存放与储存管理无关的物品。

（四）特殊管理药品储存要求

麻醉药品、第一类精神药品应当设立专库，实行双人双锁管理，有防盗、防火、监控设施以及报警系统，并与公安部门报警系统联网。

第二类精神药品经营企业应当在药品库房中设置独立的专库或者专柜，并建立专用账册，实行专人管理。

医疗用毒性药品和药品类易制毒化学品应设立专库或专柜存放，专库应当设有防盗设施，并与公安部门报警系统联网；专柜应当使用保险柜，实行双人双锁管理。

放射性药品应设置专库或专柜存放，并采取有效的安全防护措施。

蛋白同化制剂（胰岛素除外）、肽类激素应设立专库或专柜，实行专人管理。

特殊管理的药品应专账记录，记录保存期限应当自药品有效期满之日起不少于5年。

三、出入库管理

1. 入库管理

仓库保管员在收到“药品验收入库通知单”后才可开展药品入库操作，应仔细核对通用名称、商品名称、规格、剂型、批准文号、上市许可持有人、生产企业、入库数量、供货单位、到货日期、验收日期等信息，并检查药品包装。确认无误后，在计算机系统中进行入库确认操作，并按照系统提示的库位和货位信息，运用电动叉车等作业工具，将药品从待验区转移到相应合格品库（区）。

若存在药品实物和凭证不符，或药品包装破损、包装标识模糊等情况，仓库保管员应及时报告质量管理部门，等待进一步处理。

2. 在库管理

企业应根据药品质量特性等实行药品分类、分库、分区存放，确保药品储存温湿度符合要求。按规定建立计算机系统药品台账记录，明确记载药品的名称、规格、数量、上市许可持有人、生产企业和收发情况，确保药品实物与台账中的数量一致。企业应当采用计算机系统对库存药品的有效期进行自动跟踪和控制，采取近效期预警及超过有效期自动锁定等措施，防止过期药品销售。

3. 出库管理

药品出库必须贯彻先产先出、近效期先出和按批号发货的原则。仓库保管员依据药品销售订单拣选药品，并由出库复核员对拣选的药品进行仔细复核，确认药品名称、规格、剂型、上市许可持有人、生产企业、数量、批准文号、批号等信息与销售记录是否一致，并检查药品外包装质量、包装标识等是否完好，确认无误后方可出库。

任务实施

详见“模块四　GSP工作任务实施”中的“药品储存任务工单”。

任务二 药品养护

动画

课件

岗位解读

药品养护员岗位信息见表 2-8。

表 2-8 药品养护员岗位信息

任职要求	学历与专业	药学或者医学、生物、化学等相关专业中专以上学历或者具有药学初级以上专业技术职称
	知识结构	药品专业知识、药品收货知识以及相关法律法规知识
	职业素养	生命至上意识、质量意识、风险防范意识
职责清单	负责在库药品的一般养护和重点养护	
	指导和督促储存人员对药品进行合理储存与作业	
职业能力清单	能根据养护计划，对库存药品开展质量检查	
	能确定重点养护品种	
	能规范处理质量可疑药品	
	能有效监测、调控库房温湿度	
	能检查并改善药品储存条件、防护措施、卫生环境	
	能定期汇总并分析药品养护信息	
	能应用计算机系统建立并保存养护记录	
	能对养护过程进行风险研判	

任务导入

某药品监管部门对XX药品批发企业开展现场检查时发现，仓库阴凉库温度显示为 23.4℃，温湿度自动监测系统显示，6 月 20 日和 21 日存在超标报警，但企业未采取任何措施。

讨论：

1. 该企业存在哪些问题?

2. 该企业应采取哪些应对措施?

任务分析

药品养护是药品经营企业为防止药品变质、保证药品质量而开展的日常性工作。养护人员应定期检查药品质量，并对发现有质量问题的药品及时采取有效的处理措施。药品养护工作需要各相关岗位人员相互协调与配合，从而保障药品养护工作有效开展。

一、药品养护的内涵

药品养护是指药品经营企业为确保药品在储存过程中保证其质量而实施的一

系列技术措施和管理活动。在此过程中，养护人员应综合考虑库房条件、外部环境变化以及药品自身的质量特性等因素，采用科学有效的养护方法和措施，确保药品在整个储存周期内的质量安全。药品养护可分为一般养护和重点养护。药品养护工作应贯彻“预防为主”的原则。

知识拓展

影响药品质量的因素

影响药品质量的因素主要包括以下几个方面。

（1）日光。日光中的紫外线是药品发生化学变化的催化剂，会加速药物的氧化分解，使药品变质。日光中的红外线对药物起干燥作用。

（2）空气。空气是不同气体的混合物，其中，对药品质量影响较大的为氧气和二氧化碳。氧气可氧化还原药物，药品一旦氧化，可能会导致药效降低，甚至产生毒素。二氧化碳可使药品变质。

（3）湿度。水蒸气在空气中的含量称为湿度。湿度对药品的质量影响较大，湿度过高，能使某些药品发生水解反应从而降低药效或产生毒副作用，能使某些药品如中药材变质发霉。湿度过低，容易使某些药品失去结晶水而风化后变硬、易碎。

（4）温度。温度对药品质量的影响非常大，任何药品都有其适宜的储存温度条件。温度高时，某些药品的挥发、变形、氧化、水解等物理化学反应的速率会加快，使其变质；温度低时，某些药品易产生沉淀、冻结、凝固，甚至变质失效等现象，有的还会使容器破裂。

（5）储存时间。储存时间也是影响药品质量的因素之一，储存时间过长会降低药物疗效或变质。

（6）微生物和昆虫。许多药品剂型如糖浆剂、胶囊剂、片剂及某些中药类药品等都含有淀粉、脂肪、蛋白质等成分，这些成分是微生物的良好培养基和昆虫的饵料。药品在空气中暴露放置，极易被细菌、真菌、昆虫等侵入，使药品腐败、发酵、霉变、虫蛀。

二、一般养护

（一）指导和督促药品合理储存与作业

药品养护员在日常管理巡查过程中指导和督促储存人员对药品进行合理储存和作业，及时纠正发现的问题，确保药品按规定要求合理储存。具体指导和督促内容如下：

（1）是否按照药品的储存管理要求分库或分区存放，色标管理是否执行到位，标识是否明显。

（2）药品是否按批号堆码，不同批号药品有无混垛，垛间距，药品与内墙、顶、温湿度调控设备及管道间距、地面间距是否符合规定。

（3）整件药品码放是否严格按照外包装标示要求堆码，是否平稳、整齐，药品是否有倒置。

（4）对一些包装不坚固或过重的药品，指导码放不宜过高，以防下层受压变形。

（5）拆除外包装的零货药品是否集中存放。

（6）其他需要指导和督促的情况。

（二）仓库温湿度管理

1. 温湿度监测

养护员应定时检查仓库温湿度是否符合要求，确保常温库控制在 10 ～ 30℃、阴凉库控制在20℃以下、冷库控制在2 ～ 10℃。各库区湿度应控制在35% ～ 75%。

2. 温湿度调控

当温湿度超过规定范围或温湿度监测系统发出报警时，养护员应及时排查原因，并采取通风、降温、保温、除湿、加湿等措施进行调控，使库房温湿度保持在正常范围内，并做好相关记录，确保药品质量安全。

3. 温湿度数据备份

养护员应保存和备份温湿度数据，并对温湿度数据进行汇总分析，指导保管员做好库内储存环境与条件的控制。

（三）养护设施检查与管理

药品养护人员应确保仓库内温湿度监测设备、温度调控设备、除湿设备，防虫、防鼠和遮光等设施设备的正常运行，对养护设施设备进行登记、编号，建立养护设施设备管理台账和档案，并对设施设备进行定期巡检。发现问题及时采取措施，必要时联系专业技术人员进行设施设备维修，同时做好设施设备维修记录。

（四）仓库环境与卫生状况管理

药品储存场所应当环境整洁、干净卫生、无积灰、积水及其他杂物、无污染源，墙壁、地面光滑整洁，符合药品储存和使用安全要求。因此，养护员要检查仓库环境与卫生状况是否符合要求。

（五）在库药品养护检查

药品在库储存期间由于受到外界环境因素的影响，可能会出现各种质量变化现象。因此，除了需要采取适当的保管、养护措施外，还必须进行在库检查。养护人员应按照养护计划对库存药品的外观、包装等质量状况进行检查。企业计算机系统应当依据质量管理基础数据和养护制度，对库存药品按期自动生成养护计划，提示养护人员对库存药品进行有序、合理的养护检查。通过检查，可及时了解药品的质量情况，以便采取相应的防护措施。

1. 检查类型

（1）“三三四”循环养护检查：按季度进行，每个季度的第一个月检查库存的30%，第二个月检查库存的30%，第三个月检查库存的40%，使库存药品每个季度能全面检查一次。药品入库储存后，计算机系统根据入库时间自动生成每个月需要养护的品种。一般养护采用“三三四”循环养护检查方法，主要检查药品包装情况和外观性状。

（2）定期检查：一般上、下半年对库存药品逐堆、逐垛各进行一次全面检查，特别是对受热易变质、吸潮易引湿、遇冷易冻结的药品要加强检查。对近效期药品、重点养护的品种、麻醉药品、精神药品、医疗用毒性药品、放射性药品等特殊管理的药品，要进行重点检查。

（3）随机检查：在汛期、雨季、高温、严寒等特殊气候条件下，或者发现药品存在潜在质量问题风险时，应临时组织力量进行突击性的养护检查。

2. 养护检查内容

养护检查是指对药品在库储存期间的质量是否发生变化进行检查。检查内容包括药品有无倒置现象、外观性状是否正常、包装有无损坏等。另外，针对不同的剂型，检查应各有侧重点：①片剂，检查是否有杂质、裂片、吸潮、溶化、粘连、霉变等；②胶囊剂，检查是否有斑点、粘连、霉变、变形、渗漏或囊壳破裂等；③颗粒剂，检查是否有破漏、潮解等；④丸剂，检查是否有不圆整、粘连等；⑤散剂，检查是否有吸潮、结块、发霉、变质、异臭等；⑥口服溶液剂、口服混悬剂、口服乳剂，检查是否有发霉、酸败、变色、异物、产生气体或其他变质现象；⑦糖浆剂、合剂，检查是否有发霉、酸败、产生气体或其他变质现象；⑧注射剂，检查色泽、澄明度等；⑨滴眼剂、滴鼻剂、滴耳剂，检查是否有漏液、霉变、结晶等；⑩软膏剂、乳膏剂，检查是否有破漏、分层、变硬等；⑪栓剂，检查有无软化、变形、干裂、酸败、霉变等；⑫膜剂，检查是否有气泡、受潮、发霉、变质等；⑬凝胶剂，检查是否有干涸、液化等；⑭贴剂，检查是否完整光洁等；⑮贴膏剂，检查是否有脱膏、失黏等。在检查过程中，应加强对质量不够稳定的药品、包装容易损坏的药品和近效期药品的检查。

（六）填写养护记录

养护过程中若发现质量可疑药品，养护员应当及时在计算机系统中锁定和记录，对质量可疑药品做好隔离或标识，并报告质量管理部门处理。

养护结束后，养护员应在计算机系统中对药品质量状况进行准确记录，并填写“库存药品质量养护记录”。养护记录应包括通用名称、商品名称、规格、数量、上市许可持有人、生产企业、批号、有效期、质量状况、养护措施、处理结果、养护人员、养护日期等信息。

（七）分析养护信息

养护员应定期对养护记录进行汇总，总结分析在库药品质量、库房的温湿度、不合格药品、设备运行等情况。养护员应定期分析药品养护信息，包括经营周期内经营品种的结构、数量、批次等项目；养护过程中发现的质量问题及产生原因、比率、改进措施及目标等。养护员应将养护信息报告质量管理部门，这有助于企业及时、全面地掌握药品质量信息，并采取有效措施控制风险、消除隐患。

（八）建立药品养护档案

企业应对在库药品建立药品养护档案。药品养护档案是指对经营周期内药品养护信息整理归档的资料。养护员可通过查阅养护档案总结养护经验，改进养护方法。养护档案内容包括药品基本信息、养护记录、养护分析追踪记录、有关问题的处理情况等。药品养护档案的品种应根据业务经营活动的变化进行动态管理。

三、重点养护

重点养护品种范围一般包括主营品种、首营品种、质量性质不稳定的品种、有特殊储存要求的品种、储存时间较长的品种、近期发生过药品质量问题的品种及药品监督管理部门重点监控的品种。养护组按年度制定重点养护品种并实行动态管理。重点养护品种确定后，应报告质量管理部门审核。重点养护计划要根据药品质量特性突出侧重点。重点养护采用按月检查的方法，每月选择需要养护的品种，在计算机系统中录入养护日期和养护结论等内容。

四、养护异常情况处理

药品养护中发现的问题一般包括技术操作、设施设备、药品质量等方面的内容，养护员应对发现的问题认真地进行分析，及时报告质量管理部门，按要求采取相应措施，确保药品质量安全。

1.破损药品的控制

在养护检查过程中，当发现药品因破损而导致液体、气体、粉末泄漏时，应当迅速采取安全处理措施，防止对储存环境和其他药品造成污染。具体处理措施如下：

（1）将破损药品进行隔离，并悬挂明显标识牌。

（2）迅速将其他药品从泄漏区域移开，防止被泄漏药品污染。

（3）养护员在计算机系统中对破损药品进行锁定，防止销售、出库。

（4）养护员应及时报告质量管理部门。

（5）在质量管理部门的监督和指导下，仓储管理部门负责对泄漏的药品采取稀释、清洗、通风、覆盖、吸附、除尘、灭活等方法进行处置，防止其对储存环境和其他药品造成污染。

2. 质量可疑药品的控制

药品养护过程中若发现质量可疑的药品，应当由养护人员在计算机系统中进行锁定，限制其销售和出库。同时，将质量可疑的药品进行隔离或悬挂明显标识牌，并报告质量管理部门，由质量管理部门确认药品质量。

3. 不合格药品的处理

养护员在养护过程中若发现质量不合格的药品，应立即在计算机系统中进行锁定，限制该药品销售和出库，并报告质量管理部门，按规定填写不合格药品审批表，由质量管理部门予以审核批准。确认为不合格药品的，应当在计算机系统中移至不合格药品库（区），并将不合格药品实物移至不合格药品库（区）。怀疑为假药的，应及时报告药品监督管理部门处理。存在质量问题的特殊管理药品，应按照国家有关规定进行处理。

五、药品的效期管理

（一）药品有效期的概念

药品有效期是指药品被批准使用的期限，表示该药品在规定的储存条件下能保持其质量的期限。《药品管理法》规定，未标明或者更改有效期的药品、超过有效期的药品为劣药。药品经营企业应加强药品的效期管理，保障公众用药安全。

（二）药品有效期的标注

《药品管理法》规定，标签、说明书中的文字应当清晰，生产日期、有效期等事项应当显著标注，容易辨识。《药品说明书和标签管理规定》指出，药品标签中的有效期应当按照年、月、日的顺序标注，年份用四位数字表示，月、日用两位数字表示。其具体标注格式为“有效期至××××年××月”或者“有效期至××××年××月××日”；也可以用数字和其他符号表示为“有效期至××××.××.”或者“有效期至××××/××/××”等。

预防用生物制品有效期的标注按照国家药品监督管理局批准的注册标准执行，治疗用生物制品有效期的标注自分装日期计算，其他药品有效期的标注自生产日期计算。

有效期若标注到日，应当为起算日期对应年月日的前一天，若标注到月，应当为起算月份对应年月的前一月。

（三）药品效期的管理措施

1. 近效期预警

计算机系统对药品的有效期进行自动跟踪和动态监控。计算机系统应具备“近效期预警”功能，对近效期药品，系统会自动发出预警信息，提示养护员应对近效期药品进行重点养护，同时，提示销售部门对该品种优先进行销售。计算机系统中可按月汇总并生成“近效期药品预警表”。

2. 过期锁定

对于过期药品，计算机系统应设置自动锁定，防止过期药品销售和出库。

3. 过期药品的处理

《药品管理法》第八十三条规定，已被注销药品注册证书、超过有效期等的药品，应当由药品监督管理部门监督销毁或者依法采取其他无害化处理等措施。药品经营企业应定期清理并集中销毁过期药品。过期药品应按照不合格药品处理流程进行操作，当发现过期药品时，应立即清点数量，并填写“不合格药品审批表”，报告质量管理部门。将过期药品移至不合格药品库（区），按规定填写“药品销毁审批表”，对过期药品进行集中销毁处理。药品销毁过程应由质量管理部门监督。

《麻醉药品和精神药品管理条例》规定，麻醉药品和精神药品的生产、经营企业对过期、损坏的麻醉药品和精神药品应当登记造册，并向药品监督管理部门申请销毁，药品监督管理部门应当自接到申请之日起5日内到场监督销毁。

六、药品的养护措施

（一）一般养护措施

1. 避光措施

遇光易引起变化的药物，如氢化可的松、肾上腺素、维生素C等，在养护过程中应采取相应的避光措施。药品在库储存期间应置于阴暗干燥处，对门、窗、灯具等采取相应的措施进行遮光。

2. 降温措施

温度过高会使许多药品变质失效，特别是疫苗、血液制品等生物制品。因此，仓库应保持适宜的温度。降温可采取以下措施。

（1）通风降温：对于普通药品，当库内温度高于库外时，可开启门窗通风降温。在夏季，对于不易吸潮的药品可进行夜间通风。应注意的是，通风要结合相对湿度。

（2）设备降温：当采用自然通风方式仍然无法降温时，或需要快速降温的，或不适宜采用通风降温的，则可通过空调、冷风机组等设备进行降温。

3. 保温措施

在我国大部分地区，冬季气温有时很低，不利于一些怕冻药品的储存，因此必须采取保温措施。一般可采用统一供暖、空调等方法，提高库内温度，保证药品安全过冬。注意暖气管、暖气片应与药品保持一定的距离，并防止漏水情况发生。一些特别怕冻的药物在严寒季节也可存放在保温箱内。

4. 降湿措施

在我国气候潮湿的地区或阴雨季节，药品库房往往需要采取空气降湿措施。

（1）通风降湿：通风降湿要注意室外空气的相对湿度，正确掌握通风时机，一般应在库外天气晴朗、空气干燥时，才能打开门窗进行通风，让地面水分、库内潮气散发出去。

（2）密封防潮：密封防潮是阻止外界空气中的潮气入侵库内。一般可采取将门窗封严的措施，确保药品储存过程中包装完好无损，避免潮湿空气进入。如发现药品包装破损或密封不良等情况，应及时采取补救措施。

（3）人工吸潮：当库内湿度过高、室外气候条件不适宜通风降湿时，要采取人工吸潮。具体可采用生石灰、氯化钙、钙镁吸湿剂、硅胶等进行吸潮，也可采用除湿机吸潮。

5. 升湿措施

当空气相对湿度低于35%时，须采取增湿措施。具体可采用加湿器等设备增湿，或在库内设置盛水容器等方式增加湿度。

6. 防霉措施

通过控制库区温湿度、使用降氧包装技术以及定期清洁消毒等措施，抑制霉菌生长。

7. 防鼠措施

仓库内物品堆积，鼠害容易侵入，造成污染及危害。因此，必须采取防鼠措施：库房出入口安装挡鼠板，库区还可放置粘鼠板、鼠夹、鼠笼等捕鼠工具；库内无人时，应随时关好库门、库窗（通风时例外）；加强库外鼠害防治，仓库四周应保持整洁，不随便乱堆乱放杂物。

8. 防火措施

防火是确保仓库安全的一项重要措施。企业应按照国家标准、行业标准配置消防设施、器材，设置消防安全标志，并定期组织检验、维修，确保消防设施、器材完好有效。企业应当加强对本单位人员的消防宣传教育，组织防火检查，及时消除火灾隐患。储存、使用、销毁易燃易爆危险品，必须执行相关消防技术标准和管理规定。

（二）其他养护措施

由于中药材和中药饮片的形态、成分等存在多样性和复杂性，其在储存过程中发生质量变化的风险更高。因此，中药材和中药饮片的储存养护标准、技术要求相对较高，除了采取一般养护措施之外，还应采用其他养护措施。例如，为防止霉变腐败，可采取晾晒、熏蒸、盐渍、冷藏等方法；为防止虫害，可采取暴晒、加热、冷藏、药物熏蒸等方法。

任务实施

详见“模块四　GSP工作任务实施”中的“药品养护任务工单”。

任务三 药品陈列

动画

课件

岗位解读

药品零售企业营业员岗位信息见表 2-9。

表 2-9 药品零售企业营业员岗位信息

任职要求	学历	高中以上文化程度
	知识结构	药品专业知识、财务知识、销售知识以及相关法律法规知识
	职业素养	合规意识、敬业奉献精神
职责清单	负责药品零售企业的药品陈列工作	
	负责药品零售企业的药品销售及售后管理工作	
职业能力清单	能规范陈列、销售药品	
	能监测并调控药品储存的温湿度	
	能定期检查陈列药品的质量，发现问题应及时解决	
	能定期盘点药品，保证账货相符	
	能保持营业场所的清洁卫生，药品陈列货架的整洁	
	能索取并审核购货单位及其采购人员、提货人员合法资质	
	能协调发票开具、送货、货款结算等工作	
	能开展售后服务	
	能开展市场分析及调研、客户开发及关系维护	
	能应用计算机系统建立并保存销售记录	
	能对陈列、销售过程进行风险研判	

任务导入

小李毕业后在某药品零售连锁企业从事营业员一职。药品监督管理部门对该药店开展现场检查时发现，药品陈列柜有灰尘、部分药品陈列无类别标签、药品与非药品混放、拆零药品未集中存放、药品陈列凌乱、部分液体制剂倒置等问题。

讨论：

1. 药品零售企业对于药品陈列有哪些要求?
2. 小李在日后的工作中该如何避免上述问题?

任务分析

药品是特殊商品，药品陈列除了要满足促进销售的作用外，还要严格按照 GSP 的要求，确保药品的质量与安全。

一、药品陈列的内涵

药品陈列一般是指药品零售企业为了提高营业额和利润水平，利用门店的有限资源，合理规划店内总体布局、药品摆放位置、货架摆放顺序和堆码方式，创造便于顾客购物、符合GSP规定的环境要求。做好药品陈列工作，一方面能确保药品的质量，另一方面也能提升药品零售企业的整体形象、提升顾客的消费体验，促进药品的销售。

二、药品陈列的要求

药品陈列应符合药品监管要求，根据药品储存条件合理存放，尤其是对冷藏和阴凉保存的药品，应放置在相应的冷藏和阴凉环境中。此外，还需满足下列要求。

1. 药品与非药品分开陈列

药品零售企业通常还经营医疗器械、计生用品、保健食品等非药品。GSP要求，企业经营非药品的，应当设置专区，与药品区域明显隔离，并有醒目标识。所有药品与非药品应分区存放，设置相应的区域标识牌，并按照品种类别分区摆放。

2. 处方药与非处方药分开陈列

在药品区应当分开陈列处方药与非处方药，设置相应的处方药区与非处方药区，并加挂处方药、非处方药标识牌。

处方药不得采用开架自选的方式陈列和销售。目前，药品零售企业主要采用封闭式柜台陈列处方药。非处方药开架陈列，消费者可自行购买。可根据药品用途分类陈列，如呼吸系统用药、消化系统用药、泌尿系统用药等。

3. 外用药与其他药品分开陈列

外用药应与其他药品分开摆放。营业员在陈列药品时，对不熟悉的品种应仔细查看包装标签上是否印有外用药品专用标识，以便能正确区分外用药品与其他药品。

4. 拆零销售药品的陈列要求

拆零销售是指将最小包装拆分后销售的一种方式。拆零销售的药品应集中存放于拆零专柜或者专区。若拆零销售的药品较少，则可选择几层柜台作为专区，配备拆零的工作台及工具，并设置相应的标识牌。

5. 特殊管理药品及含特殊药品复方制剂的陈列要求

第二类精神药品、毒性中药品种和罂粟壳不得陈列。含特殊药品复方制剂，如含麻黄碱类复方制剂、复方甘草片等，由于其特殊的药理作用或潜在的滥用风险，需严格按照药品监督管理部门的要求进行管理，陈列时需设立专柜。

6. 其他陈列要求

陈列药品的货柜及橱窗应保持清洁和卫生，防止药品受到污染。药品陈列需摆放整齐有序，同时采取措施避免阳光直射。中药饮片柜斗谱的书写应当正名正字；装斗前应当复核，防止错斗、串斗；应当定期清斗，防止中药饮片生虫、发霉、变质；不同批号的中药饮片装斗前应当清斗并记录。

?思考讨论

某药品监督管理部门组织对辖区内某药店进行现场检查时，发现如下问题：企业部分药品未按药品储存温度存放；企业营业场所个别处方药在非处方药区域陈列；企业中药饮片（配方）斗柜前没有设置柜台隔开，形同开架自选的方式陈列和销售。

请思考，该药店在药品陈列方面违反了GSP的哪些规定?

三、药品陈列的商业原则

药品陈列应当符合GSP的要求，同时药品也是商品，在陈列方面应符合以下商业规则。

1. 关联性原则

关联性原则是将功能或消费人群相同或相近的放在一起或就近陈列。药品零售企业的药品陈列，尤其是自选区即OTC区和非药品区，可关注商品之间的关联性，如感冒药常和清热解毒消炎药或止咳药相邻；维生素类药品和钙制剂放在一起等。顾客消费时可产生连带性，方便其选购商品。

2. 先进先出、近效期先出原则

先进先出、近效期先出原则是指在药品陈列时将先上架的、近效期的药品摆放在易于取用的位置，以便在需要时能够迅速找到并取出，确保优先被销售或使用。

3. 易见易取原则

易见易取原则主要关注的是如何让顾客更容易看到并取到药品，以提升购买体验和满意度。药品在陈列时应该确保正面朝向顾客，方便顾客查看药品的名称、规格、价格等信息。应避免药品被其他商品或设备遮挡，货架的最上层不应陈列过高、过重或易碎的药品，货架的最底层不易看到的商品应倾斜陈列或前进陈列，对于药店主推的药品，可陈列在端架、堆头或黄金位置，提升陈列效果。

4. 满陈列原则

将药品在货架上陈列得丰满些，以营造一种量感，展现药品的丰富性和多样性。这有助于提升药品的吸引力，增加顾客购买的可能性。营业员要及时对货架上的药品进行补货、理货，避免消费者看到货架隔板及货架后面的挡板。

四、药品陈列的工作内容

药品陈列工作主要包括以下内容。

1. 药品陈列摆放

按照GSP的陈列原则和要求，同时兼顾陈列的商业原则，对药品零售企业营业场所的产品进行正确分区、分类、对位摆放。

2. 陈列条件监控

对营业场所的温湿度进行监测和调控。当温湿度超标时，应立即采取措施。同时，检查营业场所内空调、温湿度监测设备等是否正常运行。

3. 陈列药品质量检查

根据不同药品的特点，定期对陈列、存放药品的外观、包装等质量状况进行检查。重点检查拆零药品、中药饮片和易变质、近效期、对储存条件有特殊要求、摆放时间较长的药品，发现质量可疑的药品应当及时撤柜，停止销售，并在计算机系统中锁定，报告质量管理部门确认，保留相关记录。通过计算机系统对陈列药品的有效期进行跟踪管理，采取近效期预警及超过有效期自动锁定等措施，防止过期药品销售。

4. 药品盘点

定期开展药品盘点工作，做到账货相符。在药品盘点时，应认真检查药品的质量和有效期，将损坏、过期或不合格的药品进行登记，并做报损处理。同时，针对实际库存数量比账面记录的数量多的药品做报溢处理。陈列人员应填写“药品报损/报溢登记表”，详细记录药品的名称、批号、数量、上市许可持有人、生产企业、报损/报溢原因等相关信息，并交质量管理人员审核、签字。

5. 其他工作内容

定期对营业场所的卫生进行检查，保持营业环境的整洁和药品陈列设备的清洁卫生，具体可采取防虫、防鼠等措施，以免污染药品。

任务实施

详见“模块四　GSP工作任务实施”中的“药品陈列任务工单”。

岗课赛证

本项目对应的岗位包括药品保管员、药品养护员和药品零售企业营业员等。本项目内容与药学、药品经营、药品购销、医药商品储运等技能大赛对接，与执业药师资格证书、“1+X”药品购销职业技能等级证书等对接。上述岗位、比赛和证书均需学生掌握GSP药品储存、养护和陈列相关要求，能够对在库药品进行合理储存管理和科学养护，对药品零售企业的药品进行合理陈列，并养成严谨的工作态度，牢固树立质量意识和风险意识。

项目评价

药品储存与养护评分见表2–10。

表 2-10 药品储存与养护评分

基本信息	姓名		学号		班级		组别	
	考核日期				总评成绩			
考核内容	任务	步骤		完成情况		标准分	评分	
				完成	未完成			
	药品储存	药品储存区域划分				5		
		药品储存管理要求				10		
		出入库管理				5		
	药品养护	一般养护				10		
		重点养护				10		
		养护异常情况处理				10		
		药品效期管理				10		
	药品陈列	药品的陈列原则及要求				10		
		药品陈列的工作内容				10		
	合规操作					10		
	严谨细致					5		
	团队协作					5		
组员互评								
教师评价								

项目拓展

参考答案

理论知识回顾

一、单项选择题

1. 下列关于药品储存区域的温湿度要求的表述不正确的是（　　）。

   A. 阴凉库的温度要求不超过 20℃

   B. 常温库的温度要求在 10 ～ 30℃

   C. 冷库的温度要求在 2 ～ 8℃

   D. 阴凉库、常温库、冷库的湿度要求在 35% ～ 75%

2. 下列关于色标管理表述不正确的是（　　）。

   A. 发货区为绿色　　B. 退货区为红色

   C. 待验区为黄色　　D. 不合格品区为红色

3. 下列不属于药品养护员日常工作的是（　　）。

   A. 指导和督促药品合理储存与作业　　B. 在库药品养护检查

   C. 仓库温湿度管理　　D. 药品验收入库

4. 下列关于药品堆码表述不正确的是（　　）。

A. 不同批号的药品不得混垛　　B. 与库房内管道设施间距不小于 30cm

C. 垛间距不小于 5cm　　D. 与地面间距不小于 5cm

5. 下列关于药品陈列表述不正确的是（　　）。

A. 药品与非药品分开陈列　　B. 处方药与非处方药分开陈列

C. 外用药与内用药同区陈列　　D. 拆零药品集中存放于拆零专区

二、多项选择题

1. 关于药品储存表述正确的是（　　）。

A. 药品储存区域实行色标管理

B. 常温库的相对湿度保持在 45% ～ 75%

C. 储存药品应按照要求采取避光、遮光、通风、防潮、防虫、防鼠等措施

D. 搬运药品要注意轻拿轻放

E. 堆码药品要严格按照外包装标示要求规范操作

2. 药品养护措施主要包括（　　）。

A. 避光措施　　B. 降温措施　　C. 保温措施

D. 降湿措施　　E. 增湿措施

3. 药品重点养护品种主要是（　　）。

A. 主营品种　　B. 首营品种　　C. 质量性质不稳定的品种

D. 有特殊储存要求的品种　　E. 中药饮片

三、简答题

1. 简述药品分类储存的要求。

2. 简述养护异常情况处理。

实践能力提升

走访调研：调研一家药品批发企业，跟随一名药品养护员开展一天的药品养护工作。谈一谈，如何才能成为一名合格的药品养护员。

实践应用：调研一家药品零售企业，查找其药品陈列中存在的问题。

项目四　药品出库与运输

学习目标

知识目标

1. 掌握药品出库、药品运输与配送过程的管理要求。

2. 熟悉药品出库、药品运输与配送的流程，药品出库复核记录的填写要求，药品出库、药品运输与配送质量管理体系的建设要求。

3. 了解药品出库、药品运输与配送的定义，药品运输与配送的工具。

能力目标

1. 能规范完成药品出库复核操作，能合理选择运输与配送的工具及设施设备，并能安全及时地将药品送达目的地。

2. 能正确填写药品出库复核记录、药品运输相关单据。

3. 能识别并正确处理不得出库的药品，能处理冷藏、冷冻药品在运输与配送过程中的突发事件。

素质目标

1. 具备严谨细致的工作态度、诚实守信的职业操守、爱岗敬业的奉献精神、深厚的爱国情怀以及生命至上的职业道德。

2. 树立质量责任意识和风险防控意识。

3. 培养终身学习、与时俱进的素质。

任务一　药品出库

动画

课件

岗位解读

出库复核员岗位信息见表 2–11。

表 2-11　出库复核员岗位信息

任职要求	学历	高中以上文化程度
	知识结构	药品专业知识、仓储知识以及相关法律法规知识
	职业素养	生命至上意识、质量责任意识和风险防控意识
职责清单	负责药品出库复核检查	
	负责出库异常药品的报告和处理	
职业能力清单	能对出库药品的数量、产品质量等方面进行检查	
	能进行拼箱操作	
	能规范处理出库复核异常的药品	

续表

职业能力清单	能应用计算机系统建立并保存出库复核记录
	能对出库复核过程进行风险研判

任务导入

今天某出库复核员收到两条药品发货指令，其中一条指令中的药品是来自药品生产企业甲生产的A药品50箱；另一条指令中的药品是来自药品生产企业乙生产的B、C药品各10盒，药品生产企业丙生产的D药品3盒。企业仓库保管员和药品出库复核员按照企业的出库操作规程要求进行出库作业。

讨论：

1. 若A药品有多个生产日期，那么仓库保管员在配货时应注意什么？

2. B药品的储存条件是2～10℃，C药品的储存条件是常温、避光，D药品的储存条件是常温，出库复核员在发货打包时应如何操作？

3. 出库复核员应如何提高自己的工作效率和工作质量？

任务分析

药品出库是药品经营企业根据相关规范和原则要求将库存药品发出的过程，是保障出库药品质量合格、货单信息准确无误的重要环节。

一、药品出库质量管理体系要求

药品经营企业应将药品出库管理纳入药品质量管理体系，药品出库相关的人员、设施设备、计算机系统、文件等应当与其经营范围和规模相适应。

1. 人员与培训要求

（1）人员资质要求：从事药品出库工作的人员应当具有高中以上文化程度，不得有相关法律法规禁止从业的情形。

（2）人员健康管理：药品出库人员应当进行岗前及年度健康检查，并建立健康档案；患有传染病或者其他可能污染药品的疾病，不得从事药品出库工作；应当根据企业员工个人卫生管理制度要求做好个人卫生管理，着装应符合劳动保护和产品防护的要求。

（3）人员培训要求：药品经营企业应按照培训管理制度要求做好药品出库人员的岗前培训和继续培训，使其能够正确理解出库复核岗位的职责和岗位操作规程，树立质量风险管理意识，培养风险防范能力等；从事特殊管理药品、冷藏和冷冻药品出库工作的人员应当接受相关法律法规和专业知识培训并经考核合格后方可上岗。培训工作应当做好记录并建立档案。

2. 文件管理要求

药品经营企业应当制定完善的出库复核岗位职责、岗位操作规程及相关记录文件等。经营特殊管理药品的，企业应当建立专用药品出库复核记录。根据质量管理体系文件要求填写及保存药品出库复核记录等，做到记录真实、完整、准确、有效和可追溯。

3. 设施与设备要求

应当配备用于零货拣选、拼箱发货操作及出库复核的作业区域和相应设备，如手持扫码枪、电动叉车、周转箱等，并与企业的经营范围、经营规模相适应。

4. 计算机系统要求

企业应当建立符合药品出库管理及质量控制要求的计算机系统，数据的录入、修改、保存等操作应当符合授权范围、操作规程和管理制度的要求，保证出库数据原始、真实、准确、安全和可追溯。

二、药品出库管理要求

1. 药品出库的原则

药品出库要遵循先产先出、先进先出、近效期先出以及按药品批号发货的原则，这有助于保持药品库存的流动性，确保药品的可追溯性，保障药品的质量和安全。

2. 药品出库复核要求

药品出库时，必须复核出库信息，检查产品质量，并应当建立出库复核记录。应按发货或配送凭证对实物进行核对，复核的内容如下。

（1）逐项核实购货单位以及出库药品的通用名称、剂型、规格、数量、批号、有效期、上市许可持有人、生产企业、出库日期等是否与发货或配送凭证一致。

（2）检查出库药品的包装、标签、说明书、外观性状等是否符合产品质量要求。

冷链药品出库应在冷库缓冲区进行；特殊管理药品出库应当在专库内进行，并按照有关规定进行复核。

3. 不得出库的药品

出库的药品必须是质量合格的药品，且药品储存的温湿度条件符合包装标识要求。发现以下情况不得出库，并报告质量管理部门处理。

（1）药品包装出现破损、污染、封口不牢、衬垫不实、封条损坏等问题。

（2）包装内有异常响动或者液体渗漏。

（3）标签脱落、字迹模糊不清或者标识内容与实物不符。

（4）药品已超过有效期。

（5）存在其他异常情况的药品。

知识拓展

冷藏、冷冻药品的出库要求

冷藏、冷冻药品的装箱、装车等作业，应当符合GSP及其附录1冷藏、冷冻药品的储存与运输管理的相关要求，由经过系统培训且考核合格的专人负责，并符合以下要求。

1. 车载冷藏箱或者保温箱在使用前应提前预冷至相应的温度。
2. 应当在冷藏环境下完成冷藏、冷冻药品的装箱、封箱工作。
3. 装车前应当检查冷藏车辆的启动、运行状态，达到规定温度后方可装车。
4. 启运时，应当做好运输记录，内容包括运输工具和启运时间等。

三、药品出库的流程

（一）发货核实

保管员接到发货指令后，在合格品库（区）核实发货指令上的药品名称、规格、数量等与库存实物是否相符。

（二）配货

核实无误后，保管员按要求进行配货。若为整件药品，则在整件库取相应数量的整件货；若为非整件药品，则在药品零货区拣选，或将整件药品转移至拆零工作台进行拆箱操作，取出所需品种、数量的药品后放入周转箱，并转交出库复核员复核。

（三）出库复核

配货完成后，出库复核员逐项复核待出库药品的信息、数量和产品质量。若发现药品名称、规格、剂型、数量等信息不一致时，则应与保管员沟通确认，更正后重新发放；对核对无误的零货药品应进行拼箱操作，即将两种或两种以上药品、同品种不同规格、同品种同规格但不同批号的药品拼装至同一代用包装箱内发货，贴好拼箱标签。拼箱发货的代用包装箱应当有醒目的拼箱标志。拼箱操作应注意：固体药品不应与液体药品拼箱、冷藏冷冻药品不应与其他药品拼箱、特殊管理药品不应与普通药品拼箱等。

出库复核员复核药品无误的，填写出库复核记录，打印随货同行单（票），并加盖企业药品出库专用章原印章。随货同行单（票）应当包括药品的名称、剂型、规格、批号、数量、上市许可持有人、生产企业、供货单位、收货单位、收货地址、发货日期等内容。复核发现待出库药品可能存在质量问题的，如包装存在破损、污染、有异常响动等不得出库的情形，应报告质量管理部门确认药品质量。经确认判定为不合格药品的，应按照不合格药品处理流程进行操作。

（四）出库交接

出库复核员将复核无误的药品、随货同行单（票）打包好后移交至发货区，配送员清点无误后在随货同行单（票）上签字，并按要求完成配送任务。药品出库流程见图 2–6。

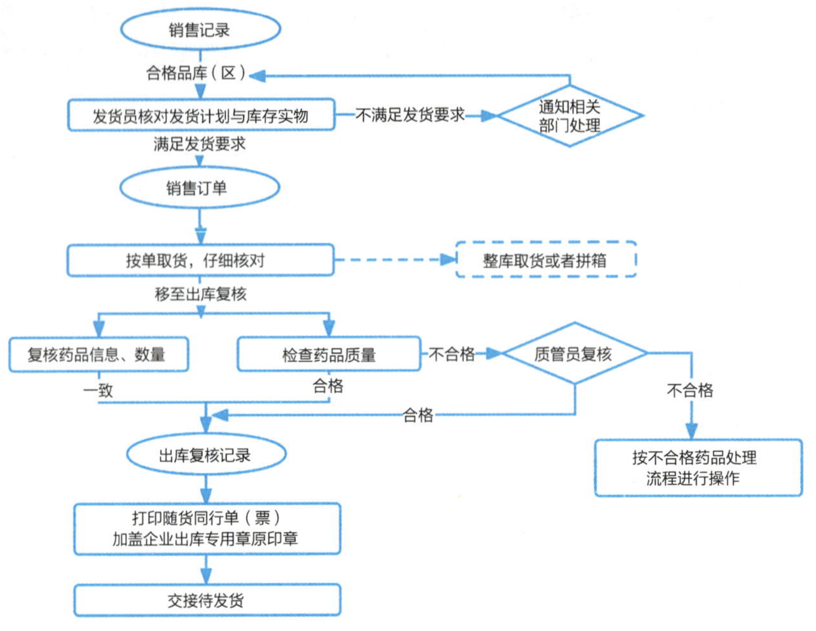

图 2–6　药品出库流程

案例分析

以下为在对某药品批发企业开展现场检查时发现的缺陷，请对该企业存在的问题进行分析。

1. 现场抽查珊瑚癣净（生产企业：XX 药业有限公司，批号：220430）实物库存为 60 盒，计算机系统中显示该批号产品库存为 0。

2. 检查当日，发货区中待发药品附的随货同行单（票）均未加盖药品出库专用章。抽查已配送至 3 家门店的药品的随货同行单（票）上也未加盖出库专用章。

素质提升

医药智慧物流提升药品出库效率和质量

医药物流行业是国民经济的重要组成部分，紧密关联着人民的生命健康和生活质量。当前，药品经营企业通过采用现代化设施设备，如自动立体库、高速分拣系统、拆零拣选系统、电子标签拣选系统、仓储管理系统、运输管理系统等，显著提升药品出库的效率和质量。医药智慧物流的发展对从业者的素质提出了更高的要求。他们需要不断追求卓越，勇于创新，并且能够利用数字技术进行精准管理，以适应市场的快速发展和技术的持续变革。

任务实施

详见“模块四　GSP 工作任务实施”中的“药品出库任务工单”。

 药品运输与配送

动画

课件

岗位解读

配送员岗位信息见表 2-12。

表 2-12　配送员岗位信息

任职要求	学历	高中以上文化程度
	知识结构	药品运输与配送知识、药品储存知识以及相关法律法规知识
	职业素养	诚实守信意识、合规经营意识、药品质量责任意识
职责清单	负责出库药品的搬运、装卸	
	负责出库药品的运输与配送	
	负责与收货单位进行货物、单据等交接	
职业能力清单	能根据随货同行单（票）核对待运输与配送的药品信息、数量以及质量	
	能检查药品包装、药品运输设备是否符合规范要求	
	能规范准备、搬运、装卸药品	
	能监测、记录和管理冷藏、冷冻药品运输过程的温度	
	能规范处理配送异常药品	
	能开展药品交货工作，并能将相关票据签字后带回	
	能应用计算机系统建立并保存运输与配送记录	
	能对配送过程进行风险研判	

任务导入

今天，某企业的药品运输与配送员甲收到两条配送指令，均要求一周内送达。指令 1 是将 5 瓶零货麻醉药品 M、3 箱普通药品 N 配送到省外指定地点 A，药品 M、N 储运要求均为常温；指令 2 是将 3 整箱疫苗配送到省内指定地点 B。药品运输与配送员甲按照企业的运输与配送管理规范要求进行运输与配送作业。

讨论：

1. 指令 1 药品在装车、运输和配送时，有哪些注意事项？
2. 指令 2 药品在运输设备的选择方面有哪些注意事项？
3. 药品运输与配送员甲在配送途中如遇到极端天气、交通事故等突发问题，应如何处理？

任务分析

一、药品运输与配送的内涵

药品运输与配送是指根据业务需求，对药品进行包装、封签、搬运、装载、运输、在途监控等作业，选择与药品质量特性、经济效益、自然环境等因素相适应的运输设备将药品送达约定地点并签收的物流活动，一般应遵循“安全、及时、准确和经济”的原则。

二、药品运输与配送的质量管理体系

企业应当建立与经营范围和经营规模相适应的管理制度，运输与配送过程中应采取有效的质量控制措施，并满足药品信息化追溯要求，实现药品运输配送全过程质量可控和可追溯。

（一）人员与培训要求

（1）人员资质要求：应当配备专职或兼职人员负责药品运输与配送工作，相关人员具备从事药品运输与配送工作所需的知识、能力和素质，不得有相关法律法规禁止从业的情形。

（2）人员健康要求：应当加强药品运输与配送人员的个人卫生管理，每年对员工进行健康体检。

（3）人员培训要求：从事特殊管理的药品和冷藏、冷冻药品运输工作的人员，应当接受相关法律法规和专业知识培训并经考核合格后方可上岗。

（二）文件管理要求

企业应当制定完善的运输与配送岗位的岗位职责、岗位操作规程及相关记录文件。按照企业质量管理体系文件的要求，管理运输与配送相关文件与记录，做到真实、完整、准确、有效和可追溯。

疫苗配送企业应当按照规定，建立真实、准确、完整的记录，并保存至疫苗有效期满后不少于5年备查。

（三）设施与设备要求

1. 运输工具

在运输药品时，企业应根据药品的包装、质量特性、温度要求、运输时限、经济因素、自然因素等，选取适宜的运输工具，如火车、汽车、飞机、轮船等。在运输过程中，运输工具应当保持封闭状态，如封闭式货车应采取物理隔离、安全保障等措施，防止出现药品破损、污染、混淆、差错、盗抢、遗失等问题，以保障配送药品的质量和安全。

2. 运输设施设备

使用配送箱进行药品配送时，应当具备以下条件：

（1）箱体应采用吸水性低、透气性小、导热系数小，具有良好保温性质的材料。

（2）非药品（医疗器械、保健食品除外）与药品混箱配送的，箱体内应对药品存放区域进行物理隔离，确保药品与非药品分开存放。

（3）安装防盗装置，防止药品在配送过程中丢失或被替换。

运输冷藏、冷冻药品的，应当配备冷藏车及车载冷藏箱或者保温箱等设备，并符合药品运输过程中对温度控制的要求。

冷藏车要求：冷藏车的配置应符合国家相关标准要求，车厢应当具有防水、密闭、耐腐蚀等性能，可自动采集、传输、调控、存储与显示温度，车厢内部应留有保证气流充分循环的空间。

冷藏箱、保温箱要求：冷藏箱、保温箱应具有良好的保温性能，冷藏箱具有自动调控温度的功能，保温箱配备蓄冷剂以及与药品隔离的装置；冷藏箱及保温箱具有外部显示和采集箱体内温度数据的功能。

配送药品的包装物及填充材料应当选取无毒、无污染的材料，避免药品破碎或被挤压。有温湿度、避光等要求的药品，其包装物应当选取隔温、防潮、避光的包装材料。运输所用的设施设备应当定期检查、清洁和维护，并建立记录和档案。

三、药品运输与配送过程的管理要求

（一）搬运、装卸药品要求

企业应当严格按照外包装标示的要求规范搬运、装卸、堆码药品，做到小心轻放、防震挤压、避湿防热、液体药品禁止倒置，注意堆码层数和堆码重量极限等，避免造成药品包装损坏，从而影响药品质量或不利运输安全。冷藏车厢内药品码放还应与厢内前板距离不小于10cm，与后板、侧板、底板间距不小于5cm，药品码放高度不得超过制冷机组出风口下沿，确保气流正常循环和温度均匀分布。

（二）温度控制要求

企业应当根据药品温度控制的要求，在运输过程中，采取必要的保温或者冷藏、冷冻措施。对于冷藏、冷冻药品，在运输过程中，应当实时监测并记录冷藏车、冷藏箱或者保温箱内的温度数据，药品不得直接接触冰袋、冰排等蓄冷剂，防止对药品质量造成影响。

（三）特殊药品运输与配送的要求

运输与配送麻醉药品和精神药品等特殊管理的药品，需严格遵守《麻醉药品和精神药品管理条例》《麻醉药品和精神药品运输管理办法》《放射性药品管理办法》等文件的相关管理规定，以确保特殊药品运输与配送的安全。

1. 麻醉药品和精神药品

托运、承运或者自行运输麻醉药品和精神药品的，应当尽量缩短货物的在途时间，采取相应的安全保障措施，防止麻醉药品和精神药品在运输过程中被盗、被抢、丢失。通过铁路运输麻醉药品和第一类精神药品的，应当使用集装箱或者铁路行李车运输；通过公路或者水路运输麻醉药品和第一类精神药品的，应当由专人负责押运，且采用道路运输时必须采用封闭式车辆，中途不应停车过夜。托运或者自行运输麻醉药品和第一类精神药品的单位，应当向所在地设区的市级药品监督管理部门申请领取运输证明，且运输证明应当由专人保管，不得涂改、转让、转借，有效期为 1 年。

邮寄麻醉药品和精神药品，寄件人应当提交所在地设区的市级药品监督管理部门出具的准予邮寄证明。邮政营业机构应当查验、收存准予邮寄证明；没有准予邮寄证明的，邮政营业机构不得收寄。

2. 放射性药品

放射性药品的运输，按国家运输、邮政等部门制订的有关规定执行。严禁任何单位和个人随身携带放射性药品乘坐公共交通运输工具。

3. 药品类易制毒化学品

跨设区的市级行政区域（直辖市为跨市界）或者在国务院公安部门确定的禁毒形势严峻的重点地区跨县级行政区域运输第一类易制毒化学品的，由运出地的设区的市级人民政府公安机关审批；运输第二类易制毒化学品的，由运出地的县级人民政府公安机关审批。经审批取得易制毒化学品运输许可证后，方可运输。运输第三类易制毒化学品的，应当在运输前向运出地的县级人民政府公安机关备案。

对许可运输第一类易制毒化学品的，发给一次有效的运输许可证。对许可运输第二类易制毒化学品的，发给 3 个月有效的运输许可证；6 个月内运输安全状况良好的，发给 12 个月有效的运输许可证。易制毒化学品运输许可证应当载明拟运输的易制毒化学品的品种、数量、运入地、货主及收货人、承运人情况以及运输许可证种类。运输易制毒化学品的，应遵守国家有关货物运输的规定。

此外，疫苗和血液制品的运输应按照冷链药品进行管理。

（四）应急预案要求

企业应当制定冷藏、冷冻药品运输应急预案，对在运输途中可能发生的设备故障、异常天气影响、交通拥堵等突发事件，能够采取相应的应对措施。企业制定的应急预案应当包括应急组织机构、人员职责、设施设备、外部协作资源、应急措施等内容，并不断加以完善和优化。

（五）委托运输要求

企业委托其他单位运输药品的，应当对承运方运输设施设备、人员资质、质量保障能力、安全运输能力、风险控制能力等进行审计，索取承运单位的运输资质文件、运输设施设备和监测系统证明及验证文件、承运人员资质证明、运输过程温度控制及监测等相关资料，符合GSP要求的方可委托。企业应当与承运方签订运输协议，明确药品质量责任、遵守运输操作规程和在途时限等内容，对承运方进行监督，并开展定期检查。承运方应当按照要求开展药品运输活动，履行委托协议约定的义务，并承担相应的法律责任。

企业委托运输药品应当有记录，记录至少包括发货时间、发货地址、收货单位、收货地址、货单号、药品件数、运输方式、委托经办人、承运单位，采用车辆运输的还应当载明车牌号，并留存驾驶人员的驾驶证复印件。记录应当至少保存5年。

四、药品运输与配送的流程

（一）检查药品

接到运输与配送任务后，配送员应根据随货同行单（票）在发货区核对药品，包括药品的通用名称、规格、批号、数量、上市许可持有人、生产企业、发货日期等，检查药品是否存在破漏等质量问题，以及包装是否牢固。如药品信息与随货同行单（票）不一致、存在质量问题或包装不符合规定的，不得发运，应报告质量管理部门进行确认。

（二）检查运输工具

根据药品的包装、质量特性、储存与运输条件、运输时限、自然因素等，确定运输与配送的工具和路线。发运药品时，应当检查运输工具，若发现运输条件不符合规定的，不得发运。检查运输工具符合要求后，将药品从发货区搬至运输车辆，在搬运、堆码时，应符合药品的包装要求，关闭车厢门，启运。特殊管理药品应符合国家相关管理规定。

对于使用冷藏车运送冷藏、冷冻药品的，启运前应当按照经过验证的标准操作规程进行操作。

（1）提前打开温度调控和监测设备，将车厢内预热或预冷至规定的温度。

（2）开始装车时，关闭温度调控设备，并尽快完成药品装车。

（3）药品装车完毕，及时关闭车厢门，检查厢门密闭情况，并上锁。

（4）启动温度调控设备，检查温度调控和监测设备运行状况，运行正常方可启运。

（三）运输监控与配送

根据随货同行单（票）上的收货单位、收货地址等信息，在保证药品质量安全的前提下，尽量缩短配送的在途时间，将药品配送到指定地点。在配送过程中，确需暂时储存的，储存场所应当具有与配送规模相适应的仓储空间，并符合药品贮藏规定的相关条件。

冷藏、冷冻药品在运输过程中，应当实时采集、记录、传送冷藏车、冷藏箱或保温箱内的温度数据。在运输过程中，当温度超出规定范围时，温湿度自动监测系统会实时发出报警指令，相关人员应查明原因，并及时采取有效措施进行调控。药品配送时若有多个目的地，应按制定的配送路线依次进行配送。药品运输与配送流程见图2–7。

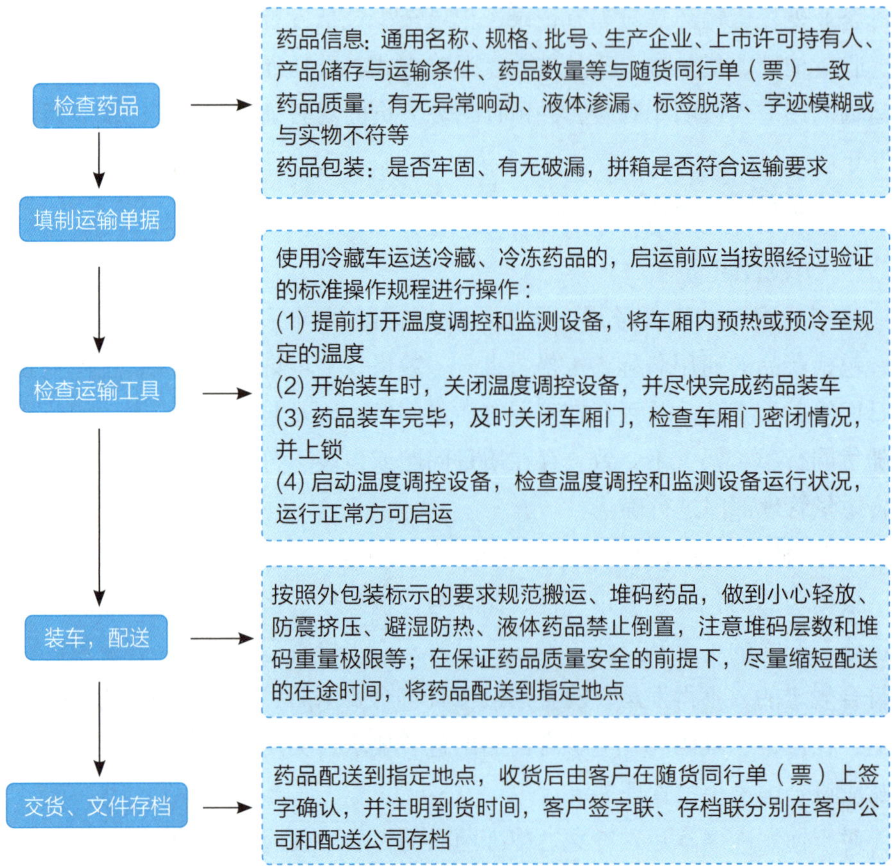
检查药品
药品信息：通用名称、规格、批号、生产企业、上市许可持有人、产品储存与运输条件、药品数量等与随货同行单（票）一致
药品质量：有无异常响动、液体渗漏、标签脱落、字迹模糊或与实物不符等
药品包装：是否牢固、有无破漏，拼箱是否符合运输要求
填制运输单据
检查运输工具
使用冷藏车运送冷藏、冷冻药品的，启运前应当按照经过验证的标准操作规程进行操作：
(1) 提前打开温度调控和监测设备，将车厢内预热或预冷至规定的温度
(2) 开始装车时，关闭温度调控设备，并尽快完成药品装车
(3) 药品装车完毕，及时关闭车厢门，检查车厢门密闭情况，并上锁
(4) 启动温度调控设备，检查温度调控和监测设备运行状况，运行正常方可启运
装车，配送
按照外包装标示的要求规范搬运、堆码药品，做到小心轻放、防震挤压、避湿防热、液体药品禁止倒置，注意堆码层数和堆码重量极限等；在保证药品质量安全的前提下，尽量缩短配送的在途时间，将药品配送到指定地点
交货、文件存档
药品配送到指定地点，收货后由客户在随货同行单（票）上签字确认，并注明到货时间，客户签字联、存档联分别在客户公司和配送公司存档

图2–7　药品运输与配送流程

知识拓展

药品零售（含通过网络零售）产品的配送

根据GSP附录6药品零售配送质量管理第十六条的规定，药品零售（含通过网络零售）的产品，配送过程应当按以下要求进行操作。

1. 使用配送箱进行配送的，药品包装件应当有序摆放并留有适当空间，避免挤压致使包装或封签破损。与非药品混箱配送的，应当将药品包装件放置于

配送箱内的药品专用区。

2. 使用配送车辆进行运输的，应当将包装件放置于车厢内的药品区域。配送车辆不能直接将药品配送给消费者的，配送企业应当按照配送要求，继续选择其他适宜的配送工具。

3. 与药品储存要求有明显温度差异的商品混箱、混车配送的，应当采取隔温封装等有效措施，并按有关要求予以验证，确保药品持续符合储存要求。

4. 在配送过程中，应当采取必要措施，避免包装件在途中、交接、转运或转存等环节遭受雨淋、潮湿、高温、阳光直射、严寒等环境的影响。

5. 配送冷藏、冷冻药品的，还应当符合GSP及其附录的有关规定。

（四）药品交货与文件存档

药品配送至与客户约定的地点后，交由收货单位的收货人员进行收货，并在随货同行单（票）上签字确认，随货同行单（票）的存档联由运输与配送单位负责存档，客户联由客户负责存档。冷藏、冷冻药品还应在冷藏、冷冻药品运输交接单上记录到货温度、到达时间等信息，经签字确认后带回。

案例分析

某省药品监督管理局组织专家对某药品批发企业开展了现场检查，检查结果如下。

1. 企业委托XX物流有限公司进行配送，签订的《药品委托运输协议》中未明确省内运输在途时限。

2. 抽查发现，该药品批发企业冷链药品到货运输交接单中的到货温度与实际导出的温度记录不一致。

请分析，该企业存在的问题，并提出相应的整改措施。

？思考讨论

请结合实际情况谈谈运输疫苗需要哪些设施设备，其管理和维护有什么要求?

任务实施

详见“模块四　GSP工作任务实施”中的“药品运输与配送任务工单”。

岗课赛证

本项目对应的岗位包括药品出库复核岗位、药品运输与配送岗位。本项目内容与药品经营、医药商品储运等技能大赛对接，与执业药师资格证书等对接。上述岗位、比赛和证书均需学生掌握药品出库、药品运输与配送的相关要求，能够规范开展出库复核，将药品安全、及时地送达目的地，同时树立质量责任意识和风险防范意识。

项目评价

药品出库、运输与配送评分见表 2–13。

表 2-13　药品出库、运输与配送评分

<table>
<tr><td rowspan="2">基本信息</td><td>姓名</td><td></td><td>学号</td><td></td><td>班级</td><td colspan="2"></td><td>组别</td><td colspan="2"></td></tr>
<tr><td colspan="2">考核日期</td><td colspan="2"></td><td colspan="3">总评成绩</td><td colspan="3"></td></tr>
<tr><td rowspan="13">考核内容</td><td rowspan="2">任务</td><td colspan="3" rowspan="2">步骤</td><td colspan="3">完成情况</td><td colspan="2" rowspan="2">标准分</td><td rowspan="2">评分</td></tr>
<tr><td colspan="2">完成</td><td>未完成</td></tr>
<tr><td rowspan="4">药品出库</td><td colspan="3">发货核实</td><td colspan="2"></td><td></td><td colspan="2">5</td><td></td></tr>
<tr><td colspan="3">配货</td><td colspan="2"></td><td></td><td colspan="2">10</td><td></td></tr>
<tr><td colspan="3">出库复核</td><td colspan="2"></td><td></td><td colspan="2">15</td><td></td></tr>
<tr><td colspan="3">出库交接</td><td colspan="2"></td><td></td><td colspan="2">10</td><td></td></tr>
<tr><td rowspan="4">药品运输与配送</td><td colspan="3">检查药品</td><td colspan="2"></td><td></td><td colspan="2">10</td><td></td></tr>
<tr><td colspan="3">检查运输工具</td><td colspan="2"></td><td></td><td colspan="2">10</td><td></td></tr>
<tr><td colspan="3">运输监控与配送</td><td colspan="2"></td><td></td><td colspan="2">10</td><td></td></tr>
<tr><td colspan="3">药品交货与文件存档</td><td colspan="2"></td><td></td><td colspan="2">10</td><td></td></tr>
<tr><td colspan="7">合规操作</td><td colspan="2">10</td><td></td></tr>
<tr><td colspan="7">严谨细致</td><td colspan="2">5</td><td></td></tr>
<tr><td colspan="7">团队协作</td><td colspan="2">5</td><td></td></tr>
<tr><td>组员互评</td><td colspan="10"></td></tr>
<tr><td>教师评价</td><td colspan="10"></td></tr>
</table>

项目拓展

参考答案

理论知识回顾

一、单项选择题

1. 以下不是药品运输与配送应当遵循的原则是（　　）。

   A. 及时　　B. 准确　　C. 安全　　D. 运量大

2. 对许可运输第一类易制毒化学品的，发给（　　）有效的运输许可证。

   A. 一次　　B. 3 个月　　C. 6 个月　　D. 12 个月

3. 托运或者自行运输麻醉药品和第一类精神药品的单位，应当向（　　）申请领取运输证明。

   A. 所在地县级药品监督管理部门　　B. 所在地省级药品监督管理部门

   C. 国家药品监督管理局　　D. 所在地设区的市级药品监督管理部门

二、多项选择题

1. 药品出库需要遵循的原则包括（ ）。
   A. 液体先出　B. 先进先出　C. 近期先出
   D. 按药品批号发货　E. 先产先出
2. 药品出库复核记录应当包括的内容有（ ）。
   A. 购货单位　B. 批号　C. 发货人
   D. 销售日期　E. 质量负责人
3. 不得出库的情形包括（ ）。
   A. 药品包装出现破损、污染、封口不牢等问题　B. 有液体渗漏
   C. 标签字迹模糊不清　D. 药品已超过有效期　E. 药品包装不牢固
4. 药品运输方式主要包括（ ）。
   A. 铁路运输　B. 公路运输　C. 航空运输
   D. 管道运输　E. 水路运输

三、简答题

1. 简述药品出库的工作流程。
2. 冷链药品运输与配送需要注意哪些事项？

实践能力提升

实践应用：分组开展药品出库模拟活动，对药品出库模拟活动中存在的问题进行分析。

市场调研：作为一名药品经营企业的药品配送员，若发生灾情、疫情或其他临床急需等情况，你该如何保证药品安全，并及时地将药品送达给客户？

项目五　药品销售与售后

学习目标

知识目标

1. 掌握药品销售的基本原则及要求、特殊管理药品及国家有专门管理要求药品的销售管理。

2. 熟悉购货单位资质审核要求、药品不良反应监测与报告要求。

3. 了解药品网络销售第三方平台管理要求、药品售后管理要求。

能力目标

1. 能根据客户资质要求索取客户资料并审核。

2. 能开展药品销售及管理工作。

3. 能开展药品售后管理工作。

素质目标

1. 具备强烈的爱岗敬业责任感和使命感。

2. 具有质量意识、风险防范意识。

3. 具有敬畏生命、清廉守正的医药职业道德，具有强烈的社会责任感。

任务一　药品销售

动画

课件

岗位解读

药师岗位信息见表 2–14。

表 2-14　药师岗位信息

任职要求	学历与专业	药学类、中药学类相关专业大专及以上学历，具有执业药师资格或其他药学技术职称
	知识结构	（中）药学专业知识、临床药学知识及技能、药事管理与法规相关知识等
	职业素养	敬畏生命、质量第一的意识，风险防范意识
职责清单	提供药学服务	
	负责药品售后管理工作	
职业能力清单	能参与制定和实施药品质量管理制度	
	能审核、调配、核对、保存处方	
	能规范处理异常处方	
	能提供用药咨询，指导合理用药	
	能开展药品售后管理工作	
	能对药学服务过程进行风险研判	

任务导入

某医药公司销售员小李，经过多次洽谈，与甲药品零售连锁企业达成了合作意向；同时，他了解到甲药品零售连锁企业拟开设网上药店，增加药品网络销售的业务。

讨论：

1. 销售员小李需要向甲药品零售连锁企业索取哪些资质证明文件？
2. 甲药品零售连锁企业药品网络销售需要满足哪些条件？

任务分析

药品与人的生命安全息息相关。药品经营企业不仅需要关注销售市场，制订合理的销售计划，提高企业的核心竞争力，更要确保药品销售流向的合法性，将药品销售给合法的客户。开展药品网络销售的，应符合《药品网络销售监督管理办法》相关规定，加强企业主体责任意识，持续提升药品流通全过程的质量安全管理能力。

一、药品销售的基本原则

合法合规原则：从事药品经营活动的应当遵守GSP，按照药品经营许可证载明的经营方式和经营范围，在药品监督管理部门核准的地址销售药品，保证药品经营全过程符合法定要求。

线上线下一致原则：药品经营企业的线上销售和线下实体销售应遵循相同的管理要求和标准，建立并实施相关管理制度，保障药品质量安全。

公开透明原则：药品批发企业应向购货单位公开企业合法资质信息、药品基本信息等；药品零售企业应当在营业场所的显著位置悬挂《药品经营许可证》、营业执照、执业药师注册证等。从事药品网络销售的药品经营企业应在网站首页或者经营活动的主页面显著位置，持续公示其许可证信息。

以人为本原则：药品经营企业应以人为本，坚持“生命至上、以患者为中心”的价值理念，遵守商业道德，诚信经营，不得夸大药品疗效、虚假宣传，误导消费者；销售人员应做到廉洁自律，不得索贿受贿、损公肥私、以权谋私。

二、药品批发企业销售管理

（一）一般药品的销售

1. 审核购货单位合法性

（1）资料收集

药品批发企业应当将药品销售给合法的购货单位，并对购货单位的证明文件、采购人员及提货人员的身份证明进行核实，保证药品销售流向真实、合法。

药品批发企业可以将药品销售给药品生产企业、药品经营企业、医疗机构、科研院所等。不同类型的药品购货单位需要提供的合法性资料有所不同，详见表2–15。

表 2-15　购货单位合法性资料一览表

<table>
<tr><th rowspan="3">审核内容</th><th colspan="5">购货单位类型</th></tr>
<tr><th rowspan="2">药品上市许可持有人/药品生产企业</th><th rowspan="2">药品经营企业</th><th colspan="2">医疗机构</th><th rowspan="2">科研院所</th></tr>
<tr><th>公立医院</th><th>非公立医院</th></tr>
<tr><td>购货单位资料</td><td>《药品生产许可证》、营业执照</td><td>《药品经营许可证》、营业执照</td><td>《医疗机构执业许可证》（若是军队所属，则还需提供军队主管部门的对外服务批准证明）</td><td>《医疗机构执业许可证》、营业执照</td><td>科研院所合法资质证明、主管部门的相关批准证明</td></tr>
<tr><td>购货单位相关人员资料</td><td colspan="5">采购人员和提货人员的身份证明、签字样式、法人授权委托书
（若供货单位直接将药品送达购货单位仓库的，则无须提供提货人员相关资料）</td></tr>
<tr><td>销售范围</td><td>与生产范围一致的原料药、中药材或中药饮片</td><td>与经营范围一致（若是药品零售企业，还应与其经营类别一致）</td><td colspan="2">与诊疗范围一致</td><td>与主管部门的相关批准证明文件内容一致</td></tr>
</table>

（2）审核内容

药品销售员负责向购货单位索取企业和采购人员、提货人员的合法性资料，进行真实性、有效性审核。

①购货单位合法性审核内容：重点核对购货单位药品生产许可证、药品经营许可证、医疗机构执业许可证等相关证书的发放机构、证书的单位名称、法定代表人、注册地址等信息是否准确，拟销售药品是否在购货单位的生产范围、经营范围或诊疗范围内，证书是否在有效期内，经营活动是否与证书上核准的经营方式相符，若购货单位资质存在变更的，还需提供相关证书副本。必要时，还可通过国务院药品监管部门、国家企业信用信息公示系统等官方网站进行查询。所有资料均应加盖购货单位公章原印章。药品批发企业不得经营疫苗、医疗机构制剂、中药配方颗粒等国家禁止药品经营企业经营的药品。

②人员合法性审核内容：重点核对购货单位采购人员、提货人员的身份证明、法人授权委托书是否符合要求，其中，法人授权委托书中应明确授权采购或提货品种、授权地域、授权时间等信息，具有法人的签名或签章，并加盖公司公章。

（3）审核流程

经审核无误后，销售员填写“购货单位资质审批表”，经审批后，由销售员在计算机系统中建立购货单位基础数据，并由质量管理部门进行审核。计算机系统对临近失效的质量管理基础数据进行提示、预警，提醒销售员及时更新相关材料，避免影响正常的销售活动；当相关资质证照信息过期或超范围经营时，计算机系统应自动锁定并拒绝销售订单的生成；将“购货单位资质审批表”、相关合法性资料、质量信誉评估情况等整理存档，建立合格客户档案。

2. 签订购销合同

药品批发企业销售员与购货单位沟通洽谈，签订书面形式的《药品购销合同》，明确双方在药品购销过程中的权利和义务。购销合同一般包括双方企业名称、药品名称、药品数量、药品价格、质量条款、运输方式、交货信息、结算方式、合同期限、验收方法、违约责任及纠纷解决方式。合同签订后，销售部门应按照合同约定内容开展销售活动，并督促其他部门予以配合。若遇不可抗力导致的合同无法按时履行，则应及时与购货单位协商变更合同内容或终止合同履行。

3. 开具销售单

根据购销合同的要求，销售员在计算机系统中开具药品销售单。仓库保管员按计算机系统中的药品销售单进行配货，经出库复核员复核后开展药品出库操作。

4. 生成销售记录

经配货、出库复核，销售员对药品销售单确认后，计算机系统可自动生成销售记录。销售记录应当包括药品通用名称、剂型、规格、数量、批号、有效期、上市许可持有人、生产企业、购货单位、单价、金额、销售日期等内容；中药材、中药饮片销售记录还应包括品名、规格、产地等内容。按规定进行药品直调的，还应当建立专门的销售记录。记录保存不得少于五年，且不少于药品有效期满后一年。

5. 开具销售发票

财务人员根据药品销售单开具销售发票，发票上应当列明药品的通用名称、规格、单位、数量、单价、金额等；不能全部列明的，应当附《销售货物或者提供应税劳务清单》，并加盖供货单位发票专用章原印章、注明税票号码。

销售过程要求票、账、货、款相符，即发票内容、财务账目和销售记录、实际销售货物、货款金额及流向四要素彼此对应。同时，药品购销双方相关财务账目内容也应相互对应，保持一致。

6. 货款结算

药品批发企业销售员按购销合同的规定进行货款结算，并定期与购货单位核对购销账目，及时办理退换货手续，确保双方账账相符。

（二）特殊管理药品的销售

1. 麻醉药品和精神药品

我国对麻醉药品和精神药品实行定点生产经营制度。未经药品监督管理部门批准，任何单位、个人不得进行麻醉药品和精神药品的经营活动。禁止使用现金进行麻醉药品和精神药品交易，但是个人合法购买麻醉药品和精神药品的除外。麻醉药品和精神药品实行政府定价，在制定出厂和批发价格的基础上，实行全国统一零售价格。麻醉药品和精神药品的进出口应当依照相关法律法规执行。

（1）麻醉药品和第一类精神药品

全国性批发企业可以向区域性批发企业销售麻醉药品和第一类精神药品，也可以经医疗机构所在地省、自治区、直辖市人民政府药品监督管理部门批准，向取得麻醉药品和第一类精神药品使用资格的医疗机构销售麻醉药品和第一类精神药品。区域性批发企业可以向本省、自治区、直辖市行政区域内取得麻醉药品和第一类精神药品使用资格的医疗机构销售麻醉药品和第一类精神药品；由于地理位置特殊，经企业所在地省、自治区、直辖市人民政府药品监督管理部门批准，可以就近向其他省、自治区、直辖市行政区域内取得使用资格的医疗机构销售麻醉药品和第一类精神药品。

药品批发企业向医疗机构销售麻醉药品和第一类精神药品时，除了索取和核实合法资质资料、采购人员身份证明材料之外，还应索取《麻醉药品、第一类精神药品购用印鉴卡》，并留档备查。药品批发企业应将麻醉药品和第一类精神药品送至医疗机构，医疗机构不得自行提货。药品批发企业不得经营麻醉药品原料药和第一类精神药品原料药。

（2）第二类精神药品

专门从事第二类精神药品批发业务的企业应当经所在地省、自治区、直辖市人民政府药品监督管理部门批准。全国性批发企业、区域性批发企业可以从事第二类精神药品批发业务。

第二类精神药品定点批发企业可以向医疗机构、定点批发企业以及经所在地设区的市级药品监督管理部门批准，实行统一进货、统一配送、统一管理的药品零售连锁企业销售第二类精神药品。

知识拓展

国家药监局 公安部 国家卫生健康委关于调整精神药品目录的公告

（2024 年第 54 号）

根据《麻醉药品和精神药品管理条例》有关规定，国家药品监督管理局、公安部、国家卫生健康委员会决定调整精神药品目录。现公告如下：

一、将右美沙芬、含地芬诺酯复方制剂、纳呋拉啡、氯卡色林列入第二类精神药品目录。

二、将咪达唑仑原料药和注射剂由第二类精神药品调整为第一类精神药品，其它咪达唑仑单方制剂仍为第二类精神药品。

本公告自 2024 年 7 月 1 日起施行。

2. 医疗用毒性药品

《医疗用毒性药品管理办法》规定，药品经营企业必须取得医疗用毒性药品的经营资格后，按规定销售给具有相应资质的购货单位。科研和教学单位所需的医疗用毒性药品必须凭药品监督管理部门批准的相关证明文件方可供应。

3. 放射性药品

《放射性药品管理办法》规定，放射性药品的经营单位和医疗单位凭省、自治区、直辖市药品监督管理部门发给的《放射性药品经营企业许可证》《放射性药品使用许可证》，开展放射性药品的购销活动。

4. 药品类易制毒化学品

药品类易制毒化学品一般包括原料药及其单方制剂。《药品类易制毒化学品管理办法》规定，药品类易制毒化学品单方制剂和小包装麻黄素，纳入麻醉药品销售渠道经营，仅能由麻醉药品全国性批发企业和区域性批发企业经销，不得零售；未实行药品批准文号管理的品种，纳入药品类易制毒化学品原料药渠道经营。

药品类易制毒化学品经营企业销售药品类易制毒化学品时，应当核查采购人员身份证明和《药品类易制毒化学品购用证明》（以下简称《购用证明》），确认无误后方可销售，并保存核查记录。《购用证明》有效期为 3 个月。《购用证明》只能在有效期内一次使用，不得转借、转让，且必须使用原件。有以下情形之一的，豁免办理《购用证明》：

（1）医疗机构凭麻醉药品、第一类精神药品购用印鉴卡购买药品类易制毒化学品单方制剂和小包装麻黄素的。

（2）麻醉药品全国性批发企业、区域性批发企业持麻醉药品调拨单购买小包装麻黄素以及单次购买麻黄素片剂 6 万片以下、注射剂1.5 万支以下的。

（3）按规定购买药品类易制毒化学品标准品、对照品的。

（4）药品类易制毒化学品生产企业凭药品类易制毒化学品出口许可自营出口药品类易制毒化学品的。

药品类易制毒化学品禁止使用现金或者实物进行交易。药品类易制毒化学品经营企业之间不得购销药品类易制毒化学品原料药；麻醉药品区域性批发企业之间不得购销药品类易制毒化学品单方制剂和小包装麻黄素。

（三）国家有专门管理要求药品的销售

1. 蛋白同化制剂和肽类激素

《反兴奋剂条例》规定，取得《药品经营许可证》且具备经营条件的药品批发企业，经省、自治区、直辖市人民政府药品监督管理部门批准，方可经营蛋白同化制剂、肽类激素，且只能向医疗机构、蛋白同化制剂、肽类激素的生产企业和其他同类批发企业销售蛋白同化制剂、肽类激素。

2. 含特殊药品复方制剂

含特殊药品复方制剂包括含麻黄碱类复方制剂、复方甘草片等。药品批发企业销售含特殊药品复方制剂时，如发现购买方资质可疑的，则应立即报请所在地设区的市级药品监管部门协助核实；如发现采购人员身份可疑的，则应立即报请所在地县级以上（含县级）公安机关协助核实。药品批发企业禁止使用现金进行含特殊药品复方制剂交易。

3. 终止妊娠药品

根据《禁止非医学需要的胎儿性别鉴定和选择性别人工终止妊娠的规定》，药品批发企业仅能将终止妊娠药品销售给药品批发企业或者获准施行终止妊娠手术的医疗卫生机构。药品批发企业销售终止妊娠药品时，应当按照药品追溯有关规定，严格查验购货方资质，做好销售记录。

三、药品零售企业销售管理

（一）一般药品的销售

1. 挂牌执业

药品零售企业应在营业场所显著位置悬挂《药品经营许可证》、营业执照、执业药师注册证等。营业员应当佩戴有照片、姓名、岗位等内容的工作牌，执业药师和药学技术人员的工作牌还应当标明执业资格或者药学专业技术职称。药品零售企业在营业时间内，当依法经过资格认定的药师或者其他药学技术人员不在岗时，应当挂牌告知。

从事药品网络销售的药品零售企业应向药品监督管理部门报告企业名称、网站名称、应用程序名称、IP 地址、域名、药品经营许可证等信息，并在网站首页或经营活动主页面显著位置，持续公示其许可证信息，同时展示依法配备的药师或其他药学技术人员的资格认定等信息。上述信息发生变化的，应当在 10 个工作日内予以更新。

2. 分类管理

按照药品品种、规格、适应症、剂量及给药途径的不同，对药品按处方药与非处方药进行分类管理。处方药必须凭执业医师或执业助理医师处方才可调配、购买和使用，处方药不得开架销售，且只准在专业性医药报刊进行广告宣传。非处方药不需凭执业医师或执业助理医师处方即可自行判断、购买和使用，经审批可以在大众传播媒介进行广告宣传。药品零售企业不得以买药品赠药品或者买商品赠药品等方式向公众赠送处方药、甲类非处方药。

药品网络零售企业应当将处方药与非处方药进行区分展示，并在相关网页上显著标示处方药、非处方药；每个处方药展示页面下均应突出显示“处方药须凭处方在药师指导下购买和使用”等风险警示信息；销售主页面、首页面不得直接公开展示处方药包装、标签等信息；通过处方审核前，不得展示说明书等信息，不得提供处方药购买的相关服务；处方药销售前，应当向消费者充分告知相关风险警示信息，并经消费者确认知情。

3.提供药学服务

药品零售企业应当配备依法经过资格认定的执业药师或其他药学技术人员，向顾客提供用药咨询、处方审核、调配、核对、用药指导、不良反应收集与报告、跟踪随访等药学服务。药品网络零售企业还应当建立在线药学服务制度，并开展在线药学服务。

（1）用药咨询。执业药师或其他药学技术人员应当为顾客提供用药咨询服务，并根据实际情况告知顾客以下事项。

①仔细阅读药品说明书。

②处方药必须严格按照医嘱服用。

③服药期间饮食注意事项。

④出现药品不良反应或者身体不适时，应当立即停止用药，保留剩余药品及相关票据资料，向企业或药品监督管理部门反映，并及时就医就诊。

⑤按照药品说明书载明的有效期和贮藏要求保存药品，近效期药品应在有效期内使用。

⑥其他需要告知顾客的事项。

（2）处方审核。执业药师应当对处方进行审核，审核内容主要包括：

①规定必须做皮试的药品，处方医师是否注明过敏试验及结果的判定。

②处方用药与临床诊断的相符性。

③剂量、用法的正确性。

④选用剂型与给药途径的合理性。

⑤是否有重复给药现象。

⑥是否有潜在临床意义的药物相互作用和配伍禁忌。

⑦其他用药不适宜的情况。

同时，执业药师还应审核处方来源是否真实可靠，处方单据是否重复使用、处方信息是否实名等。药品网络零售企业应当与电子处方提供单位签订协议，并严格按照有关规定进行处方审核调配，对已经使用的电子处方进行标记，避免处方重复使用；若接收的处方为纸质处方影印版本，也应采取有效措施避免处方重复使用。

执业药师不得擅自更改或代用处方中所列药品，认为存在用药不适宜的情况时，应当经处方医师更正或者重新签字确认后，方可调配。对于不规范处方或者不能判定其合法性的处方，不得调剂。药品零售企业处方保留不少于五年。

（3）药品调配。执业药师调配处方时应做到“四查十对”：查处方，对科别、姓名、年龄；查药品，对药名、剂型、规格、数量；查配伍禁忌，对药品性状、用法用量；查用药合理性，对临床诊断。执业药师在完成处方审核、调剂后，应当在处方上签名或者加盖专用签章。调配处方后，经过核对，方可销售。

（4）用药指导。执业药师或其他药学技术人员应向顾客提供用药指导，具体包括正确的服药方法、服药的适宜时间、用药注意事项、潜在的不良反应等，也包括向患者普及基本的用药知识和健康知识，提高其自我保健意识和健康素养，使顾客获得安全的用药保障。

（5）不良反应信息收集与报告。执业药师或其他药学技术人员应注意收集、分析和报告患者用药后的不良反应等信息，确保信息及时、真实、准确、完整，为药物安全性监测和评价提供数据支持，维护公众用药安全。

（6）跟踪随访。执业药师或其他药学技术人员应加强对患者的跟踪随访工作，包括了解患者的用药情况，评估药物治疗效果，预防潜在的药物问题，提高患者用药的依从性。

4. 开具销售凭证

药品零售企业在销售药品时，应当开具标明药品通用名称、上市许可持有人、生产企业、批号、剂型、规格、数量、价格、销售日期、销售企业名称等内容的销售凭证。销售凭证应当由计算机系统自动生成，可以电子形式出具。

5. 生成销售记录

计算机系统根据销售凭证，自动生成销售记录。销售处方药的药品网络零售企业还应当保存处方、在线药学服务等记录。相关记录保存不少于五年，且不少于药品有效期满后一年。

（二）中药饮片的销售

执业中药师负责中药饮片处方的审核、调配工作，重点审核处方药物相反、相畏、禁忌、剂量等内容；使用经检定合格的戥称进行称量，对一方多剂的调配要逐剂进行复戥，并开药物应分别称量，做到调配正确、计量准确；处方中有需特殊处理的药品如先煎、后下、包煎、冲服、烊化、另煎等，应单包并注明用法；处方中有矿物类、动物贝壳类、果实种子类等质地坚硬的药品，需要用铜冲临时捣碎；使用洁净、卫生的包装，并告知顾客煎服方法及注意事项；提供中药饮片代煎服务的，应当符合药品监管相关规定要求。中药饮片的销售凭证上还需标明产地。

（三）特殊管理药品及国家有专门管理要求药品的销售

1. 禁售药品

药品零售企业禁止销售的药品包括麻醉药品（罂粟壳中药饮片除外）、第一类精神药品、放射性药品、药品类易制毒化学品、蛋白同

药品网络销售禁止清单（第一版）

化制剂、肽类激素（胰岛素除外）、终止妊娠药品、疫苗、中药配方颗粒、医疗机构制剂、A型肉毒素，以及我国法律法规规定的其他禁止零售的药品。

2. 限售药品

医疗用毒性药品、第二类精神药品、蛋白同化制剂和肽类激素以外的按兴奋剂管理的药品、含麻醉药品的复方制剂等，按照处方药进行销售。禁止超剂量或者无处方销售第二类精神药品，不得向未成年人销售第二类精神药品。

药品零售企业不得开架销售含麻黄碱类复方制剂，应当设置专柜由专人管理、专册登记。单位剂量麻黄碱类药物含量大于30mg（不含30mg）的含麻黄碱类复方制剂，列入必须凭处方销售的处方药管理；除处方药按处方剂量销售外，一次销售不得超过2个最小包装；药品零售企业发现超过正常医疗需求，大量、多次购买含麻黄碱类复方制剂的，应立即向当地药品监管部门和公安机关报告。

（四）拆零药品的销售

药品拆零销售应当符合以下要求：

（1）拆零人员培训。药品零售企业应对负责拆零销售的人员进行专门培训，培训内容包括药品相关法律法规、药品拆零相关管理制度及操作规程等。

（2）配备拆零专用工作台或区域。药品拆零工具应保持清洁、卫生。对不同品种拆零时，应对拆零场所、工具进行清洁，防止交叉污染。

（3）做好药品拆零销售记录。拆零销售记录内容应包括拆零起始日期、药品的通用名称、规格、批号、数量、有效期、上市许可持有人、生产企业、销售日期、分拆及复核人员等。

（4）具备药品拆零销售专用包装。拆零销售专用包装应洁净、卫生，不得污染拆零药品。拆零销售专用包装上应注明药品名称、规格、数量、用法、用量、批号、有效期以及药店名称等内容。

（5）提供药品说明书。拆零销售药品时，应向顾客提供药品说明书原件或复印件。拆零销售期间，应保留拆零药品的原包装和说明书。

?思考讨论

《药品网络销售监督管理办法》自2022年12月1日起正式施行。该办法明确了“线上线下一致”的总体要求，同时又突出了药品网络销售管理的特色。

请思考，药品经营企业线上线下销售管理的异同点。

四、药品上市许可持有人委托销售管理

药品上市许可持有人委托销售药品的，接受委托的药品经营企业应当具有相应的经营范围，并与药品上市许可持有人签订委托协议，明确约定药品质量责任等内容，接受委托方对销售行为的监督。受托方不得再次委托销售。同时，药品上市许可

可持有人委托销售的，应当向其所在地省级药品监督管理部门报告；跨省、自治区、直辖市委托销售的，应当同时报告药品经营企业所在地省级药品监督管理部门。

五、药品网络交易第三方平台管理

提供药品网络交易平台服务的，应当遵守药品法律、法规、规章、标准和规范，依法诚信经营，保障药品质量安全。

1. 建立药品质量安全管理机构

药品网络交易第三方平台（以下简称“第三方平台”）应当建立药品质量安全管理机构，配备药学技术人员承担药品质量安全管理工作，建立并实施药品质量安全、药品信息展示、处方审核、不良反应报告、投诉举报处理等管理制度。

2. 检查管理入驻企业经营行为

第三方平台应当对申请入驻的药品网络销售企业资质、质量安全保证能力等进行审核，确保符合法定要求。同时，平台应当加强检查，对入驻平台的药品网络销售企业的药品信息展示、处方审核、药品销售和配送等行为进行管理，督促其严格履行法定义务。若发现入驻的药品网络销售企业有违法行为的，应当及时制止，并立即向所在地县级药品监督管理部门报告。

第三方平台发现下列严重违法行为的，应当立即停止提供网络交易平台服务，并停止展示药品相关信息：①不具备资质销售药品的；②违反规定销售国家实行特殊管理的药品的；③超过药品经营许可范围销售药品的；④因违法行为被药品监督管理部门责令停止销售、吊销药品批准证明文件或者吊销药品经营许可证的；⑤存在其他严重违法行为的。此外，药品注册证书被依法撤销、注销的，也不得展示相关药品的信息。

3. 确保信息真实完整

第三方平台应当对药品网络销售企业建立登记档案，至少每六个月核验更新一次。第三方平台应当保存药品展示、交易记录与投诉举报等信息，保存期限不少于五年，且不少于药品有效期满后一年。第三方平台应确保有关资料、信息和数据的真实、完整，并为入驻的药品网络销售企业自行保存数据提供便利。

4. 签订相关协议

第三方平台应与申请入驻的药品网络销售企业签订协议，明确双方药品质量安全责任；第三方平台承接电子处方的，应当对电子处方提供单位的情况进行核实，并签订协议。

5. 开展应急处置

出现突发公共卫生事件或者其他严重威胁公众健康的紧急事件时，第三方平台、药品网络销售企业应遵守国家有关应急处置规定，依法采取相应的控制和处置措施。药品上市许可持有人依法召回药品的，第三方平台、药品网络销售企业应当积极予以配合。

6. 配合监管部门

第三方平台应配合药品监督管理部门开展监督检查、案件查办、事件处置等工作。当药品监督管理部门发现药品网络销售企业存在违法行为，依法要求第三方平台采取措施制止的，第三方平台应及时履行相关义务；当药品监督管理部门依照法律、行政法规要求提供有关平台内销售者、销售记录、药学服务以及追溯等信息时，第三方平台应及时予以提供。鼓励第三方平台与药品监督管理部门建立开放数据接口等形式的自动化信息报送机制。

案例分析

某市市场监督管理局根据国家药品网络销售监测平台监测线索，在对某平台上的某电子商务公司进行检查时发现，该商家的《药品经营许可证》是伪造的，并通过网络销售“某创伤乳膏”“某新伤软膏”等医疗机构制剂，涉案货值金额 1.64 万元，违法所得 1.13 万元。

请分析，以上案件存在哪些违法违规行为？该如何处罚？

任务实施

详见“模块四　GSP 工作任务实施”中的“药品销售任务工单”。

 药品售后管理

动画

课件

任务导入

A 医药公司的售后工作人员小李接到客户 C 的反馈，称之前采购的一批口服液制剂出现了沉淀、浑浊现象。客户 C 要求退货或换货。

讨论：

1. 小李应如何处理客户 C 的投诉？
2. 小李应如何开展药品退换货操作？

任务分析

药品售后管理是指药品经营企业对已售出药品可能出现的问题进行管理和处理的过程，包括接待客户质量查询、处理质量投诉，管理销后退回药品、执行药品追回、配合药品召回、监测和报告药品不良反应等。良好的药品售后管理能够维护企业声誉、促进企业持续改进、增强客户满意度和忠诚度、保障公众用药安全。药品经营企业需要建立完善的药品售后管理制度和流程，加强内部培训和监

督检查，确保售后管理工作得以有效执行。

一、接待客户质量查询

接待客户质量查询是指对客户在购买和使用药品过程中，针对可能存在的药品质量问题进行信息检索、质量确认等过程。具体要求包括以下几点。

（1）热情接待。药品经营企业应以热情、专业的态度接待客户，耐心倾听客户提出的问题或其他相关诉求。

（2）记录问题。填写“药品质量查询记录表”，详细记录客户提出的质量问题，包括相关药品的通用名称、剂型、规格、批号、上市许可持有人、生产企业等信息，客户单位或姓名、年龄、性别等基本信息，以及客户的意见或建议等，以便后续开展调查和分析。

（3）确认问题。应对客户反馈的问题进行确认，包括与客户的沟通、查看药品包装和使用说明书等，以确保对问题的理解准确无误。

（4）处理问题。应根据问题的具体情况进行处理。如果是药品质量问题，则需要报告质量管理部门进行确认，必要时可送药品检验机构进行质量确认；如果是药品使用问题，则需要为客户提供正确的使用方法和建议。

（5）反馈与改进。定期将客户的反馈和建议进行汇总和分析，向相关部门反馈并提出改进意见，以不断提高药品质量和服务水平。

（6）跟踪回访。为确保客户的问题得到妥善解决，需要对客户进行跟踪回访，了解问题解决情况并收集客户的反馈意见。

二、处理质量投诉

（一）投诉处理流程

药品经营企业应当建立药品质量投诉管理制度和质量投诉操作规程，配备专（兼）职人员负责售后投诉工作，深入开展调查和分析，查明原因，并制定纠正和预防措施，填写“客户投诉记录表”，必要时可联合供货单位及药品上市许可持有人、药品生产企业协同处理。药品经营企业应当建立客户投诉档案，便于查询和跟踪。

（二）投诉分类及其处置原则

药品质量投诉一般包括药品质量投诉和服务质量投诉两个方面。若客户因药品质量问题受到损害而投诉，向药品经营企业请求赔偿损失的，药品经营企业应按照首负责任制先行赔付；先行赔付后，可以依法追偿。药品经营企业应积极调查和处理客户投诉问题，优化企业售后服务体系、加强销售人员培训等，不断提高服务质量水平，满足客户需求。

三、管理销后退回药品

销后退回药品由于经过流通环节的周转，其质量往往脱离了药品经营企业质

量管理体系的监控，在外部储存、运输过程中存在巨大的质量风险。因此，药品经营企业应当加强对销后退回药品的管理，保证销后退回环节药品的质量和安全，防止混入假冒药品。

（一）建立销后退回药品管理制度

药品经营企业应建立完善的销后退回药品管理制度及其操作规程，明确销后退回的原因、范围、程序、处理方式等，确保销后退回管理工作有章可循。

（二）严格控制销后退回标准

药品经营企业应制定销后退回标准，并严格按照标准进行退货处理，对于不符合销后退回标准的药品，应拒绝退货。对于药品零售企业而言，已售出的药品，除药品质量原因外，一经售出，不得退换；药品零售企业同意退换的，退回药品不得再次销售，避免出现用药安全隐患。

（三）规范销后退回程序

药品经营企业应建立规范的销后退回药品操作规程，包括退货申请、审批、收货、验收、处理等环节。各环节应明确责任人、操作流程、时间要求等，确保程序顺畅。

（四）加强药品质量检查

销后退回药品加倍抽样检查。对于质量不合格的销后退回药品，应根据相应处理程序进行处置，如实施召回、销毁处理等，防止再次流入市场。

（五）做好记录管理

药品经营企业应对销后退回管理过程进行记录，包括销后退回申请表、销后退回凭证或销后退回通知单、收货记录、验收记录等。记录应真实、完整、可追溯，以便对销后退回管理工作进行总结和改进。

（六）检查和评估

药品经营企业应定期对销后退回药品工作进行检查和评估，查找存在的问题和不足之处，及时采取措施予以改进。

四、执行药品追回

药品追回是指药品经营企业通过各种信息渠道发现已售出的药品因存在严重质量问题而主动向客户追回该药品的行为。信息渠道包括监管部门公告、药品质量公告、客户投诉举报以及药品经营企业库存药品质量检查中反映的问题药品信息等。

药品经营企业应当建立药品追回管理制度及操作规程，在发现药品有严重质量问题时，应立即通知购货单位停售，及时采取有效措施追回已售出的药品并做好记录，并向药品监督管理部门报告。药品经营企业应查明造成药品严重质量问题的原因，若问题源于供货企业或生产企业，应及时告知其相关信息，配合供货企业、药品上市许可持有人、药品生产企业和药品监管部门进行问题药品的追溯和控制工作，防止问题药品继续在市场上扩散；若是本企业的质量管理问题，则应及时分清责任，并采取有效措施避免同样问题再次发生。

五、配合药品召回

（一）药品召回的内涵

药品召回是指药品上市许可持有人按照规定的程序收回已上市的存在质量问题或者其他安全隐患的药品，并采取相应措施，及时控制风险、消除隐患的活动。质量问题或者其他安全隐患，是指由于研制、生产、储运、标识等原因导致药品不符合法定要求，或者其他可能使药品具有的危及人体健康和生命安全的不合理危险。根据药品质量问题或者其他安全隐患的严重程度，药品召回可以分为以下三种。

一级召回：使用该药品可能或已经引起严重健康危害的。

二级召回：使用该药品可能或已经引起暂时或可逆的健康危害的。

三级召回：使用该药品一般不会引起健康危害，但由于其他原因需要收回的。

知识拓展

主动召回与责令召回

根据召回活动发起的主体不同，药品召回可以分为主动召回和责令召回两种。

1.主动召回

主动召回是指药品上市许可持有人经调查评估后，确定药品存在质量问题或者其他安全隐患的，在没有官方强制的前提下，主动决定并实施召回的一种形式。药品上市许可持有人作出药品召回决定的，一级召回在1日内，二级召回在3日内，三级召回在7日内，应当发出召回通知，通知到药品生产企业、药品经营企业、药品使用单位等。

2.责令召回

责令召回是指省、自治区、直辖市人民政府药品监督管理部门经调查评估，认为药品上市许可持有人应主动召回药品而未召回的，或者召回药品不彻底的，责成药品上市许可持有人召回药品的一种形式。药品监督管理部门责令召回药品的，应按照相关规定向社会公布责令召回药品信息，要求药品上市许可持有人、药品生产企业、药品经营企业和药品使用单位停止生产、放行、销售、使用。

（二）药品召回的要求

药品经营企业应当积极协助上市许可持有人对可能存在质量问题或者其他安

全隐患的药品进行调查、评估，主动配合上市许可持有人履行召回义务，按照召回计划及时传达、反馈药品召回信息，控制和收回存在质量问题或者其他安全隐患的药品。药品经营企业发现其销售的药品可能存在质量问题或者其他安全隐患的，应当及时通知上市许可持有人，必要时应当暂停销售，并向所在地省、自治区、直辖市人民政府药品监督管理部门报告，通知和报告的信息应当真实。药品经营企业应当按规定建立并实施药品追溯制度，保存完整的购销记录，保证上市药品可溯源。药品经营企业具体要求包括：

（1）建立药品召回管理制度及操作规程。

（2）在收到药品上市许可持有人或药品监督管理部门发出的药品召回通知后，药品经营企业应积极配合，质量管理部门立即制定召回通知书，写明药品名称、规格、批号、召回分级等，并简要说明可能存在的安全隐患，要求客户立即停止销售或使用，并在一定时间内退回经营企业。

（3）销售部门根据药品销售记录，将召回通知书发往各客户，并做好分发记录，对不能在召回时限内送达通知书的客户，应采用即时通知的方式。

（4）按照药品上市许可持有人的召回计划，采取相应措施。需退回供货单位或药品生产企业的，应按照采购退出流程进行操作和记录；若需报损销毁的，应按照不合格药品处理流程进行操作和记录。

（5）建立药品召回处理记录和档案，包括召回通知书、召回药品的进销存记录、召回药品的收货验收记录、召回药品入库后的处理方式和处理结果记录等。

?思考讨论

药品召回和药品追回都是药品相关企业按照规定程序收回存在质量问题药品的过程，目的是保障患者的用药安全，防止有问题的药品流入市场造成危害。

请思考，药品召回和药品追回两者有什么异同点?

六、报告和监测药品不良反应

（一）药品不良反应的内涵

药品不良反应是指合格药品在正常用法用量下出现的与用药目的无关的有害反应。药品不良反应报告和监测是指药品不良反应的发现、报告、评价和控制的过程。

（二）药品不良反应报告的要求

药品经营企业应按照规定收集并报告药品不良反应。药品经营企业质量管理部门应配备专（兼）职人员，承担本企业的药品不良反应报告和监测工作。从事药品不良反应报告和监测的人员应具有医学、药学、流行病学或者统计学等相关专业知识，具备科学分析评价药品不良反应的能力。药品经营企业具体要求如下。

1. 建立药品不良反应管理制度

药品经营企业应建立健全药品不良反应报告和监测管理制度及操作规程，确保及时发现、报告和处理药品不良反应/事件。

2. 报告个例药品不良反应/事件

药品经营企业应积极收集、报告、调查、评价和处理客户反馈的药品不良反应/事件信息，并通过国家药品不良反应监测系统，在线填报“药品不良反应/事件报告表”。

3. 报告药品群体不良事件

药品群体不良事件是指同一药品在使用过程中，在相对集中的时间、区域内，对一定数量人群的身体健康或者生命安全造成损害或者威胁，需要予以紧急处置的事件。药品经营企业获知或者发现药品群体不良事件后，应立即通过电话或者传真等方式报告所在地的县级药品监督管理部门、卫生行政部门和药品不良反应监测机构，必要时可以越级报告；同时在线填报“药品群体不良事件基本信息表”，对每一病例还应当及时填写“药品不良反应/事件报告表”；立即告知药品上市许可持有人，同时迅速开展自查，必要时应当暂停药品的销售，并协助药品上市许可持有人采取相关控制措施。

4. 配合药品不良反应/事件调查

药品经营企业应配合药品监督管理部门、卫生行政部门和药品不良反应监测机构对药品不良反应或者群体不良事件的调查、核实和处理，并提供调查所需的资料和相关信息。

5. 分析评价不良反应信息

药品经营企业应对收集到的药品不良反应报告和监测资料进行分析和评价，并采取有效措施减少和防止药品不良反应的重复发生。同时，应加强药品安全培训，提高全体员工对药品不良反应进行监测和报告的意识，掌握相关知识和技能，保障公众健康和安全。

任务实施

详见“模块四　GSP 工作任务实施”中的“药品售后管理任务工单”。

岗课赛证

本项目对应的岗位包括药品销售员、药店营业员、执业药师及其他药学技术人员等。本项目内容与药学、药品经营、药品购销等技能大赛对接，与执业药师资格证书、“1+X”药品购销职业技能等级证书等对接。上述岗位、比赛和证书均需学生掌握GSP药品销售与售后管理相关要求，能够独立或协作完成药品销售、售后管理等工作，并牢固树立廉洁意识、质量意识和服务意识。

项目评价

药品销售与售后项目评分见表2–16。

表2-16 药品销售与售后项目评分

<table>
<tr><td rowspan="2">基本信息</td><td>姓名</td><td></td><td>学号</td><td></td><td>班级</td><td></td><td>组别</td><td></td></tr>
<tr><td>考核日期</td><td colspan="3"></td><td colspan="2">总评成绩</td><td colspan="2"></td></tr>
<tr><td rowspan="19">考核内容</td><td rowspan="2">任务</td><td colspan="3" rowspan="2">步骤</td><td colspan="2">完成情况</td><td rowspan="2">标准分</td><td rowspan="2">评分</td></tr>
<tr><td>完成</td><td>未完成</td></tr>
<tr><td rowspan="8">药品销售</td><td rowspan="4">药品批发企业销售管理</td><td colspan="2">审核购货单位合法性</td><td></td><td></td><td>5</td><td></td></tr>
<tr><td colspan="2">开展销售活动</td><td></td><td></td><td>10</td><td></td></tr>
<tr><td colspan="2">开票和记录</td><td></td><td></td><td>5</td><td></td></tr>
<tr><td colspan="2">配送和结算</td><td></td><td></td><td>5</td><td></td></tr>
<tr><td rowspan="4">药品零售企业销售管理</td><td colspan="2">挂牌执业及分类管理</td><td></td><td></td><td>5</td><td></td></tr>
<tr><td colspan="2">提供药学服务</td><td></td><td></td><td>10</td><td></td></tr>
<tr><td colspan="2">开票和记录</td><td></td><td></td><td>5</td><td></td></tr>
<tr><td colspan="2">配送药品</td><td></td><td></td><td>5</td><td></td></tr>
<tr><td rowspan="6">药品售后管理</td><td colspan="3">接待客户质量查询</td><td></td><td></td><td>5</td><td></td></tr>
<tr><td colspan="3">处理客户质量投诉</td><td></td><td></td><td>5</td><td></td></tr>
<tr><td colspan="3">管理销后退回药品</td><td></td><td></td><td>5</td><td></td></tr>
<tr><td colspan="3">执行药品追回</td><td></td><td></td><td>5</td><td></td></tr>
<tr><td colspan="3">配合药品召回</td><td></td><td></td><td>5</td><td></td></tr>
<tr><td colspan="3">报告和监测药品不良反应</td><td></td><td></td><td>5</td><td></td></tr>
<tr><td colspan="6">合规操作</td><td>10</td><td></td></tr>
<tr><td colspan="6">严谨细致</td><td>5</td><td></td></tr>
<tr><td colspan="6">团队协作</td><td>5</td><td></td></tr>
<tr><td>组员互评</td><td colspan="8"></td></tr>
<tr><td>教师评价</td><td colspan="8"></td></tr>
</table>

项目拓展

参考答案

理论知识回顾

一、单项选择题

1. 以下哪项不需要在药品零售企业营业场所的显著位置悬挂（　　）。

A.《药品经营许可证》　　B.《药品经营质量管理认证证书》

C. 营业执照　　D. 执业药师注册证

2. 使用药品可能或已经引起严重健康危害的是（　　）级召回。

A. 一　　B. 二　　C. 三　　D. 四

3. 从事处方药销售的药品网络零售企业，应在每个药品展示页面下突出显示的风险警示信息应该是（　　）。
   A. 处方药必须凭医师处方销售、购买和使用
   B. 处方药须凭处方在药师指导下购买和使用
   C. 本广告仅供医学药学专业人士阅读
   D. 请按药品说明书或者在药师指导下购买和使用

二、多项选择题

1. 药品批发企业的客户类型包括（　　）。
   A. 药品上市许可持有人　B. 药品生产企业　C. 药品经营企业
   D. 医疗机构　E. 科研院所
2. 药品售后管理包括（　　）。
   A. 接待客户质量查询　B. 处理客户质量投诉　C. 管理销后退回药品
   D. 执行药品追回　E. 配合药品召回　F. 监测和报告药品不良反应

三、简答题

1. 药品批发企业针对不同的客户类型，应索取哪些购货单位合法性资料？
2. 药品零售药店禁止销售的药品有哪些？

实践能力提升

实践应用：分组开展药品销售或售后管理模拟活动，对药品销售或售后管理模拟活动中存在的问题进行分析。

市场调研：实地参观一家药品经营企业，调研销售及相关人员的工作职责、应具备的知识、能力和素质要求。

Module 3

模块三

药品风险管理与检查

模块导航

药品风险管理与检查是确保药品质量、保障公众用药安全的重要措施和手段。党的二十大报告明确指出，“人民健康是民族昌盛和国家强盛的重要标志”，而药品作为健康保障的重要基石，其风险管理和检查工作的重要性不言而喻。

本模块通过设置药品质量风险管理、内审与检查两个项目，旨在深入剖析药品在经营各环节可能存在的风险点，探索有效的风险管理策略和方法；同时，通过内审与检查，及时发现和纠正企业质量管理上的漏洞和不足，确保药品质量符合相关标准和要求。通过本模块的学习，有助于药品行业从业者全面掌握药品风险管理与检查的理论知识和实践技能，为药品行业的健康发展提供有力保障。

项目一　药品质量风险管理

学习目标

知识目标

1. 掌握质量可疑药品控制与处理流程、不合格药品处理、不合格药品销毁要求、质量风险控制等内容。

2. 熟悉质量可疑药品的来源、不合格药品的界定、质量风险管理的基本程序、常用质量风险管理的工具。

3. 了解质量风险管理的概念。

能力目标

1. 能识别药品经营各环节中的质量可疑药品。

2. 能正确处理质量可疑药品和不合格药品。

3. 能使用常用的质量风险管理工具对药品经营各环节中的质量管理风险进行识别、评估和控制。

素质目标

1. 具备强烈的社会责任感和使命感，坚持为人民提供质量安全和可靠的药品。

2. 树立合规意识、质量第一意识、风险防范意识、团队协作意识。

动画

课件

任务一　质量可疑药品的控制

任务导入

某医药公司的验收员在对某批药品进行验收时发现，该批药品的检验报告书中没有加盖供货单位Y药品批发企业的质量管理部门专用章。该公司养护员A在开展日常养护过程中发现3个包装盒受挤压的药品和5个包装盒破损的药品。

讨论：

1. 采购到货药品存在质量可疑问题时，该如何操作?

2. 在养护过程中发现质量可疑药品时，该如何操作?

3. 不合格药品的确定和处理措施有哪些?

任务分析

药品经营企业应确保其经营过程中的药品质量，保证药品来源合法、储存运输得当，并销售给合法的客户。针对经营各环节出现的质量可疑药品，各相关岗位人员应按规定进行审核查验，严格控制不合格药品流入市场，确保患者用药安全。

一、质量可疑药品的界定

质量可疑药品是指在药品经营各环节发现可能存在质量问题，但还未经质量管理部门确认的药品。经质量管理部门确认存在质量问题的药品，界定为不合格药品，企业相关部门应按规定对不合格药品进行处理。

二、质量可疑药品的来源

质量可疑药品来源于药品经营的各个环节，主要包含以下几个方面。

（1）收货与验收环节。药品在收货、验收过程中可能存在药品包装、标签、说明书等内容不符合规定的情况；药品相关合格证明文件不全或内容与到货药品不符的情况，如缺少药品出厂检验报告书、随货同行单（票）与药品实物不符等；包装封条损坏，最小包装的封口不严，有破损、污染或渗液等，包装及标签印字不清晰，标签粘贴不牢固的情况；还可能存在药品外观性状不符合要求等情况。

（2）储存与养护环节。药品在储存与养护过程中可能存在药品包装受损，或因药品内包装破损而导致液体、气体、粉末泄漏等情况。

（3）出库与运输环节。药品在出库与运输过程中可能存在因搬运、运输而导致的药品受碰撞、挤压等情况。

（4）销后退回环节。销后退回药品因已脱离本企业质量管理体系，故可能使药品在客户单位储存或运输期间造成质量缺陷，如外观质量问题、包装破损、受污染、变质、失效等，甚至出现假药，冷链药品还可能存在脱冷链的情况。

三、质量可疑药品的确认和控制

（一）收货与验收环节

对于采购到货的质量可疑药品，应先对药品进行物理隔离或悬挂标识牌，验收员填写“药品质量复查通知单”，并报告质量管理部门进行复查。若质量管理部门确认为合格药品的，则应封箱复原药品，按流程办理入库手续；若质量管理部门确认为不合格药品的，则应填写“药品拒收报告单”。

（二）储存与养护环节

在储存与养护环节发现质量可疑药品，养护员应对质量可疑药品做好物理隔离或悬挂标识牌，并在计算机系统中锁定该批药品，限制其销售和出库，同时报告质量管理部门，待质量管理部门确认药品质量。若确认为合格药品，养护员在

计算机系统中解锁该批药品，恢复销售和出库；若确认为不合格药品，则应按照企业制定的不合格药品处理流程进行操作。

（三）出库运输环节

1. 出库环节

在出库环节发现质量可疑药品，保管员应对该药品做好物理隔离或悬挂标识牌，并在计算机系统中锁定该批药品，限制其出库，同时报告质量管理部门，待质量管理部门确认药品质量。若确认为合格药品，继续销售出库；若确认为不合格药品，应按照企业制定的不合格药品处理流程进行操作。

2. 运输环节

在运输环节发现质量可疑药品，驾驶员应及时报告本企业质量管理部门。若经本企业质量管理部门确认为合格药品的，则继续销售；若确认为不合格药品的，则该批药品可原车返回本企业仓库，并根据不合格药品处理流程进行操作。

（四）销后退回环节

对于销售退回的质量可疑药品，应先进行物理隔离或悬挂标识牌，验收员填写"药品质量复查通知单"，报告质量管理部进行复查。经质量管理部门确认为合格药品的，按流程办理入库手续，继续二次销售；经质量管理部门确认为不合格药品的，按照企业制定的不合格药品处理流程，应将药品移入不合格品库，并按要求进行统一销毁。

若发现存在假药或有质量问题的特殊管理药品，企业应及时报告药品监督管理部门处理。

质量可疑药品确认和控制流程如图 3–1 所示。

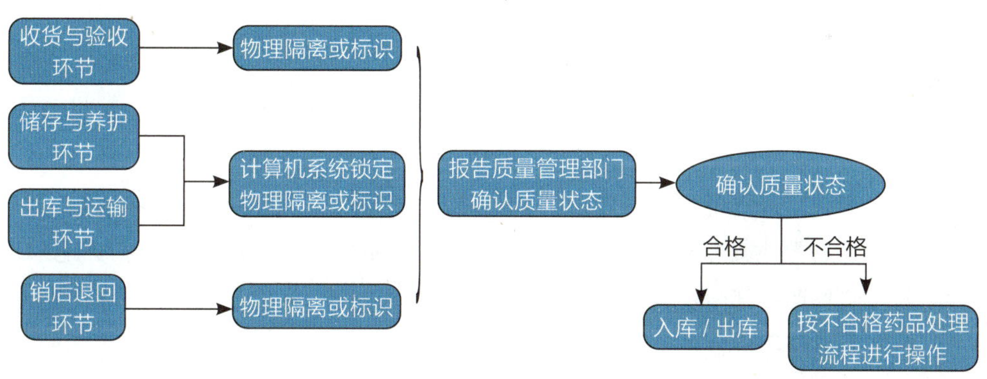

图 3–1　质量可疑药品确认和控制流程

四、不合格药品的处理

（一）不合格药品的界定

不合格药品是指药品的包装、外观质量、内在质量等不符合《药品管理法》《中华人民共和国药典》及其他法律法规规定的药品。通常包括以下几方面。

（1）国家或省、市各级药品监督管理部门发布的通知或质量公报中的不合格药品。

（2）企业在药品经营各环节发现包装不合格、外观质量不合格或内在质量不合格的药品，及超过有效期的药品。

（3）各级药品监督管理部门抽检不合格的药品。

（4）符合《药品管理法》中有关假、劣药品定义的药品。

（5）上市许可持有人、供货单位来函通知的不合格药品。

（6）其他属于不合格药品情形的药品。

素质提升

过期药品销售案

某药品监管部门执法人员对某药店进行检查时发现，该药店药品货架上有木香顺气丸、阿归养血颗粒等 8 种药品已过有效期，且药店未建立购进、销售记录，无法确定已经售出的过期药品数量、金额。

该药店行为违反了《药品管理法》第九十八条的规定，构成销售劣药的违法行为。企业负责人、质量负责人及药师等应树立合规意识和质量第一意识，严格遵守药品相关法律法规，为人民提供质量安全可靠的药品，保障人民群众用药安全。

（二）不合格药品的处置

1. 不合格药品的确认和处理

在收货与验收环节，经质量管理部门确认为不合格药品的，应按相关流程进行药品拒收。储存与养护、销售、出库与运输等环节，经质量管理部门确认为不合格药品的，应将相关不合格药品移入不合格品库，填写不合格药品台账，并在计算机系统完成移库，确保药品账货相符。不合格药品的处理过程应当有完整的手续和记录；对不合格药品应当查明并分析原因，及时采取预防措施。

各级药品监督管理部门发布的通知或质量公告中的不合格药品，或企业发现已售出药品有严重质量问题的，应按要求进行药品追回或召回，做好相关记录，并向药品监督管理部门报告。

2. 不合格药品报损

质量管理员按要求填写“不合格药品报损审批表”，经质量管理部门负责人审核和质量负责人审批后，填写“药品报损单”，储运部人员根据药品报损单在计算机系统中进行不合格药品报损登记，并经相关人员审核批准，财务部进行账面报损。

3. 不合格药品的销毁

根据企业制定的不合格药品管理制度，储运部人员在计算机系统中提交不合

格药品销毁申请，经质量负责人审批同意后，进行不合格药品销毁。

储运部门定期对不合格药品进行销毁。药品在出库销毁前，必须在质量管理部门的监督下，对账清点药品实物，防止不合格药品流失，导致安全事故等不良后果。药品销毁处理时必须充分考虑到对环境污染的潜在影响，杜绝焚烧不合格药品，应委托有资质的第三方公司进行药品销毁，并签订药品销毁委托协议。药品销毁过程应在质量管理部门的监督下执行。特殊管理药品应由当地药品监督管理部门监督销毁。不合格药品销毁记录应真实、完整、可追溯。不合格药品处置流程见图 3–2。

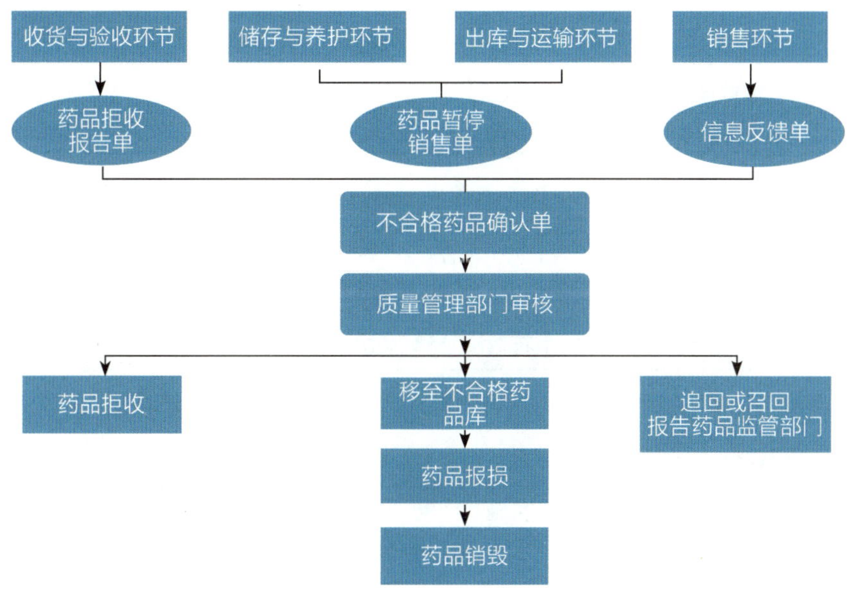

图 3–2　不合格药品处置流程

案例分析

某省药品监督管理部门在对某药品批发企业（经营范围包括中药材、中药饮片、中成药、化学药制剂、抗生素制剂、生化药品、生物制品）开展现场检查时发现，企业不合格药品处理销毁流程欠规范，具体问题如下。

1. 企业《门店不合格药品管理制度》规定："门店的不合格药品需填写"门店购进商品退货单"，及时将药品退回公司配送中心。"在实际操作中，门店未填写"门店购进商品退货单"，直接在系统中将药品移至门店不合格药品库，不合格药品实物集中移到总部不合格药品库。

2. 查企业某年的不合格药品销毁记录显示：企业将不合格药品与XX诊所的医疗废物一起交由XX公司进行销毁。但实际操作是XX诊所与XX公司仅签订了委托代处置合同，并没有药品销毁交接记录、药品销毁照片等资料。

请分析，该企业存在的问题，并提出整改意见。

知识拓展

药品销毁处理公司需要什么资质

《国家危险废弃物名录》及相关法规规定，废弃药品属于危险废弃物。药品经营企业需委托具备危险废弃物经营许可证的企业处置待销毁药品，按照规定需要办理备案危险废物转移联单。

一般的销毁公司或环保公司在不具备销毁处置资格的情况下，仍然继续销毁处理废弃药品的，属于违法行为，由生态环境主管部门责令改正，处以罚款，没收违法所得；情节严重的，报经有批准权的人民政府批准，可以责令停业或者关闭。

思考讨论

某药品批发企业养护员小马在日常养护中发现，零货区的乳酸钙左氧氟沙星氯化钠注射液（B211124，A 药业公司）和果糖注射液（3122010804，B 药业公司）各有 4 个包装已破损，小马确认这 8 盒药品已无法销售，即刻把这 8 盒药品移入不合格药品库，同时在计算机系统中也完成了移库。

请思考，养护员小马对不合格药品的处理流程是否正确？为什么？

任务实施

详见“模块四　GSP 工作任务实施”中的“质量可疑药品的控制任务工单”。

 任务二　质量风险的评估与控制

动画

课件

任务导入

为确保冷链药品质量安全可靠，某医药批发公司要对所经营的冷链药品开展质量风险评估，并制定风险控制措施。

讨论：

1. 冷链药品在储存过程中存在的质量风险有哪些？
2. 冷链药品在运输过程中存在的质量风险有哪些？
3. 如何控制冷链药品在储存运输过程中存在的质量风险？

任务分析

质量风险的评估与控制是一个系统而复杂的过程，通过这个过程，企业可以全面识别和分析潜在的质量风险，并采取相应的措施进行防控。药品经营企业质量风险的评估与控制对于确保药品质量与安全、提高经营效率、增强企业竞争力、降低经营风险以及满足法规要求等方面都具有重要意义。

一、质量风险管理的概念

《质量风险管理指南》（ICH Draft Consensus Guideline Q9 Quality Risk Management，ICH Q9）提出，质量风险是某个质量事件发生的可能性和其发生后所造成后果的严重性的组合。质量风险管理是指在产品的整个生命周期中，对风险进行评估、控制、沟通和审核的系统过程。GSP 规定，企业应当依据有关法律法规及本规范的要求，建立质量管理体系，确定质量方针，制定质量管理体系文件，开展质量策划、质量控制、质量保证、质量改进和质量风险管理等活动。企业应系统、科学地对各类质量风险进行管理，确保产品质量符合要求。

二、质量风险管理的基本流程

药品质量风险管理是指对从药品研制到上市流通直至退市的整个生命周期中的各个环节进行风险管理。风险管理流程一般可分为四个部分，包括风险评估、风险控制、风险沟通、风险审核。其中，风险沟通贯穿于风险管理的全过程。质量风险管理流程（ICH Q9）见图 3–3。

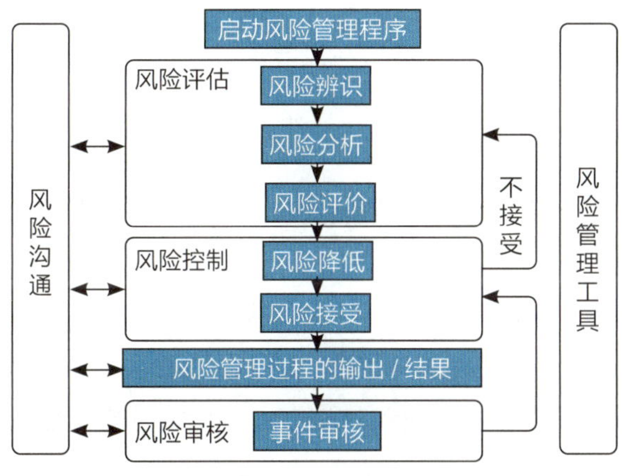

图 3–3　质量风险管理流程（ICH Q9）

（一）风险评估

风险评估是风险管理过程的第一步，每个风险元素都应经过评估并制定相应的预防措施，评估过程包括风险识别、风险分析和风险评价三个部分。企业何时开始风险评估，如何开展风险评估，图 3–4 中的决策树提供了质量风险评估的一种判断。

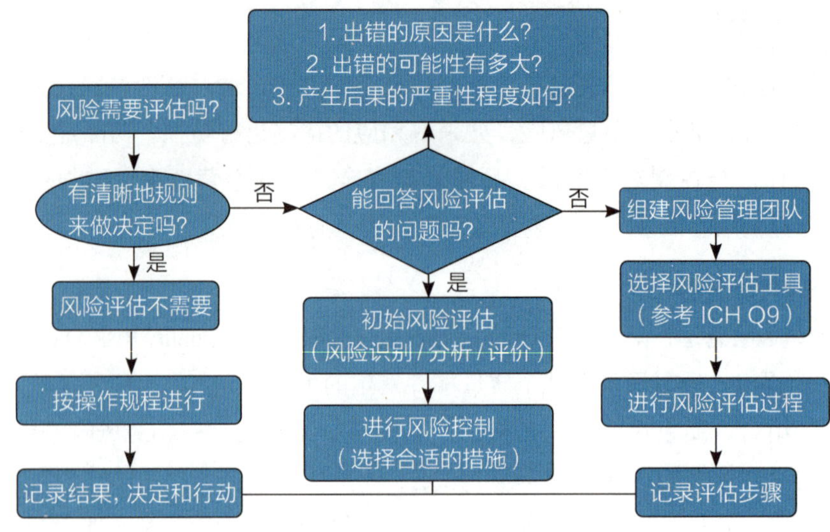

图 3-4　风险评估决策树

1. 风险识别

风险识别是进行质量风险管理的基础，也是关键性的一步。只有准确识别出风险，才能对这些风险进行分析、评估并采取措施控制。因此，识别风险应系统、全面、科学，利用历史数据、理论分析和经验等来确认药品经营过程中存在的风险。常用于风险识别的工具包括头脑风暴、流程图、因果图等。

2. 风险分析

风险分析即运用质量风险管理工具，对已被识别的风险发生的可能性、造成危害的严重性进行分析并判断，然后在风险评价中综合上述因素后确认一个风险的等级。

3. 风险评价

风险评价是将已经识别和分析的风险与企业制定的可接受标准进行比较。风险评价要综合考虑“出错的原因是什么？”“出错的可能性有多大？”“产生后果的严重性程度如何？”风险评价时对结果的判定可以是风险的定量估计，也可以是风险的定性描述。当定量表述风险时，可用数值表示，如“10、5、1”；当定性描述风险时，可用“高”“中”“低”来表述，并应尽可能详细地对其进行定义。

素质提升

违规销毁不合格药品的风险隐患

某药品监督管理部门在对某药品批发企业开展现场检查时发现，该企业的不合格药品销毁记录显示，药品销毁地点位于某小区，所附销毁现场照片显示，药品直接弃于该小区的标识有害垃圾的垃圾桶内。

该企业对不合格药品的处理不符合GSP的要求。企业质量负责人、质量管理部门负责人以及相关质量管理员应严格按照药品销毁的相关要求进行销毁。不合格药品的销毁应委托有资质的第三方公司进行处理。该企业不合格药品的销毁过程可能对环境造成影响，造成不合格药品的流失，导致安全事故等不良后果。企业质量相关人员应该秉持严格执行法律法规意识，树立药品风险管控意识，发扬认真负责、精益求精的工作作风。

（二）风险控制

风险控制是指在风险评估的基础上，将质量风险降低到可接受的水平所采取的各项决定和措施的过程。其包括风险降低和风险接受两个部分。企业可采用包括收益成本分析在内的不同方法来理解最佳的风险控制水平。风险控制可能会关注以下问题：风险是否高于可接受的水平？什么措施可以用来降低或消除风险？什么是利益、风险和资源间的合适平衡点？控制所识别风险时是否会引入新的风险？

1. 风险降低

当风险超过了可以接受的水平时，企业应采取措施降低风险，包括降低危害的严重性和可能性，或提高发现质量风险的能力。比如，加强人员培训、完善文件制度、改进设施设备等。值得注意的是，在实际药品经营过程中不可能存在零风险的情况，也就是说，风险控制后仍会存在残余风险。但此时的风险已被控制在合理水平，因此是“可接受的风险”。在采取风险降低措施后，可能需要重新回顾原有的风险评估，以识别和评价风险可能产生的变化。

2. 风险接受

风险降低的目的是使风险降低到可以接受的水平，关键在于企业要制定符合其经营范围和经营规模的风险接受水平。通常来说，“高可能性，后果严重”的风险应采取措施予以控制；而“低可能性，后果轻微”的风险可适当接受。对于“高可能性，后果轻微”和“低可能性，后果严重”这两类风险，理论上可视为中风险，这类风险是否可被接受，企业应进行充分的风险评估。

（三）风险沟通

风险沟通贯穿于风险管理的全过程，在制定风险评定标准、评估风险结果、做出风险控制和风险接受的决定时，都应进行沟通。沟通的形式是多样的，可以组织会议、小组讨论，也可以采用线上视频会议等方式。风险沟通过程应有完整的记录。

（四）风险审核

风险审核是对风险管理过程和结果进行审核。风险管理是一个持续性的质量管理程序，企业应建立健全风险审核机制，制定相关操作规程。例如，审核风险降低措施是否有效；审核是否有新的风险出现；审核是否需要采取新的风险管理措施；审核对风险降低措施是否开展了培训；审核相关批准工作进展如何等。

三、质量风险管理工具

ICH Q9 中给出的医药行业常见的风险管理工具有以下几种。

（一）失效模式与影响分析（failure mode effects analysis，FMEA）

FMEA用于评估流程的潜在失效模式及其对产品质量的影响，一旦被确认为是失效模式，应立即采取措施以降低其发生的可能性，减轻其影响，并制定预防措施。通过对复杂过程进行分析，将其分解为可操作的步骤，该工具的使用有赖于对产品和过程的理解。

运用FMEA工具可以识别药品经营各环节中存在的潜在失效模式及其影响，确定影响的严重性、发生的可能性及可检测性，并根据三者乘积判断风险水平。判断风险属于哪个风险水平需要企业制定相应的标准，如表 3–1 ～表 3–3 分别对风险的严重程度、风险发生的可能性和风险的可检测性进行分级，根据此分级，可判定三者乘积在 46 ～ 81 为高风险，16 ～ 45 为中风险，1 ～ 15 为低风险。

表 3-1　风险的严重程度评级

等级评分	严重程度描述
1	对药品质量影响不明显
3	对药品质量有轻微影响
5	对药品质量有中等影响，会导致少量批次药品不合格
7	对药品质量有严重影响，会导致较多批次药品不合格
9	对药品质量有非常严重的影响，会导致大量批次药品不合格

表 3-2　风险发生的可能性

等级评分	可能性描述
1	5 年或更长时间发生一次
3	一年发生一次
5	一季度发生一次
7	一个月发生一次
9	一个月发生 2 次及以上

表 3-3　风险的可检测性

等级评分	检测能力描述
1	日常检查就可以发现问题
2	需要仔细检查才可以发现问题
3	需要专业仪器才可检测到
4	需要受过专业培训的员工和专业仪器才可检测到

案例分析

以药品批发企业中冷链药品储存温度控制系统为例，介绍如何运用FMEA工具进行风险管理。冷链药品储存环节FMEA矩阵示例见表3-4。

表3-4　冷链药品储存环节FMEA矩阵示例

风险环节	潜在风险	严重性	可能性	可检测性	风险等级	风险指数	采取措施
人员	冷库开门时间超过规定						
设备	制冷机故障						
制度	未规定冷库温度超标后多长时间即要采取措施						

请根据表3-4的内容，计算风险指数，确定风险等级，并制定风险防控措施。

（二）危害分析和关键控制点（hazard analysis and critical control points，HACCP）

HACCP是一种具有系统性、前瞻性和预防性的风险管理工具，该工具的起源可追溯至20世纪60年代美国在载人宇宙飞船食品安全工作中的运用，为了保证宇航员的食品安全，强调需进行过程控制，而不仅仅是对最终产品的检测。20世纪90年代，我国引入HACCP理念并运用于食品加工领域，后逐步运用到药品、物流、教育等各个领域。HACCP工具运用于药品经营质量领域，可对药品经营各环节进行分析和识别，并通过制定预防措施，确定关键控制点（critical control point，CCP）；通过建立CCP监控系统，建立纠偏措施，从而控制风险。该工具的实施步骤如下：

（1）对经营过程的每个步骤实施危害分析。组建风险控制团队，包括质量管理、收货、验收、仓储、采购、销售等岗位人员，梳理药品经营全过程可能发生的危害。

（2）为每个步骤制定预防性措施。对梳理出的危害产生的原因进行分析，并针对每个经营环节的危害制定预防措施。

（3）定义关键控制点（CCP）。关键控制点是指若不控制可能会影响药品质量的因素，如药品储存、运输过程中的温度等。

（4）建立目标水平关键限度（critical limit，CL）。设定每个关键控制点的危害可接受的最低水平，是确保药品质量的安全界限，每个CCP都应该有一个或多个CL值。

（5）建立CCP监控系统。应建立包括监控什么、怎么监控、监控的频次以及由谁来监控的系统，并对每个CCP都进行监控，确保每个经营环节都在适当的监控下，可以是连续监控的状态，也可以是非连续监控的状态。

（6）建立当监测显示关键控制点不在控制状态时应该采取的纠正措施。当任一CCP在监控系统下超过控制范围或者偏离CL值时，企业应立即采取纠正措施，使CCP再次处于控制状态。

（7）定期对HACCP计划的执行情况进行验证，确保HACCP计划的有效性和持续改进。

（8）对所有规程步骤均应建立文件并保留记录。

（三）危险与可操作性分析（hazard and operability analysis，HAZOP）

HAZOP是系统且有效的工艺过程危害分析方法，其本质在于结合工艺图纸、操作规程等资料，对系统工艺进行详细分析。分析小组通常由来自不同部门和岗位的人员组成。HAZOP基于一个核心理念：风险事件往往是由于与设计意图或规范操作之间的偏差而造成的。它采用一种系统的头脑风暴技术，以辨识潜在的危险因素。该工具的实施步骤如下：

（1）辨识设计缺陷。

（2）识别危害性及操作性问题。

（3）分析每个环节或操作步骤。

（4）识别出那些具有潜在危险的偏差。

（四）预先危害分析（preliminary hazard analysis，PHA）

PHA是一种定性分析的风险评估方法，用于分析和评价系统内潜在的危险因素及其危险程度。PHA通常在某项工程活动（如设计、施工、生产、维修等）开始之前，或技术改造之后进行，目的是对整个系统中存在的各类危险因素（包括其类别和分布）、形成原因和事故可能造成的严重后果进行分析。通过早期发现系统中潜在的危险因素，确定系统的危险等级，并提出相应的防范措施。其核心目标是防止这些危险因素发展成事故，从而提高整体的安全性。该工具的实施步骤如下：

（1）确定风险事件发生的可能性。

（2）定性评估潜在危害对健康可能导致的伤害或损伤的程度。

（3）确定危险等级。

（4）提出相应的防范措施。

（五）其他质量风险管理工具

除了以上介绍的一些质量风险管理工具外，还可以利用一些简易的质量风险管理工具进行风险识别和管理，如鱼骨图、流程图、检查表、头脑风暴法、5 Why分析法等。鱼骨图和5 Why分析法常用于找出问题的“根本原因”，其特点是简洁实用，深入直观。例如，鱼骨图通常将问题或结果标在“鱼头”，在鱼骨上长出鱼刺，按出现机会多少列出产生问题的可能原因，如图3–5所示。

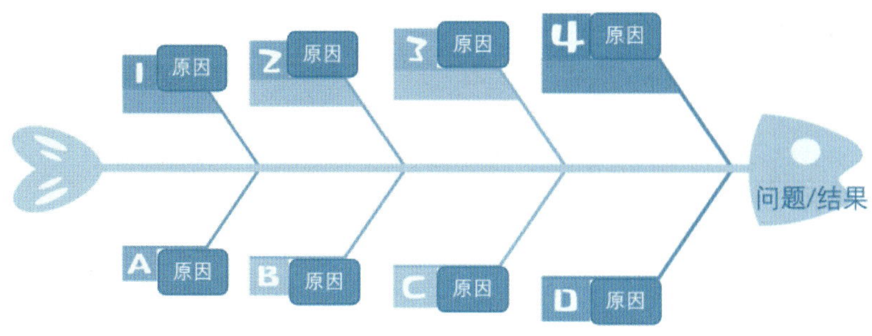

图 3-5　鱼骨图

知识拓展

5 Why分析法

所谓5 Why分析法，又称“5问法”，也就是对一个问题连续以5个“为什么”来自问，以追究其根本原因。虽为5个为什么，但使用时不限定只做“5次为什么的探讨”，主要是以找到根本原因为止，有时可能只要问3次，有时也许要问10次。5 Why分析法的关键是：鼓励解决问题的人要努力避开主观或自负的假设和逻辑陷阱，从结果着手，沿着因果关系链条，顺藤摸瓜，直至找出原有问题的根本原因。

思考讨论

甲药品批发企业委托乙医药公司储存配送药品。2023年1月，甲企业销售含麻黄碱类药品氨酚伪麻美芬片Ⅱ/氨麻苯美片（丙医药公司，批号JS12407）销售至某城西大药房，配送人员核对了药品配送单和实物数量，药品收货人员核对了药品数量、药品生产企业、规格、批号等信息后即安排入库。

请思考，上述人员的操作存在哪些风险？

任务实施

详见“模块四　GSP工作任务实施”中的“质量风险的评估与控制任务工单”。

岗课赛证

本项目对应的岗位包括药品质量管理员、药品收货员、药品验收员、药品保管员、药品养护员等。本项目内容与药学、药品经营、药品购销、医药商品储运等技能大赛对接，与执业药师资格证书、“1+X”药品购销职业技能等级证书等对接。上述岗位、比赛和证书均需学生掌握GSP药品收货和验收、药品储存和养护、药品出库复核等相关要求，能够对药品经营各环节的质量可疑药品进行识别并做正确处理，掌握不合格药品确认与处理，并牢固树立合规意识和质量风险意识。

项目评价

药品质量风险管理评分见表 3-5。

表 3-5　药品质量风险管理评分

<table>
<tr><td rowspan="2">基本信息</td><td>姓名</td><td></td><td>学号</td><td></td><td>班级</td><td></td><td>组别</td><td></td></tr>
<tr><td>考核日期</td><td colspan="3"></td><td colspan="2">总评成绩</td><td></td><td></td></tr>
<tr><td rowspan="13">考核内容</td><td rowspan="2">任务</td><td rowspan="2" colspan="3">步骤</td><td colspan="2">完成情况</td><td rowspan="2">标准分</td><td rowspan="2">评分</td></tr>
<tr><td>完成</td><td>未完成</td></tr>
<tr><td rowspan="4">质量可疑药品的控制</td><td colspan="3">质量可疑药品辨识</td><td></td><td></td><td>10</td><td></td></tr>
<tr><td colspan="3">质量可疑药品确认与处理</td><td></td><td></td><td>10</td><td></td></tr>
<tr><td colspan="3">不合格药品确认</td><td></td><td></td><td>10</td><td></td></tr>
<tr><td colspan="3">不合格药品销毁</td><td></td><td></td><td>10</td><td></td></tr>
<tr><td rowspan="4">质量风险的评估与控制</td><td colspan="3">风险评估</td><td></td><td></td><td>10</td><td></td></tr>
<tr><td colspan="3">风险控制</td><td></td><td></td><td>10</td><td></td></tr>
<tr><td colspan="3">风险沟通</td><td></td><td></td><td>10</td><td></td></tr>
<tr><td colspan="3">风险审核</td><td></td><td></td><td>10</td><td></td></tr>
<tr><td colspan="6">合规操作</td><td>10</td><td></td></tr>
<tr><td colspan="6">严谨细致</td><td>5</td><td></td></tr>
<tr><td colspan="6">团队协作</td><td>5</td><td></td></tr>
<tr><td>组员互评</td><td colspan="8"></td></tr>
<tr><td>教师评价</td><td colspan="8"></td></tr>
</table>

项目拓展

参考答案

理论知识回顾

一、单项选择题

1. 以下不属于风险评估内容的是（　　）。

A. 风险降低　　B. 风险识别　　C. 风险分析　　D. 风险评价

2. 验收员在验收药品时，若发现有质量可疑的药品，下列操作不正确的是（　　）。

A. 报告质量管理部门进行复查

B. 药品包装、标签、说明书等内容不符合药品监督管理部门批准的，应将药品移入不合格药品区或退货区，同时报告药品监督管理部门进行处理

C. 药品外观性状不符合要求等情况，属于供货方质量违约责任，将药品移入退货区，办理拒收退货手续

D. 经质量管理部门确认合格的，封箱复原药品，由验收人员与仓储部门办理入库交接手续

3.（　　）环节贯穿于质量风险管理的全过程。

A. 风险控制　　B. 风险审核　　C. 风险沟通　　D. 风险评估

4. 以下说法错误的是（　　）。

A. 在养护工作中，药品检查的内容包括药品有无倒置现象、外观性状是否正常、包装有无损坏等

B. 发现有质量可疑的药品，应当由相关环节人员在计算机系统中进行锁定，限制其销售和出库，报告质量管理部门，由质量管理部门负责不合格药品的确认，并对不合格药品的处理过程实施监督

C. 对质量可疑药品的处理过程应有完备的手续和记录

D. 对发现的假药和存在质量问题的特殊管理药品，企业应立即进行内部销毁

二、多项选择题

1. 下列属于不合格药品的有（　　）。

A. 假药　　B. 劣药　　C. 渗漏药品

D. 距有效期 2 天的药品　　E. 最小包装破损的药品

2. 以下关于不合格药品表述正确的有（　　）。

A. 企业应设置不合格药品专用存放场所

B. 储运部门负责不合格药品的确认

C. 质量管理部门负责对不合格药品的处理过程实施监督

D. 不合格药品的处理过程应当有完整的手续和记录

E. 对不合格药品应当查明并分析原因，及时采取预防措施

三、简答题

1. 简述发现质量可疑药品后需要采取的措施。
2. 简述不合格药品的处理流程。
3. 请用鱼骨图分析药品经营环节存在的质量风险。

实践能力提升

实践应用：分组开展不合格药品处理模拟活动，对不合格药品处理模拟活动中存在的问题进行分析。

市场调研：调研药品批发企业质量可疑药品的来源及处置情况，运用风险管理工具制定相关控制措施。

项目二　内审与检查

学习目标

知识目标

1. 掌握内审工作流程，药品检查类型。
2. 熟悉药品GSP检查流程，现场检查注意事项。
3. 了解药品检查员管理要求。

能力目标

1. 能识别药品专项内审条件。
2. 能正确制定内审方案、撰写内审报告。
3. 能对审核发现的问题进行分析，查找原因并制定整改措施。

素质目标

1. 具备强烈的团队合作意识、清廉工作作风、社会责任感和使命感。
2. 树立药品质量管理意识和风险防范意识。

任务一　质量管理体系内审

岗位解读

动画

课件

药品内审员岗位信息见表3–6。

表3–6　药品内审员岗位信息

任职要求	专业	相关专业知识培训
	知识结构	质量管理知识、体系内审知识、药品专业知识及药品相关法律法规知识
	职业素养	风险管理意识、团队协作意识
职责清单	负责企业相关部门操作流程、人员履职、文件体系等内容审核	
职业能力清单	能组织开展定期内审和专项内审	
	能记录现场审核过程，提出内审缺陷	
	能撰写内审报告	
	能对内审过程进行风险研判	

任务导入

某药品经营企业经营范围包含中药材、中药饮片、中成药、化学药制剂、生物制品（除疫苗外），于2022年12月变更质量负责人，同时，由A仓库地址搬迁至B仓库地址。

讨论：

1. 企业质量关键要素变更后应该开展哪些工作？

2. 专项内审应如何开展？

3. 内审工作小组由哪些人员构成？

任务分析

质量管理体系内审是指企业对质量管理体系要素进行审核和评价，确定质量管理体系的有效性，对运行中存在的问题采取纠正措施，开展质量策划、质量控制、质量保证、质量改进和质量风险管理等活动的过程。药品经营企业应当定期以及在质量管理体系关键要素发生重大变化时组织开展内审，并对内审的情况进行分析，依据分析结论制定相应的质量管理体系改进措施，不断提高质量管理水平，保证质量管理体系持续有效运行。

一、质量管理体系内审小组组建

质量管理体系内审小组负责企业质量管理体系审核，小组成员也称为内审员，一般由企业负责人、质量负责人、质量管理部门负责人以及各部门相关人员构成。内审员需经过企业质量管理体系内审相关培训，考核合格后方可上岗。企业负责人或质量负责人主持内审工作，各部门配合接受质量管理体系内部审核，并对审核发现的问题或缺陷制定纠正和预防措施。

质量管理部门负责组织实施质量管理体系内审的具体工作，包括制订内审计划、前期准备、组织实施及撰写内审报告等。企业应当遵循预防为主、风险管理、全程管控、自我纠错的原则，严格执行质量体系内审管理制度，确保其药品经营活动始终处于合规状态。企业法定代表人或主要负责人应当组织落实内审管理制度，履行企业内审工作第一责任人义务。

知识拓展

内审员与外审员的区别

内审员是指经过机构统一培训，考试合格后取得证书，从事企业内部体系管理及审核等相关工作的人员。

外审员即国家注册审核员，是指通过中国认证认可协会（China Certification and Accreditation Association，CCAA）组织的全国统一资格考试，并按照注册要求通过认证机构进行注册，具备一定学历要求和规定的实习审核员工作经验，从事认证审核工作的注册审核人员。外审员是以认证公司名义从事第三方审核的人员，可以直接到各公司进行审核，外审员实行国家注册制，参加国家每个季度末的统考，只有考试通过了才能申请注册成为审核员。

二、质量管理体系内审实施

（一）内审的周期和条件

企业每年应定期开展质量管理体系内审，并在质量管理体系要素发生重大变更时开展专项内审。

1. 定期内审

企业每年至少应开展一次全面的质量管理体系内审，以确保其质量管理体系持续有效。

2. 专项内审

当出现以下情况时，应及时组织质量管理体系进行专项内审：

（1）国家药品相关的法律法规和行政规章有较大更改。

（2）企业许可事项发生变更，如公司仓库搬迁、新增设仓库、新增经营范围或核减经营范围等。

（3）企业组织机构发生重大调整或企业负责人、质量负责人、质量管理部门负责人等关键岗位发生变化。

（4）企业新购置冷藏车或冷藏箱、保温箱，新设冷库或制冷机组，温湿度监测系统、计算机系统等关键设施设备的更换。

（5）药品质量出现重大问题并造成严重后果。

（6）服务质量出现重大问题或顾客投诉、新闻曝光等并造成不良影响。

（7）其他需要专项内审的情形。

?思考讨论

本年度某药品批发企业不断扩大规模，先后增加了生物制品和特殊管理药品的经营范围，同时为了更好地适应经营规模和经营范围，企业更换了计算机系统。

请思考，该企业是否需要开展内审？该如何开展？

（二）内审工作流程

1. 制定内审方案

质量管理部门在内审工作实施前应制定内审方案，明确内审时间、内审小组成员，确定各业务部门交叉检查的时间、人员和检查的内容，确保部门人员不审核自己部门的工作。内审方案应经企业质量负责人审核、企业负责人批准后方可实施。

2. 开展质量管理体系审核

（1）定期内审审核内容

①审核质量管理体系文件：包括质量管理制度、操作规程、部门岗位职责等质量管理体系文件是否符合国家最新的法律法规和政策要求，是否与企业现阶段

经营规模、经营范围相适应，是否根据实际情况及时更新完善质量管理体系文件；文件的制定和修订是否严格按照文件管理制度的要求。

②审核组织机构与人员：包括组织机构是否调整，关键岗位人员是否变更，新上岗人员的资质和履职能力是否符合要求；本年度员工GSP岗前培训（包括公司年度培训计划、培训内容、培训对象、培训结果）和继续教育情况，培训档案建立情况，人员实际培训效果考核情况；与药品直接接触的岗位工作人员年度健康检查情况。

③审核设施设备：包括营业场所和仓库的环境与布局；本年度新购买设施设备情况以及使用前验证情况，仓库温湿度自动监测系统、冷链药品储运设施设备定期验证和专项验证情况；设施设备的维护保养情况；计算机系统更新维护情况，包括网络环境、数据库及应用软件功能等。

④审核药品进货管理：包括本年度首营企业与首营品种审核执行情况；年度药品购进所涉及的各项管理情况；落实质量保证协议和供应商审计等情况。

⑤审核药品收货验收管理：包括本年度药品验收入库批次和质量情况，收货员、验收员是否按照规定开展收货、验收工作；收货、验收记录是否由计算机系统自动生成。

⑥审核药品储存、养护与陈列（零售）管理：包括本年度药品库存情况、色标管理情况；重点养护品种、一般养护品种情况；质量可疑药品情况及处理流程；近效期或储存时间较长的药品质量情况；养护检查情况。

⑦审核出库与运输管理：包括本年度药品出库情况，药品复核、装卸与运输过程的质量管理情况。

⑧审核销售与售后服务：包括本年度药品销售情况，销后退回药品情况及处理结果；本年度药品的质量投诉和不良反应报告管理情况。

⑨审核企业经营特殊管理的药品：如果企业经营特殊管理的药品，应该对特殊管理药品的进、销、存等环节的管理情况予以简述。

⑩审核财务情况：本年度购销药品打款和回款情况，发票管理等是否符合要求。

⑪审核年度监督检查情况：企业应对本年度接受药品监督管理部门监督检查时发现的缺陷问题进行整改，并对缺陷问题产生的原因、风险等级以及采取的纠正和预防措施进行阐述。

⑫审核企业发生药品安全事故的处置及召回等情况。

⑬审核企业应当依法依规报告的其他事项。

（2）专项内审审核内容

企业根据实际变更情况制定专项质量体系审核方案，并组织相关人员对变更后的内容进行审核。以人员变更为例，如企业负责人、质量负责人、质量管理部门负责人等关键岗位人员变更后，应对变更后人员的资质，包括学历、职称、工作经验等开展审核；对其岗前培训内容及培训考核情况进行审核，培训内容是否包括药品相关法律法规、部门及岗位职责、操作流程等，考核结果是否符合要求；对其上岗一段时期后是否能有效履职进行跟踪评估。

3. 撰写内审报告

质量管理部门收集内审员的审核记录表单，统计各部门相应缺陷，并撰写定期或专项内审报告。内审报告至少应包含审核日期、审核目的、审核范围、审核依据、审核组长/副组长、内审员、受审部门、审核过程综述、缺陷项、审核结论等信息，并由报告人、审核人、批准人签字确认。

4. 制定纠正和预防措施

各部门接到内审报告和缺陷通知后，应根据缺陷内容查找原因、评估风险，制定纠正和预防措施，并填写“纠正和预防措施制定清单”。对于重复发生的缺陷问题，企业应引起足够重视，查找根本原因，并对改进措施的效果进行评价和定期跟踪。

素质提升

质量管理体系内审不到位

某地药品监督管理部门在对某药品批发企业开展检查时发现，该企业质量负责人变更后未开展专项内审，且年度内审中出现养护员审核仓储部的现象。

该企业未能严格按照GSP的要求开展质量体系内审。质量负责人变更后未开展专项内审，无法评估关键岗位人员变更后对质量管理体系的影响；年度内审中出现部门人员审核本部门的情况，无法保证内审工作的独立性、客观性和公正性。此事件反映出该企业对内审工作不重视，缺乏合规意识、风险意识和责任意识。

药品经营企业应充分认识到内审工作的重要性，秉持严谨负责的工作态度，建立健全内审制度、提高内审人员素质、强化内审风险管理，确保内审工作落到实处，保障药品质量和安全。

任务实施

详见“模块四　GSP工作任务实施”中的“质量管理体系内审任务工单”。

药品检查

动画

课件

岗位解读

药品检查员岗位信息见表 3–7。

表 3-7　药品检查员岗位信息

任职要求	学历与专业	与检查岗位相适应的专业知识、教育学历
	知识结构	药品相关法律法规知识以及药品专业知识
	职业素养	风险管理意识、公平正义意识、服务意识
职责清单	负责药品流通现场检查工作	
	指导企业提升质量管理水平	
职业能力清单	初级检查员	能参与制定检查方案、撰写检查报告、编写技术文件、检查相关课题研究
		能承担与职业能力相适应的现场检查任务
	中级检查员	能组织制定检查方案、撰写检查报告
		能参与重大复杂的检查任务、检查工作的技术把关、重大复杂疑难问题的研究、检查工作体系和理论建设工作
		能承担与职业能力相适应的现场检查任务
	高级检查员	能组织开展重大复杂、高风险品种的检查任务
		能组织开展药品检查领域重大改革、现场检查中遇到的重大复杂疑难问题、药品检查工作发展规划等内容的研究
		能参与建立或完善药品检查工作体系、相关技术标准和指导原则的编写工作
		能指导和培养初级检查员和中级检查员开展相关工作
	专家级检查员	能对药品检查领域重大改革、现场检查中遇到的重大复杂疑难问题、药品检查工作发展规划等内容提出指导性建议
		能编写药品检查工作体系、相关技术标准和指导原则等文件
		能对检查工作进行技术把关
		能指导和培养其他检查员开展相关工作

任务导入

依据《药品管理法》《药品检查管理办法（试行）》等相关法律法规的规定，某省药品监督管理部门决定对某中药饮片有限公司开展有因检查。

讨论：

1. 哪些情形下药品监督管理部门可以开展有因检查？

2. 药品检查流程有哪些？

任务分析

为规范药品检查行为，根据《药品管理法》《疫苗管理法》《药品生产监督管理办法》等有关法律法规，国家药品监督管理局出台了《药品检查管理办法（试行）》（国药监管〔2023〕26 号），优化完善了药品检查程序，明确了各类检查的相关要求，强化了检查与稽查的衔接。

一、药品检查类型

根据检查性质和目的，药品检查可分为许可检查、常规检查、有因检查和其他检查。

（一）许可检查

许可检查是指药品监督管理部门在开展药品经营许可申请审查过程中，对申请人是否具备从事药品经营活动条件开展的检查。

（二）常规检查

常规检查是根据药品监督管理部门制定的年度检查计划，对药品经营企业遵守有关法律法规、规章，执行相关质量管理规范以及有关标准情况开展的监督检查。

（三）有因检查

有因检查是对药品经营企业可能存在的具体问题或者投诉举报等开展的针对性检查。

（四）其他检查

其他检查是指除许可检查、常规检查、有因检查外的检查。

二、药品检查流程

（一）明确检查权限

国家药品监督管理局主管全国药品检查管理工作，监督指导省级药品监督管理部门开展药品经营现场检查。省级药品监督管理部门负责组织对本行政区域内的药品批发企业、药品零售连锁总部、药品网络交易第三方平台等进行相关检查；指导市县级药品监督管理部门开展药品零售企业的检查，组织查处区域内的重大违法违规行为。市县级药品监督管理部门负责开展对本行政区域内药品零售企业的检查，配合国家和省级药品监督管理部门组织的检查。

（二）确定检查类型及形式

1. 许可检查

首次申请《药品经营许可证》和申请《药品经营许可证》许可事项变更且需进行现场检查的，依据GSP及其现场检查指导原则、许可检查细则等相关标准要求开展现场检查。申请《药品经营许可证》重新发放的，结合企业遵守药品管理法律法规，GSP和质量体系运行情况，根据风险管理原则进行审查，必要时可以开展GSP符合性检查。许可检查一般采用预先告知的检查形式。

药品零售连锁企业的许可检查，药品零售连锁企业门店数量小于或者等于30家的，按照20%的比例抽查，但不得少于3家；大于30家的，按10%的比例抽查，但不得少于6家。门店所在地市县级药品监督管理部门应当配合组织许可检查的省级药品监督管理部门或者药品检查机构开展检查。被抽查的药品零售连锁

企业门店如属于跨省（自治区、直辖市）设立的，必要时，组织许可检查的省级药品监督管理部门可以开展联合检查。

2. 常规检查

药品监督管理部门依据风险原则制定药品检查计划，确定被检查单位名单、检查内容、检查重点、检查方式、检查要求等，实施风险分级管理，年度检查计划中应当确定对一定比例的被检查单位开展药品经营质量管理规范符合性检查。药品监督管理部门或者药品检查机构进行常规检查时可以采取不预先告知的检查方式。

确定被检查单位名单时，风险评估应重点考虑以下因素：① 药品特性以及药品本身存在的固有风险；② 药品上市许可持有人、药品生产企业、药品经营企业、药品使用单位的药品抽检情况；③ 药品上市许可持有人、药品生产企业、药品经营企业、药品使用单位存在的违法违规情况；④ 药品不良反应监测、探索性研究、投诉举报或者其他线索提示可能存在质量安全风险的。

3. 有因检查

有因检查通常采用不预先告知的检查方式，药品监督管理部门或者药品检查机构不得事先告知被检查单位检查行程和检查内容。药品经营企业有下列情形之一的，药品监督管理部门经风险评估，可以开展有因检查：① 投诉举报或者其他来源的线索表明可能存在质量安全风险的；② 检验发现存在质量安全风险的；③ 药品不良反应监测提示可能存在质量安全风险的；④ 对申报资料真实性有疑问的；⑤ 涉嫌严重违反相关质量管理规范要求的；⑥ 企业有严重不守信记录的；⑦ 企业频繁变更管理人员登记事项的；⑧ 生物制品批签发中发现可能存在安全隐患的；⑨ 检查时发现存在特殊药品安全管理隐患的；⑩ 特殊药品涉嫌流入非法渠道的；⑪ 其他需要开展有因检查的情形。

案例分析

某省药品监督管理局根据投诉举报线索，对某大药房连锁有限公司开展有因检查，发现该公司存在严重违反GSP的行为。经查，该公司存在未从药品上市许可持有人或者具有药品生产、经营资格的企业处购进“XX口服液”药品，在计算机系统中编造购进记录、采购药品时未向供货单位索取发票、药品采购储存配送信息不可追溯等违法行为，法定代表人赵某从未在该公司实际工作过，未能履行相关管理职责。

该药品监督管理局根据《药品管理法》以及《XX药品监督管理局行政处罚裁量权适用规定》，符合情节严重情形，对该公司处以罚款125万元的行政处罚，处以该公司法定代表人终身禁止从事药品生产经营活动的行政处罚。

请分析，上述案件中企业存在哪些问题，违反了《药品管理法》的哪些规定？

（三）制定检查方案

药品监督管理部门或药品检查机构在制定方案时应当结合被检查单位既往接受检查的情况，经营企业的经营范围、经营规模、经营方式等情况，明确检查事项、时间和检查方式等。必要时，参加检查的检查员应当参与检查方案的制定。检查员应当提前熟悉检查资料等内容。

1. 许可检查方案

省级药品监督管理部门或者药品检查机构实施药品批发企业、药品零售连锁总部现场检查前，应当制定现场检查工作方案，并组织实施现场检查。制定工作方案及实施现场检查工作时限为 15 个工作日。

市县级药品监督管理部门实施药品零售企业现场检查前，应当制定现场检查工作方案，并组织实施现场检查。制定工作方案及实施现场检查工作时限为 10 个工作日。

2. 常规检查方案

常规检查方案中应明确被检查单位名称、检查时间、检查组成员、检查重点内容、检查方式和检查要求等内容。

3. 有因检查方案

开展有因检查应当制定检查方案，明确检查事项、时间、人员构成和方式等。必要时，药品监督管理部门可以联合有关部门共同开展有因检查。检查方案应当针对具体的问题或者线索明确检查内容，必要时可开展全面检查。

（四）调派检查组

派出检查单位负责组建检查组实施检查。检查组一般由 2 名以上检查员组成，检查员应当具备与被检查品种相应的专业知识、培训经历或者从业经验，必要时可以选派相关领域专家参加检查工作。在现场检查过程中，检查组中执法人员不足 2 名的，应当由负责该被检查单位监管工作的药品监督管理部门派出 2 名以上执法人员负责相关工作。

（五）组织现场检查

1. 召开首次会议

《药品检查管理办法（试行）》规定，现场检查开始时，检查组应当召开首次会议，确认检查范围，告知检查纪律、廉政纪律、注意事项以及被检查单位享有陈述申辩的权利和应履行的义务。采取不预先告知检查方式的除外。

（1）参加首次会议的一般由检查组成员和被检查企业参会人员组成。企业参会人员一般包括企业负责人，质量负责人，质量管理部门、业务部门、储运部门等部门的负责人以及相关部门的工作人员。

（2）检查组组长介绍检查组成员及观察员，宣读现场检查通知和现场检查纪律。企业负责人介绍企业参会人员，并简要汇报企业 GSP 质量管理情况。

（3）检查组确认检查范围，落实检查日程，提出检查注意事项。

2. 开展现场检查

（1）检查项目

药品监督管理部门按照药品经营质量管理规范及其现场检查指导原则、检查细则等有关规定，组织开展现场检查。根据《药品经营质量管理规范现场检查指导原则》的规定，批发企业检查项目共256项，其中，严重缺陷项目（**）10项，主要缺陷项目（*）103项，一般缺陷项目143项；零售企业检查项目共176项，其中，严重缺陷项目（**）8项，主要缺陷项目（*）53项，一般缺陷项目115项。

（2）检查内容

①许可检查内容：检查组对申办企业开展全系统检查，内容包括但不限于以下几方面：企业是否建立与其经营范围和规模相适应的质量管理体系；企业是否建立与其经营活动和质量管理相适应的组织机构和岗位；企业是否配备药品经营和质量管理相关的人员，是否符合有关法律法规及GSP规定的资格要求，是否有相关法律法规禁止从业的情形；企业是否制定与自身实际相符合的质量管理体系文件，是否包括质量管理制度、部门及岗位职责、操作规程、档案、报告、记录和凭证等；企业是否具有与其经营范围、经营规模相适应的经营场所和库房；库房的选址、设计、布局、建造、改造和维护是否符合药品储存的要求，防止药品的污染、交叉污染、混淆和差错；企业是否按照国家有关规定对计量器具、温湿度监测设备等进行校准或者检定；企业是否对冷库、温湿度自动监测系统以及冷藏运输等设施设备进行验证；企业是否建立能够符合经营全过程管理及质量控制要求的计算机系统，实现药品可追溯；其他相关的特殊要求。

②常规检查内容：药品监督管理部门或者药品检查机构在进行常规检查时，可以对某一环节或者依据检查方案规定的内容进行检查，必要时开展全面检查。重点检查内容包括但不限于以下几方面：遵守药品管理法律法规的合法性；执行GSP和技术标准的规范性；药品经营相关资料和数据的真实性、完整性；药品批发企业的质量管理、风险防控能力；药品监督管理部门认为需要检查的其他内容。

③有因检查内容：有因检查是针对企业可能存在的具体问题或者投诉举报等开展的检查，检查时可根据检查方案中的具体问题开展检查。如投诉举报企业人员未在职在岗问题，检查过程中可关注：企业负责人、质量负责人、质量管理部门负责人、质量管理员、验收员、养护员等相关人员业务能力及履职情况；是否有挂靠、兼职情况；查看人员社保缴纳情况；查看人员资质、培训、健康体检情况；经营中药材/中药饮片、药品类体外诊断试剂所需人员情况；具备疫苗储配业务的企业是否按要求配备2名质量管理人员专门负责疫苗质量管理和验收工作等。

3. 撰写检查报告

检查组应当对现场检查情况进行分析汇总，客观、公平、公正地对检查中发现的缺陷进行风险等级评定，缺陷分为严重缺陷、主要缺陷和一般缺陷，其风险等级依次降低。检查组应当综合被检查单位质量管理体系运行情况以及品种特性、适应症或者功能主治、使用人群、市场销售状况等因素，评估缺陷造成危害的严重性及危害发生的可能性，提出采取相应风险控制措施的处理建议。上述缺陷项目和处理建议应当以书面形式体现，并经检查组成员和被检查单位负责人签字确认，由双方各执一份。

根据缺陷内容，按照相应的评定标准进行评定，提出现场检查结论，现场检查结论分为符合要求、待整改后评定和不符合要求。将现场检查结论和处理建议列入现场检查报告。检查报告的内容包括检查过程、发现的缺陷或问题、检查结论、处理建议等。

4. 召开末次会议

参加末次会议的成员应由检查组全体成员、所在地药品监督管理部门的观察员，以及被检查企业的企业负责人、质量负责人、质量管理部门负责人、业务部门负责人、储运部门负责人等组成。检查组长通报现场检查情况，并宣读现场检查报告和缺陷项目等。

（六）综合评定

派出检查单位自收到现场检查报告后 15 个工作日内审核现场检查报告，并形成审核意见，明确综合评定结论。综合评定结论分为符合要求、不符合要求，并出具《药品检查综合评定报告书》。

现场检查结论审核后为待整改后评定的，派出检查单位应当自收到整改报告后 20 个工作日内，形成综合评定结论，出具《药品检查综合评定报告书》，并报送药品监督管理部门。根据整改报告审核情况，必要时派出检查单位可进行现场复核或者要求被检查单位补充提交整改材料，相关时间不计入工作时限。

现场检查结论审核后认为符合要求或者不符合要求的，派出检查单位应当自结论认定之日起 10 个工作日内，形成综合评定结论，出具《药品检查综合评定报告书》，并报送药品监督管理部门。药品监督管理部门应当及时将综合评定结论告知被检查单位。

（七）检查结果处理

药品监督管理部门根据《药品检查综合评定报告书》及相关证据材料作出相应处理。现场检查时发现缺陷有一定质量风险，经整改后综合评定结论为符合要求的，必要时药品监督管理部门可依据风险采取告诫、约谈等风险控制措施。综合评定结论为不符合要求的，药品监督管理部门应当依法采取暂停销售等风险控制措施，消除安全隐患。除首次申请相关许可证的情形外，药品监督管理部门应当按照《药品管理法》第一百二十六条等相关规定进行处理。

药品监督管理部门应当将现场检查报告、整改报告、《药品检查综合评定报告书》及相关证据材料、风险控制措施相关资料等进行整理归档保存。

检查发现的违法行为涉嫌犯罪的，由负责立案查处的药品监督管理部门移送公安机关，并抄送同级检察机关。

三、现场检查注意事项

（一）检查频次

药品监督管理部门应当将上一年度新开办的药品经营企业纳入本年度的监督检查计划，对其实施GSP符合性检查。

县级以上地方药品监督管理部门应当根据药品经营和使用质量管理风险，确定监督检查频次，具体如下。

（1）对麻醉药品和第一类精神药品、药品类易制毒化学品经营企业的检查，每半年不少于一次。

（2）对冷藏冷冻药品、血液制品、细胞治疗类生物制品、第二类精神药品、医疗用毒性药品经营企业的检查，每年不少于一次。

（3）对除第一项、第二项以外的药品经营企业，每年确定一定比例开展药品经营质量管理规范符合性检查，三年内对本行政区域内的药品经营企业全部进行检查。

（4）对接收、储存疫苗的疾病预防控制机构、接种单位执行疫苗储存和运输管理规范情况进行检查，原则上每年不少于一次。

（5）每年确定一定比例医疗机构，对其购进、验收、储存药品管理情况进行检查，三年内对行政区域内的医疗机构全部进行检查。

药品监督管理部门可结合本行政区域内工作实际，增加检查频次。

（二）检查组的注意事项

检查组的注意事项如下：

（1）按照药品经营环节或业务模块开展检查，如从机构与人员、设施设备、采购、收货与验收、储存与养护、出库、销售、运输等模块开展检查。

（2）对某药品的完整购销存情况开展检查。

（3）现场检查要综合运用现场检查走访、资料查阅、人员问询、记录取证等，详细记录检查时间、地点、现场状况等，对发现的问题应当及时进行书面记录，并根据实际情况收集或者复印相关文件资料，拍摄相关设施设备和物料等实物，并对有关人员进行询问等。

（4）检查过程中有需要进一步核实的问题，检查组经与派出检查单位沟通后，可以开展联合检查或者延伸检查。如企业存在严重安全隐患或违法违规行为的，现场应固定相应证据材料，必要时可填写调查笔录。

（5）现场检查发现需要抽取成品及其他物料进行检验的应立即开展抽样。检查组可以通知被检查企业所在地药品监管部门按规定程序开展抽样。

（三）被检查企业注意事项

药品经营企业应当积极配合药品监督管理部门实施的检查，如实提供与被检查事项有关的物品和记录、凭证以及医学文书等资料，不得以任何理由拒绝、逃避监督检查，不得伪造、销毁、隐匿有关证据材料，不得擅自动用查封、扣押物品。被检查企业有下列情形之一的，应当视为拒绝、逃避监督检查，伪造、销毁、隐匿记录、数据、信息等相关资料。

（1）拒绝、限制检查员进入被检查场所或者区域，限制检查时间，或者检查结束时限制检查员离开的。

（2）无正当理由不如实提供或者延迟提供与检查相关的文件、记录、票据、凭证、电子数据等材料的。

（3）拒绝或限制拍摄、复印、抽样等取证工作的。

（4）以声称工作人员不在或者冒名顶替应付检查、故意停止生产经营活动等方式欺骗、误导、逃避检查的。

（5）其他不配合检查的情形。

四、检查员管理

为建设一支高素质的职业化、专业化药品检查员队伍，国家出台了《药品管理法》《疫苗管理法》《国务院办公厅关于建立职业化专业化药品检查员队伍的意见》《国家药监局关于加快推进职业化专业化药品检查员队伍建设的实施意见》及《职业化专业化药品检查员分级分类管理办法》等文件。

（一）检查员基本条件

（1）忠于党和人民，忠于法律，热爱药品监管事业。

（2）具有良好的政治品德、社会公德、职业道德。

（3）具有廉洁自律意识，严守纪律规矩。

（4）具有较强的事业心、使命感和责任感，具有良好的团队协作精神和开拓创新精神。

（5）具有与检查岗位相适应的专业知识、教育学历、业务能力和实践经验。

（6）具备履行检查职责的身体条件。

知识拓展

检查员序列与类型

按照产品类别，检查员可分为药品、医疗器械、化妆品 3 个检查序列，在各序列下，按照产品全链条、全周期、全过程监管要求又可细分为以下类型。

药品序列：药物非临床检查员、药物临床检查员、药品生产检查员、药品流通检查员。

医疗器械序列：医疗器械临床检查员、医疗器械生产检查员、医疗器械流通检查员。

化妆品序列：化妆品研制检查员、化妆品生产检查员、化妆品流通检查员。

（二）检查员的工作职责

（1）根据工作安排和调派，每年完成规定次数的现场检查任务。

（2）严格执行现场检查程序、检查方案和检查标准，如实记录现场检查情况，客观公正地进行评价，及时提交现场检查报告和相关资料。

（3）按照检查工作需要，积极参加检查相关法律法规、专业技术文件制修订、课题研究等工作。

（4）自觉更新知识，按时参加继续教育培训，努力提高检查工作能力。

（5）及时主动更新个人信息，如实报告检查工作。

（6）严格执行防范利益冲突工作要求，遵守有关保密规定。

（三）检查员准入与退出

（1）国家药品监督管理局、各省级药品监督管理部门根据检查工作需求，通过公开招聘、内部划转、部门推荐等方式，开展检查员遴选聘任工作，依据检查员各层级资格条件，结合检查员具备的检查工作经历以及履行检查职责情况，对其实行层级评定。

（2）检查员聘期不超过 5 年，到期前由聘用部门对其进行聘期考核，考核合格方可续聘。

（3）检查员因岗位调整或个人原因不适合继续参加检查工作的，聘用部门视情况暂停或取消其检查员资格。

（4）对已退休的检查员，在退休后 5 年内，可根据其本人意愿聘任为兼职检查员。

素质提升

战“疫”药监人——一线检查员

检查员蒋某是省级药品 GSP 检查组组长。新冠疫情暴发后，他平均每天要接听 100 通电话，为同事们解答药品和医疗器械相关专业问题。他还带队用 6 天时间对 151 家药店开展现场检查。

除了加强对药店、医疗机构的监管，如何保障防疫用品的有序供给也是蒋某的心头事。新冠疫情防控期间，蒋某配合相关部门采购防疫用品，每天回到家时都已经是凌晨，但第二天早上 9 点不到，他又出现在药店里，了解物资采购情况。

蒋某用自己的专业知识和敬业精神践行着初心使命，勇于担当，细心守护人民的生命安全。

？思考讨论

某市场监督管理局在对某药材经营部监督检查时发现，该经营部未取得《药品经营许可证》销售龟甲胶、鹿角胶等药品，且不能提供上述药品的购进凭证及产品合格证明，涉案药品货值金额为 9769.29 元。

请思考，该企业将面临怎样的处罚？

任务实施

详见“模块四　GSP 工作任务实施”中的“药品检查任务工单”。

岗课赛证

本项目对应的岗位包括药品检查员、质量管理体系内审员、药品质量管理员等。本项目内容与药学、药品经营、药品购销、医药商品储运等技能大赛对接，与执业药师资格证书、“1+X”药品购销职业技能等级证书等对接。上述岗位、比赛和证书均需学生掌握药品质量管理体系内审、药品检查等相关要求，能够协作开展质量管理体系内审等工作，并牢固树立合规意识、风险意识和质量意识。

项目评价

内审与检查评分见表 3-8。

表 3-8　内审与检查评分

<table>
<tr><td rowspan="2">基本信息</td><td>姓名</td><td></td><td>学号</td><td></td><td>班级</td><td></td><td>组别</td><td></td></tr>
<tr><td>考核日期</td><td colspan="3"></td><td colspan="2">总评成绩</td><td colspan="2"></td></tr>
<tr><td rowspan="7">考核内容</td><td rowspan="2">任务</td><td rowspan="2" colspan="3">步骤</td><td colspan="2">完成情况</td><td rowspan="2">标准分</td><td rowspan="2">评分</td></tr>
<tr><td>完成</td><td>未完成</td></tr>
<tr><td rowspan="5">质量管理体系内审</td><td colspan="3">成立内审小组</td><td></td><td></td><td>5</td><td></td></tr>
<tr><td colspan="3">制定内审方案</td><td></td><td></td><td>5</td><td></td></tr>
<tr><td colspan="3">开展质量管理体系审核</td><td></td><td></td><td>10</td><td></td></tr>
<tr><td colspan="3">撰写内审报告</td><td></td><td></td><td>10</td><td></td></tr>
<tr><td colspan="3">制定纠正和预防措施</td><td></td><td></td><td>5</td><td></td></tr>
</table>

续表

考核内容	药品检查	确定检查权限、类型、方式等			5	
		制定检查方案			5	
		调派检查组			5	
		召开首次会议			5	
		组织现场审查			5	
		撰写检查报告			5	
		召开末次会议			5	
		综合评定			5	
		检查结果处理			5	
	合规操作				10	
	严谨细致				5	
	团队协作				5	
组员互评						
教师评价						

项目拓展

参考答案

理论知识回顾

一、单项选择题

1. (　　) 负责组织实施质量管理体系内审的具体工作。

A. 采购部门　B. 储运部门　C. 行政部门　D. 质量管理部门

2. 检查员聘期一般为 (　　) 年。

A.5　B.3　C.10　D.8

3. (　　) 是药品监督管理部门在开展药品生产经营许可申请审查过程中，对申请人是否具备从事药品生产经营活动条件开展的检查。

A. 许可检查　B. 常规检查　C. 有因检查　D. 飞行检查

4. 对麻醉药品和第一类精神药品、药品类易制毒化学品经营企业的检查，(　　) 检查不少于一次。

A. 每季度　B. 每半年　C. 每年　D. 每 2 年

二、多项选择题

1. 被检查企业有下列情形之一的，应当被视为拒绝、逃避监督检查，伪造、销毁、隐匿记录、数据、信息等相关资料 (　　)。

A. 拒绝、限制检查员进入被检查场所或者区域，限制检查时间或者检查结束时限制检查员离开的

B. 无正当理由不如实提供或者延迟提供与检查相关的文件、记录、票据、凭证、电子数据等材料的

C. 以声称工作人员不在或者冒名顶替应付检查、故意停止生产经营活动等方式欺骗、误导、逃避检查的

D. 拒绝或者限制拍摄、复印、抽样等取证工作的

E. 其他不配合检查的情形

2. 以下哪些内容变更后，企业应当开展专项内审？（　　）

A. 企业负责人　B. 质量负责人　C. 验收员　D. 仓库地址　E. 经营方式

实践能力提升

实践应用：分组开展药品检查模拟活动，并撰写检查报告。

Module 4

模块四

GSP 工作任务实施

模块导航

为加快培育和发展新质生产力，社会对高素质、高技能人才的需求日益增加，而职业教育作为培养高素质技术技能人才的重要途径，被赋予了重要的历史使命。GSP 工作任务实施模块从职业教育理念出发，紧密结合行业标准和岗位要求，围绕职业能力提升和职业素养教育，以药品经营工作过程为导向，以典型工作任务为载体，以任务工单为呈现形式，对理论知识进行强化和应用，突出职业能力的培养，实现理论知识与实践技能、岗位实际和职业发展的紧密对接，价值引领与知识传授、能力培养的有机统一。

本模块包含了药品质量与质量管理、GSP 认知、GSP 实施、药品批发企业组织机构设置、药品批发企业人员管理、药品批发企业仓库布局设计等 29 个实施任务，涵盖了导论、药品经营软硬件管理、药品经营过程管理、药品风险管理与检查等知识内容。通过模拟真实工作场景，让学生在实践中学习、在任务中成长，掌握专业知识和技能，提升解决实际问题的能力。同时，注重学生团队协作、创新思维和职业素养的培养，为医药产业高质量发展提供人才支持和智力支撑。

药品质量与质量管理任务工单

<table>
<tr><td>任务名称</td><td colspan="2">药品质量与质量管理</td><td>学时</td><td></td><td>班级</td><td></td></tr>
<tr><td>组别</td><td></td><td>组长</td><td>组员</td><td></td><td>小组任务成绩</td><td></td></tr>
<tr><td>学生姓名</td><td></td><td>学号</td><td>联系电话</td><td></td><td>个人任务成绩</td><td></td></tr>
<tr><td>实训地点</td><td colspan="2"></td><td>实训时间</td><td colspan="3"></td></tr>
<tr><td>任务目的</td><td colspan="6">1.熟悉我国药品质量管理规范。
2.熟悉我国药品质量监督管理制度。
3.培养敬畏生命、严守药规的良好职业道德。</td></tr>
<tr><td>任务要求</td><td colspan="6">能收集、查阅、深入学习药品质量相关管理规范与监管制度，并能根据规范及制度的内容查找、分析相关实例。</td></tr>
<tr><td>任务材料准备</td><td colspan="6">1.《药品管理法》。
2.药品质量管理规范相关文件。
3.药品质量监督管理制度相关文件。
4.国家药品监督管理局官方网站、省级药品监督管理部门官方网站等。</td></tr>
<tr><td>任务要点和注意事项</td><td colspan="6">1.实例选择应恰当，能符合对应的质量管理规范或管理制度。
2.注意实例的发生时间，应能体现最新的规范或制度的要求。</td></tr>
<tr><td rowspan="6">任务实施步骤</td><td colspan="6">步骤一　信息梳理</td></tr>
<tr><td colspan="6">1.查找和梳理与药品质量管理规范相关的信息，包括但不限于颁布背景、适用对象、实施现状等。
2.查找和梳理与药品质量监督管理制度相关的信息，包括但不限于实施背景、目的与意义、施行现状等。</td></tr>
<tr><td colspan="6">步骤二　实例查找</td></tr>
<tr><td colspan="6">1.查找与药品质量管理规范相关的企业实例，且实例应具有代表性，能反映质量管理规范的要求。
2.查找与药品质量监督管理制度相关的企业实例，且实例应具有代表性，能反映药品质量管理制度的要求。</td></tr>
<tr><td colspan="6">步骤三　实例分析</td></tr>
<tr><td colspan="6">1.结合药品质量管理规范相关信息，分析实例中企业存在的质量管理问题，探索研究质量提升的对策。
2.结合药品质量监督管理制度相关信息，分析实例中企业存在的质量管理问题，探索研究质量提升的对策。</td></tr>
<tr><td>任务总结</td><td colspan="6"></td></tr>
<tr><td>收获感悟</td><td colspan="6"></td></tr>
</table>

GSP认知任务工单

<table>
<tr><td>任务名称</td><td colspan="3">GSP认知</td><td>学时</td><td></td><td>班级</td><td></td></tr>
<tr><td>组别</td><td></td><td>组长</td><td></td><td>组员</td><td></td><td>小组任务成绩</td><td></td></tr>
<tr><td>学生姓名</td><td></td><td>学号</td><td></td><td>联系电话</td><td></td><td>个人任务成绩</td><td></td></tr>
<tr><td>实训地点</td><td colspan="3"></td><td>实训时间</td><td colspan="3"></td></tr>
<tr><td>任务目的</td><td colspan="7">1.熟悉GSP的历史沿革。
2.掌握现行版GSP的主要内容。
3.树立合规意识。</td></tr>
<tr><td>任务要求</td><td colspan="7">查找、分析相关案例，强化对GSP主要内容的理解。</td></tr>
<tr><td>任务材料准备</td><td colspan="7">1.《药品经营质量管理规范》。
2.国家药品监督管理局网站、省级药品监督管理部门网站。
3.中国知网等文献检索网站。</td></tr>
<tr><td>任务要点和注意事项</td><td colspan="7">1.案例应真实、具有代表性。
2.注意案例的发生时间，应与不同阶段的GSP相对应。
3.分析应有理有据、客观具体。</td></tr>
<tr><td rowspan="6">任务实施步骤</td><td colspan="7">步骤一　梳理GSP发展脉络</td></tr>
<tr><td colspan="7">1.通过浏览官方网站、查找文献、翻阅图书报刊等途径，查找各个阶段的GSP相关信息。
2.梳理和提炼不同时期GSP的主要特点、颁布背景等信息。</td></tr>
<tr><td colspan="7">步骤二　查找案例</td></tr>
<tr><td colspan="7">1.根据GSP发展的不同阶段，分别查找药品经营企业在该阶段中开展GSP活动的相关案例。
2.对案例进行分析。</td></tr>
<tr><td colspan="7">步骤三　分析与比较</td></tr>
<tr><td colspan="7">1.结合所学知识与具体案例，分析、比较不同阶段药品经营企业的质量管理水平。
2.思考各阶段GSP的优缺点。</td></tr>
<tr><td>任务总结</td><td colspan="7"></td></tr>
<tr><td>收获感悟</td><td colspan="7"></td></tr>
</table>

GSP实施任务工单

<table>
<tr><td>任务名称</td><td colspan="3">GSP实施</td><td>学时</td><td></td><td>班级</td><td></td></tr>
<tr><td>组别</td><td></td><td>组长</td><td></td><td>组员</td><td></td><td>小组任务成绩</td><td></td></tr>
<tr><td>学生姓名</td><td></td><td>学号</td><td></td><td>联系电话</td><td></td><td>个人任务成绩</td><td></td></tr>
<tr><td>实训地点</td><td colspan="3"></td><td>实训时间</td><td colspan="3"></td></tr>
<tr><td>任务目的</td><td colspan="7">1. 理解GSP实施的重要意义。
2. 掌握GSP实施的主要内容。
3. 树立质量第一意识、风险防范意识、合规经营意识。</td></tr>
<tr><td>任务要求</td><td colspan="7">综合运用所学知识，开展企业GSP实施情况的调研。</td></tr>
<tr><td>任务材料准备</td><td colspan="7">1.《药品经营质量管理规范》。
2. 药品经营企业官方网站。</td></tr>
<tr><td>任务要点和注意事项</td><td colspan="7">1. 注意企业的选取，确保调研企业具有一定的代表性。
2. 注意调研报告的撰写应真实、客观，不泄露被调研企业的商业机密和敏感信息。</td></tr>
<tr><td rowspan="6">任务实施步骤</td><td colspan="7">步骤一　制订调研计划</td></tr>
<tr><td colspan="7">1. 确定一家要调研的药品经营企业。
2. 确定调研目标，拟通过问卷调研、专家访谈等方式，了解企业GSP实施情况和存在的问题。
3. 制订具体的、可操作的调研计划。
4. 设计调研问卷、访谈问题。</td></tr>
<tr><td colspan="7">步骤二　开展调查研究</td></tr>
<tr><td colspan="7">1. 与企业负责人、质量负责人、质量管理部门负责人进行面对面访谈。
2. 面向其他质量相关岗位人员开展问卷调研。
3. 整理访谈内容，回收问卷、统计数据。</td></tr>
<tr><td colspan="7">步骤三　撰写调研报告</td></tr>
<tr><td colspan="7">1. 根据调研情况，结合所学知识，撰写调研报告，报告内容应具体、翔实。
2. 对调研企业GSP实施情况和存在的问题进行思考讨论，并提出改进建议。</td></tr>
<tr><td>任务总结</td><td colspan="7"></td></tr>
<tr><td>收获感悟</td><td colspan="7"></td></tr>
</table>

药品批发企业组织机构设置任务工单

<table>
<tr><td>任务名称</td><td colspan="3">药品批发企业组织机构设置</td><td>学时</td><td></td><td>班级</td><td></td></tr>
<tr><td>组别</td><td></td><td>组长</td><td></td><td>组员</td><td></td><td>小组任务成绩</td><td></td></tr>
<tr><td>学生姓名</td><td></td><td>学号</td><td></td><td>联系电话</td><td></td><td>个人任务成绩</td><td></td></tr>
<tr><td>实训地点</td><td colspan="3"></td><td>实训时间</td><td colspan="3"></td></tr>
<tr><td>任务目的</td><td colspan="7">1.掌握药品批发企业组织机构设置的要求。
2.掌握企业负责人、质量负责人和质量管理部门的职责。
3.树立遵守GSP的合规意识和良好的质量意识。</td></tr>
<tr><td>任务要求</td><td colspan="7">综合运用所学知识与技能，科学合理设置药品批发企业组织机构。</td></tr>
<tr><td>任务材料准备</td><td colspan="7">1.药品经营许可证。
2.《药品经营质量管理规范》。
3.若干人员信息卡。
4.计算机或若干A4纸、笔。</td></tr>
<tr><td>任务要点和注意事项</td><td colspan="7">1.组织机构的设置与经营范围和规模相适应。
2.质量管理部门及相关岗位设置应符合法规要求。
3.企业组织机构设置应满足经营业务需要。</td></tr>
<tr><td rowspan="6">任务实施步骤</td><td colspan="7">步骤一　高层管理机构及岗位设置</td></tr>
<tr><td colspan="7">1.确定药品批发企业的法定代表人、企业负责人、质量负责人。
2.明确企业负责人、质量负责人的职责要求。</td></tr>
<tr><td colspan="7">步骤二　质量管理机构及岗位设置</td></tr>
<tr><td colspan="7">1.设置质量管理部门，明确层级关系。
2.明确质量管理部门职责。
3.从质量管理部门职责出发，设置质量管理部门的具体岗位。</td></tr>
<tr><td colspan="7">步骤三　其他机构及岗位设置</td></tr>
<tr><td colspan="7">1.设置其他相关部门，明确层级关系。
2.明确各部门职责，做到分工明确、协同合作。
3.从职责角度出发，设置各部门的具体岗位。</td></tr>
<tr><td>任务总结</td><td colspan="7"></td></tr>
<tr><td>收获感悟</td><td colspan="7"></td></tr>
</table>

药品批发企业人员管理任务工单

<table>
<tr><td>任务名称</td><td colspan="3">药品批发企业人员管理</td><td>学时</td><td></td><td>班级</td><td></td></tr>
<tr><td>组别</td><td></td><td>组长</td><td></td><td>组员</td><td></td><td>小组任务成绩</td><td></td></tr>
<tr><td>学生姓名</td><td></td><td>学号</td><td></td><td>联系电话</td><td></td><td>个人任务成绩</td><td></td></tr>
<tr><td>实训地点</td><td colspan="3"></td><td>实训时间</td><td colspan="3"></td></tr>
<tr><td>任务目的</td><td colspan="7">1.掌握药品批发企业人员的任职要求。
2.熟悉人员培训、健康与卫生管理的要求。
3.具备诚实守信、忠于职守、服务社会的职业道德。</td></tr>
<tr><td>任务要求</td><td colspan="7">综合运用所学知识与技能，为药品批发企业配备合适的人员。</td></tr>
<tr><td>任务材料准备</td><td colspan="7">1.若干人员信息卡。
2.企业培训管理制度、员工健康检查管理制度、员工个人卫生管理制度。
3.员工信息表、× × 年度培训计划表（均为空表）。</td></tr>
<tr><td>任务要点和注意事项</td><td colspan="7">1.各岗位人员资质应符合法定要求。
2.培训计划应融入新政策、新标准、新要求。</td></tr>
<tr><td rowspan="6">任务实施步骤</td><td colspan="7">步骤一　人员选用</td></tr>
<tr><td colspan="7">1.对所有人员信息卡进行分析，检查是否存在从业禁止的情况。
2.为药品批发企业选用合适的人员担任企业负责人、质量负责人、质量管理部门负责人、质量管理员、验收员等。
3.为药品批发企业选用合适的人员担任养护员、采购员、销售员以及储存相关工作人员。
4.填写“员工信息表”。</td></tr>
<tr><td colspan="7">步骤二　人员培训</td></tr>
<tr><td colspan="7">1.根据企业培训管理制度，对新入职或转岗员工开展岗前培训。
2.根据企业培训管理制度，制定年度培训计划，并填写“× × 年度培训计划表”。
3.根据年度培训计划，开展继续培训，做好培训记录并建立档案。</td></tr>
<tr><td colspan="7">步骤三　健康与卫生管理</td></tr>
<tr><td colspan="7">1.根据员工健康检查管理制度，明确企业检查项目，开展岗前及年度健康检查，并建立健康档案。
2.根据员工个人卫生管理制度，检查员工是否存在违反个人卫生管理的行为。</td></tr>
<tr><td>相关表单</td><td colspan="7">（见下表）</td></tr>
<tr><td>任务总结</td><td colspan="7"></td></tr>
<tr><td>收获感悟</td><td colspan="7"></td></tr>
</table>

员工信息表

序号	姓名	岗位	学历	专业背景	职业资格	技术职称	工作背景	备注

××年度培训计划表

序号	培训目的	培训内容	培训方式	培训对象	预定时间	培训地点	授课教师	备注

药品批发企业仓库布局设计任务工单

<table>
<tr><td>任务名称</td><td colspan="3">药品批发企业仓库布局设计</td><td>学时</td><td></td><td>班级</td><td></td></tr>
<tr><td>组别</td><td></td><td>组长</td><td></td><td>组员</td><td></td><td>小组任务成绩</td><td></td></tr>
<tr><td>学生姓名</td><td></td><td>学号</td><td></td><td>联系电话</td><td></td><td>个人任务成绩</td><td></td></tr>
<tr><td>实训地点</td><td colspan="3"></td><td>实训时间</td><td colspan="3"></td></tr>
<tr><td>任务目的</td><td colspan="7">1.掌握库房选址及建设要求。
2.掌握库房分类分区管理的要求。
3.具备社会责任感，树立风险管理意识。</td></tr>
<tr><td>任务要求</td><td colspan="7">综合运用所学知识与技能，开展药品仓库的布局设计。</td></tr>
<tr><td>任务材料准备</td><td colspan="7">1.城市街道地图。
2.若干药品或药品卡片。
3.计算机及绘图软件，A4 纸、彩色笔。</td></tr>
<tr><td>任务要点和注意事项</td><td colspan="7">1.库房的设置要与经营范围和规模相适应。
2.各库房内区域要布局合理。</td></tr>
<tr><td rowspan="6">任务实施步骤</td><td colspan="7">步骤一　库房选址及建设</td></tr>
<tr><td colspan="7">1.根据药品或药品卡片等信息，确定拟开办的药品批发企业经营范围及规模。
2.从城市街道地图中选择合适的地址，作为药品批发企业的库房。
3.根据经营范围及规模，制定库房建设方案。</td></tr>
<tr><td colspan="7">步骤二　库房分类分区管理</td></tr>
<tr><td colspan="7">1.从建筑结构和操作设施角度，确定仓库类型。
2.从药品储存温度角度，划分库房。
3.从按药品的经营范围角度，划分库房。
4.从药品零整角度，划分库房或库区。
5.从药品质量状态和业务流程角度，划分库房；或对储存作业区进行分区和色标管理。</td></tr>
<tr><td colspan="7">步骤三　库房平面图绘制</td></tr>
<tr><td colspan="7">1.根据以上设计，在 A4 纸上绘制库房平面图；或用计算机及相关软件绘制仓库平面图。
2.根据药品质量状态，在各库区标上相应颜色。</td></tr>
<tr><td>任务总结</td><td colspan="7"></td></tr>
<tr><td>收获感悟</td><td colspan="7"></td></tr>
</table>

设施设备管理任务工单

<table>
<tr><td>任务名称</td><td colspan="2">设施设备管理</td><td>学时</td><td></td><td>班级</td><td></td></tr>
<tr><td>组别</td><td></td><td>组长</td><td>组员</td><td></td><td>小组任务成绩</td><td></td></tr>
<tr><td>学生姓名</td><td></td><td>学号</td><td>联系电话</td><td></td><td>个人任务成绩</td><td></td></tr>
<tr><td>实训地点</td><td colspan="2"></td><td>实训时间</td><td colspan="3"></td></tr>
<tr><td>任务目的</td><td colspan="6">1. 掌握药品批发企业设施设备的配备。
2. 掌握药品零售企业设施设备的配备。
3. 熟悉建立设备台账和设施设备日常维护管理的方法。
4. 具备社会责任感，树立风险管理意识。</td></tr>
<tr><td>任务要求</td><td colspan="6">综合运用所学知识与技能，学会药品经营企业设施设备的配备与管理。</td></tr>
<tr><td>任务材料准备</td><td colspan="6">1. 药品经营企业信息卡。
2. 设施设备信息卡若干。
3. 设施设备台账、设备仪器使用记录表（均为空表）。</td></tr>
<tr><td>任务要点和注意事项</td><td colspan="6">1. 根据经营范围及规模确定药品经营企业的设施设备。
2. 注意药品批发企业与药品零售企业设施设备的区别。</td></tr>
<tr><td rowspan="6">任务实施步骤</td><td colspan="6">步骤一　配备药品批发企业的设施设备</td></tr>
<tr><td colspan="3">1. 根据药品经营企业信息卡上的信息，确定药品批发企业经营范围及经营规模。
2. 根据经营范围及经营规模，为药品批发企业配备合适的设施设备，满足经营与质量管理需求。</td><td colspan="3">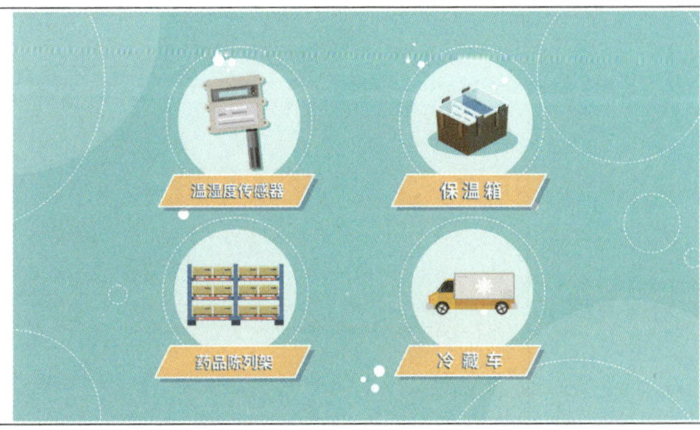</td></tr>
<tr><td colspan="6">步骤二　配备药品零售企业的设施设备</td></tr>
<tr><td colspan="3">1. 根据药品经营企业信息卡上的信息，确定药品零售企业经营范围及经营规模。
2. 根据经营范围及经营规模，为药品零售企业配备合适的设施设备，满足经营与质量管理需求。</td><td colspan="3"></td></tr>
<tr><td colspan="6">步骤三　管理设施设备</td></tr>
<tr><td colspan="3">1. 分别建立药品批发企业和药品零售企业的“设施设备台账”，并对设备进行编号。
2. 进行设施设备的日常使用和保养管理，填写“设施设备使用记录表”。
3. 开展设施设备校准与检定管理。</td><td colspan="3"></td></tr>
</table>

续表

<table>
<tr><td rowspan="2">相关表单</td><td>

设施设备台账

设备名称	规格型号	制造企业	设备来源	设备编号	配置地点	使用部门	用途	启用日期	维护周期	备注

</td></tr>
<tr><td>

设备仪器使用记录表

名称		型号		编号		使用地点	
日期	使用目的	开始时间	使用状况	停止时间	操作人	备注	

</td></tr>
<tr><td>任务总结</td><td></td></tr>
<tr><td>收获感悟</td><td></td></tr>
</table>

保温箱验证任务工单

<table>
<tr><td>任务名称</td><td colspan="3">保温箱验证</td><td>学时</td><td></td><td>班级</td><td></td></tr>
<tr><td>组别</td><td></td><td>组长</td><td></td><td>组员</td><td></td><td>小组任务成绩</td><td></td></tr>
<tr><td>学生姓名</td><td></td><td>学号</td><td></td><td>联系电话</td><td></td><td>个人任务成绩</td><td></td></tr>
<tr><td>实训地点</td><td colspan="3"></td><td>实训时间</td><td colspan="3"></td></tr>
<tr><td>任务目的</td><td colspan="7">1. 掌握保温箱验证要点，模拟温度分布特性测试与分析、温度自动监测设备放置位置确认等验证项目。
2. 掌握验证记录的填写方法。
3. 熟悉保温箱验证项目程序。
4. 培养吃苦耐劳、诚实守信、严谨细致的品质。</td></tr>
<tr><td>任务要求</td><td colspan="7">综合运用所学知识与技能，开展保温箱相关验证项目。</td></tr>
<tr><td>任务材料准备</td><td colspan="7">1. 若干模拟样品（药品空盒）、纸板、保温箱、蓄冷剂。
2. 温度传感器（温度探头）6 个。
3. 温度探头数据读取器。
4. 保温箱验证操作过程记录表。</td></tr>
<tr><td>任务要点和注意事项</td><td colspan="7">1. 注意验证使用的温度传感器应附有效期内校准合格证书。
2. 注意验证使用的温度传感器应当适用于被验证设备的测量范围，其温度测量的最大允许误差为 ±0.5℃。
3. 要认真、及时、如实收集和记录验证活动中产生的验证数据，确保所有验证数据的真实、完整、有效、可追溯。</td></tr>
<tr><td rowspan="4">任务实施步骤</td><td colspan="7">步骤一　验证前准备</td></tr>
<tr><td colspan="7">1. 按照设备使用阶段确定此次验证类型。
2. 组建验证领导组、验证小组，明确验证参与人员及其职责。
3. 根据验证类型和验证对象，制定验证方案。
4. 明确实施验证的标准和具体验证操作规程。</td></tr>
<tr><td colspan="7">步骤二　验证项目实施</td></tr>
<tr><td colspan="7">1. 确定本次验证项目。
2. 对箱体进行布点。
3. 数据采集并拍照。</td></tr>
</table>

续表

任务实施步骤	4. 数据分析，通过箱内温度分布特性的测试与分析，确定日常温度自动监测设备的放置位置。
	5. 填写“保温箱验证操作过程记录表”。
	步骤三　验证完成
	1. 出具验证报告。 2. 开展偏差处理并提出预防措施。
相关表单	保温箱验证操作过程记录表（见下表）
任务总结	
收获感悟	

保温箱验证操作过程记录表

序号	操作内容	执行人	开启时间	完成时间	备注
1	确认验证准备情况				
2	验证测试布点				
3	温度分布特性的测试与分析				
4	蓄冷剂配备的使用条件测试				
5	温度自动监测设备放置位置确认				
6	开箱作业对箱内温度分布及变化的影响				
7	高温或低温等极端外部环境条件下的保温效果评估				
8	验证设备拆除时间				

计算机系统购置任务工单

<table>
<tr><td>任务名称</td><td colspan="3">计算机系统购置</td><td>学时</td><td></td><td>班级</td><td></td></tr>
<tr><td>组别</td><td></td><td>组长</td><td></td><td>组员</td><td></td><td>小组任务成绩</td><td></td></tr>
<tr><td>学生姓名</td><td></td><td>学号</td><td></td><td>联系电话</td><td></td><td>个人任务成绩</td><td></td></tr>
<tr><td>实训地点</td><td colspan="3"></td><td>实训时间</td><td colspan="3"></td></tr>
<tr><td>任务目的</td><td colspan="7">1. 掌握药品批发企业计算机系统的功能要求、软硬件配置要求。
2. 熟悉计算机系统在药品批发企业各环节的应用。
3. 培养严守药规、与时俱进的工匠精神。</td></tr>
<tr><td>任务要求</td><td colspan="7">综合运用所学知识，为药品批发企业模拟采购一套符合 GSP 要求的计算机系统。</td></tr>
<tr><td>任务材料准备</td><td colspan="7">计算机系统。</td></tr>
<tr><td>任务要点和注意事项</td><td colspan="7">1. 注意 GSP 对计算机系统的功能要求以及在经营各环节中的不同应用。
2. 购置的计算机系统必须满足 GSP 和企业经营的需求。
3. 市面上已开发成熟的计算机系统类型较多，要注意分辨和选择。</td></tr>
<tr><td rowspan="6">任务实施步骤</td><td colspan="7">步骤一　确定计算机系统所需功能、软硬件的配置要求</td></tr>
<tr><td colspan="7">1. 学习了解 GSP 对计算机系统的功能要求、软硬件的配置要求。
2. 制作药品批发企业计算机系统的功能清单、软硬件采购清单。</td></tr>
<tr><td colspan="7">步骤二　确定计算机系统在各环节中的应用</td></tr>
<tr><td colspan="7">1. 学习了解 GSP 对计算机系统在各环节中的应用要求。
2. 制作药品批发企业计算机系统在各环节中应用的操作流程图。</td></tr>
<tr><td colspan="7">步骤三　确定计算机系统供应商</td></tr>
<tr><td colspan="7">1. 网络查找和了解目前市面上已开发成熟的计算机系统类型和供应商。
2. 比较和分析不同供应商计算机系统的异同点。
3. 确定所需购置的计算机系统供应商。</td></tr>
<tr><td>任务总结</td><td colspan="7"></td></tr>
<tr><td>收获感悟</td><td colspan="7"></td></tr>
</table>

计算机系统账号及数据管理任务工单

<table>
<tr><td>任务名称</td><td colspan="3">计算机系统账号及数据管理</td><td>学时</td><td></td><td>班级</td><td></td></tr>
<tr><td>组别</td><td></td><td>组长</td><td></td><td>组员</td><td></td><td>小组任务成绩</td><td></td></tr>
<tr><td>学生姓名</td><td></td><td>学号</td><td></td><td>联系电话</td><td></td><td>个人任务成绩</td><td></td></tr>
<tr><td>实训地点</td><td colspan="3"></td><td>实训时间</td><td colspan="3"></td></tr>
<tr><td>任务目的</td><td colspan="7">1.掌握计算机系统账套、登录、权限设置的方法。
2.掌握计算机系统数据的录入、修改、删除等操作要求。
3.熟悉计算机数据备份的方法。
4.培养严守药规、工匠精神和创新意识。</td></tr>
<tr><td>任务要求</td><td colspan="7">综合运用所学知识与技能，对计算机系统账号及数据进行科学管理。</td></tr>
<tr><td>任务材料准备</td><td colspan="7">1.计算机系统。
2.企业计算机系统管理制度和操作规程文件。
3.《药品经营质量管理规范》。</td></tr>
<tr><td>任务要点和注意事项</td><td colspan="7">1.注意不同岗位人员的操作权限要求。
2.注意数据修改、删除等操作的权限要求。
3.注意计算机系统账号设置及数据管理要求，要与企业计算机系统管理制度及操作规程相一致。</td></tr>
<tr><td rowspan="8">任务实施步骤</td><td colspan="7">步骤一　账号权限设置</td></tr>
<tr><td colspan="7">1.登录GSP应用软件系统。
2.初始化系统设置。
3.每个小组为一个独立的药品经营企业，根据GSP及企业计算机系统管理制度和操作规程要求为自己企业设置账套。
4.在系统账套下设置质量负责人、质量管理部门负责人、质量管理员、采购员、采购部门经理、收货员、验收员、仓库管理员、养护员、出库复核员、运输员、销售员、销售部门经理等岗位，并分别设置用户登录名及密码。
5.给每个账号分别设置系统操作权限。</td></tr>
<tr><td colspan="7">步骤二　操作记录管理</td></tr>
<tr><td colspan="7">1.模拟质量管理和经营各环节的数据录入，系统自动生成操作记录。
2.模拟数据的修改、删除等操作。</td></tr>
<tr><td colspan="7">步骤三　安全管理</td></tr>
<tr><td colspan="7">1.在系统中安装安全软件，如防火墙、杀毒软件、入侵监测系统等。
2.模拟网络攻击、数据泄露等环境，测试安全软件的防御能力。</td></tr>
<tr><td colspan="7">步骤四　数据储存备份</td></tr>
<tr><td colspan="7">1.模拟数据的备份操作。
2.模拟数据被删除或损坏时，可使用备份数据。</td></tr>
<tr><td>任务总结</td><td colspan="7"></td></tr>
<tr><td>收获感悟</td><td colspan="7"></td></tr>
</table>

质量管理体系文件编写任务工单

<table>
<tr><td>任务名称</td><td colspan="3">质量管理体系文件编写</td><td>学时</td><td></td><td>班级</td><td></td></tr>
<tr><td>组别</td><td></td><td>组长</td><td></td><td>组员</td><td></td><td>小组任务成绩</td><td></td></tr>
<tr><td>学生姓名</td><td></td><td>学号</td><td></td><td>联系电话</td><td></td><td>个人任务成绩</td><td></td></tr>
<tr><td>实训地点</td><td colspan="3"></td><td>实训时间</td><td colspan="3"></td></tr>
<tr><td>任务目的</td><td colspan="7">1.掌握建立质量管理体系文件的方法。
2.学会对质量管理体系文件进行编号。
3.学会编制质量管理体系文件文头和正文格式。
4.树立规则意识，强化风险管理意识，提升社会责任感。</td></tr>
<tr><td>任务要求</td><td colspan="7">综合运用所学知识与技能，编写一份质量管理体系文件。</td></tr>
<tr><td>任务材料准备</td><td colspan="7">1.若干不同类型质量管理体系文件范例。
2.质量管理体系文件目录。
3.计算机系统。</td></tr>
<tr><td>任务要点和注意事项</td><td colspan="7">1.注意文件编号应符合企业制定的文件编号规则。
2.注意文件的编号、文件文头和正文内容格式应符合规范要求。</td></tr>
<tr><td rowspan="6">任务实施步骤</td><td colspan="7">步骤一　文件分类和编号</td></tr>
<tr><td colspan="7">1.确定文件目录中所列文件的具体类型。
2.对文件逐一进行编号。</td></tr>
<tr><td colspan="7">步骤二　文件文头设计</td></tr>
<tr><td colspan="7">1.设计文件文头。
2.填写文头信息。</td></tr>
<tr><td colspan="7">步骤三　文件正文编写</td></tr>
<tr><td colspan="7">1.确定文件正文内容。
2.编写文件正文。</td></tr>
<tr><td>任务总结</td><td colspan="7"></td></tr>
<tr><td>收获感悟</td><td colspan="7"></td></tr>
</table>

质量管理体系文件管理任务工单

<table>
<tr><td>任务名称</td><td colspan="2">质量管理体系文件管理</td><td>学时</td><td></td><td>班级</td><td></td></tr>
<tr><td>组别</td><td></td><td>组长</td><td>组员</td><td></td><td>小组任务成绩</td><td></td></tr>
<tr><td>学生姓名</td><td></td><td>学号</td><td>联系电话</td><td></td><td>个人任务成绩</td><td></td></tr>
<tr><td>实训地点</td><td colspan="2"></td><td>实训时间</td><td colspan="3"></td></tr>
<tr><td>任务目的</td><td colspan="6">1.掌握质量管理体系文件的管理程序。
2.熟悉质量管理体系文件管理中各环节的关键点。
3.培养严谨、认真的工作态度。</td></tr>
<tr><td>任务要求</td><td colspan="6">综合运用所学知识与技能，对质量管理体系文件进行管理。</td></tr>
<tr><td>任务材料准备</td><td colspan="6">1.《药品经营质量管理规范》。
2.若干药品经营企业质量管理体系文件。
3.文件发放、回收记录表，文件修订审批表，文件存档记录表，文件借阅记录表，文件撤销申请单（均为空表）。</td></tr>
<tr><td>任务要点和注意事项</td><td colspan="6">文件管理过程中需做好相关记录。</td></tr>
<tr><td rowspan="8">任务实施步骤</td><td colspan="6">步骤一　文件审核及批准</td></tr>
<tr><td colspan="6">1.审核文件，提出意见和建议。
2.批准文件，确定生效日期。</td></tr>
<tr><td colspan="6">步骤二　文件复制、分发、培训及生效执行</td></tr>
<tr><td colspan="6">1.对文件进行复制分发，填写“文件发放、回收记录表”。
2.对文件使用者进行培训。
3.文件生效执行后，相关管理人员应对执行状态进行监督检查。</td></tr>
<tr><td colspan="6">步骤三　文件修订及存档</td></tr>
<tr><td colspan="6">1.启动文件修订程序，填写“文件修订审批表”。
2.将文件按类别及编号顺序存档，填写“文件存档记录表”。
3.借阅文件，填写“文件借阅记录表”。</td></tr>
<tr><td colspan="6">步骤四　文件撤销与销毁</td></tr>
<tr><td colspan="6">1. 文件撤销，填写“文件撤销申请单”。
2.收回的文件除保留部门留档备查外，其余文件在清点数量后，经批准后进行销毁，并记录销毁情况。</td></tr>
<tr><td>相关表单</td><td colspan="6">
文件发放、回收记录表
<table>
<tr><td rowspan="2">序号</td><td rowspan="2">文件名称</td><td rowspan="2">文件编号</td><td rowspan="2">版本号</td><td colspan="4">发放记录</td><td colspan="3">回收记录</td></tr>
<tr><td>部门</td><td>份数</td><td>签名</td><td>日期</td><td>份数</td><td>签名</td><td>日期</td></tr>
<tr><td></td><td></td><td></td><td></td><td></td><td></td><td></td><td></td><td></td><td></td><td></td></tr>
<tr><td></td><td></td><td></td><td></td><td></td><td></td><td></td><td></td><td></td><td></td><td></td></tr>
</table>
文件修订审批表
<table>
<tr><td>文件名称</td><td></td><td>编号</td><td></td><td>版别</td><td></td></tr>
<tr><td colspan="6">修订位置及原因：</td></tr>
<tr><td colspan="6">修订后的内容：</td></tr>
<tr><td colspan="6">受此影响引起变动的其他文件名称：
申请人：　　日期：</td></tr>
<tr><td colspan="6">所在部门意见：
签名：　　日期：</td></tr>
<tr><td colspan="6">审批部门意见：
签名：　　日期：</td></tr>
</table>
</td></tr>
</table>

续表

相关表单

文件存档记录表

序号	时间	文件名称	文件编号	页数	份数	存档人	签收人	存档情况	备注

文件借阅记录表

序号	文件名称	文件编号	版本号	受控状态	借阅时间	借阅事由	借阅份数	借阅人及部门	批准人	归还时间	备注

文件撤销申请单

<table>
<tr><td>文件名称</td><td></td><td>编号</td><td></td><td>版本号</td><td></td></tr>
<tr><td colspan="6">撤销原因：</td></tr>
<tr><td colspan="6">受此影响引起变动的其他文件名称：
申请人：　　　　日期：</td></tr>
<tr><td colspan="6">所在部门意见：
签名：　　　　日期：</td></tr>
<tr><td colspan="6">审批部门意见：
签名：　　　　日期：</td></tr>
</table>

任务总结	
收获感悟	

药品经营许可证申办任务工单

<table>
<tr><td>任务名称</td><td colspan="3">药品经营许可证申办</td><td>学时</td><td></td><td>班级</td><td></td></tr>
<tr><td>组别</td><td></td><td>组长</td><td></td><td>组员</td><td></td><td>小组任务成绩</td><td></td></tr>
<tr><td>学生姓名</td><td></td><td>学号</td><td></td><td>联系电话</td><td></td><td>个人任务成绩</td><td></td></tr>
<tr><td>实训地点</td><td colspan="3"></td><td>实训时间</td><td colspan="3"></td></tr>
<tr><td>任务目的</td><td colspan="7">1. 掌握药品经营许可证申办条件。
2. 掌握药品经营许可证申办程序。
3. 具备社会责任感，树立诚信经营意识。</td></tr>
<tr><td>任务要求</td><td colspan="7">综合运用所学知识与技能，开展药品经营许可证申办实训操作。</td></tr>
<tr><td>任务材料准备</td><td colspan="7">1. 若干药品经营企业营业执照信息卡、相关人员信息卡。
2. 若干药品经营企业的经营环境及硬件设施信息卡。
3. 药品经营企业质量管理体系文件清单。
4. 药品经营许可证申请表（空表）。</td></tr>
<tr><td>任务要点和注意事项</td><td colspan="7">1. 注意申报资料的完整性。
2. 注意药品经营许可证申办条件检查。</td></tr>
<tr><td rowspan="4">任务实施步骤</td><td colspan="7">步骤一　拟开办企业类型选择及申办条件检查</td></tr>
<tr><td colspan="7">1. 从药品经营企业营业执照信息卡中选择拟开办企业的类型。
2. 检查药品经营许可证申办条件是否满足。</td></tr>
<tr><td colspan="7">步骤二　药品经营许可证申请</td></tr>
<tr><td colspan="7">1. 申办人取得营业执照后，向所在地县级以上药品监督管理部门申请药品经营许可证。
2. 申办人填写“药品经营许可证申请表”，并准备其他申办资料。
3. 药品监督管理部门开展形式审查、技术审查、现场检查等，符合条件的发放药品经营许可证。</td></tr>
<tr><td>相关表单</td><td colspan="7">药品经营许可证申请表
<table>
<tr><td>企业名称</td><td colspan="7"></td></tr>
<tr><td>注册地址</td><td colspan="2"></td><td colspan="2">邮政编码</td><td colspan="3"></td></tr>
<tr><td>仓库地址</td><td colspan="2"></td><td colspan="2">联系电话</td><td colspan="3"></td></tr>
<tr><td>企业类型</td><td colspan="2"></td><td colspan="2">注册资金</td><td colspan="3"></td></tr>
<tr><td>法定代表人</td><td></td><td>职称</td><td></td><td>学历</td><td></td><td>药品经营管理工作年限</td><td></td></tr>
<tr><td>企业负责人</td><td></td><td>职称</td><td></td><td>学历</td><td></td><td>药品经营管理工作年限</td><td></td></tr>
<tr><td>质量负责人</td><td></td><td>职称</td><td></td><td>学历</td><td></td><td>药品经营管理工作年限</td><td></td></tr>
<tr><td>质量管理部门负责人</td><td></td><td>职称</td><td></td><td>学历</td><td></td><td>药品经营管理工作年限</td><td></td></tr>
<tr><td>经营范围</td><td colspan="7"></td></tr>
<tr><td colspan="8">药学技术人员（填写不下可另附页）</td></tr>
<tr><td>姓名</td><td>职称</td><td>学历</td><td colspan="2">专业</td><td colspan="3">从事岗位（或职务）</td></tr>
<tr><td></td><td></td><td></td><td colspan="2"></td><td colspan="3"></td></tr>
<tr><td></td><td></td><td></td><td colspan="2"></td><td colspan="3"></td></tr>
</table></td></tr>
</table>

续表

<table>
<tr><td>相关表单</td><td>
<table>
<tr><td colspan="7">质量管理机构情况</td></tr>
<tr><td>部门</td><td>人数</td><td>执业药师</td><td colspan="3">药学技术人员
（除执业药师以外）</td><td>其他</td></tr>
<tr><td>质量管理部门</td><td></td><td></td><td colspan="3"></td><td></td></tr>
<tr><td>质量验收组</td><td></td><td></td><td colspan="3"></td><td></td></tr>
<tr><td colspan="7">经营场所、仓库等情况（填写不下可另附页）</td></tr>
<tr><td>经营场所</td><td colspan="2">㎡</td><td colspan="3">仓库</td><td>㎡</td></tr>
<tr><td>阴凉库</td><td>㎡</td><td>常温库</td><td>㎡</td><td>冷库</td><td>㎡</td><td>冷库数量　个</td></tr>
<tr><td>设施设备名称</td><td colspan="2">型号</td><td colspan="2">使用地点</td><td colspan="2">数量</td></tr>
<tr><td></td><td colspan="2"></td><td colspan="2"></td><td colspan="2"></td></tr>
<tr><td></td><td colspan="2"></td><td colspan="2"></td><td colspan="2"></td></tr>
<tr><td></td><td colspan="2"></td><td colspan="2"></td><td colspan="2"></td></tr>
<tr><td>运输能力</td><td colspan="2">辆</td><td colspan="2">其中冷藏车</td><td colspan="2">辆</td></tr>
<tr><td colspan="7">法定代表人签字：

年　月　日
被委托人签字：
联系电话：
年　月　日</td></tr>
</table>
</td></tr>
<tr><td>任务总结</td><td></td></tr>
<tr><td>收获感悟</td><td></td></tr>
</table>

药品经营许可证管理任务工单

<table>
<tr><td>任务名称</td><td colspan="3">药品经营许可证管理</td><td>学时</td><td></td><td>班级</td><td></td></tr>
<tr><td>组别</td><td></td><td>组长</td><td></td><td>组员</td><td></td><td>小组任务成绩</td><td></td></tr>
<tr><td>学生姓名</td><td></td><td>学号</td><td></td><td>联系电话</td><td></td><td>个人任务成绩</td><td></td></tr>
<tr><td>实训地点</td><td colspan="3"></td><td>实训时间</td><td colspan="3"></td></tr>
<tr><td>任务目的</td><td colspan="7">1.掌握药品经营许可证管理的相关程序。
2.能够规范填写药品经营许可证变更申请表。
3.树立诚信合规意识，具备企业主体责任意识。</td></tr>
<tr><td>任务要求</td><td colspan="7">综合运用所学知识与技能，规范开展药品经营许可证管理工作。</td></tr>
<tr><td>任务材料准备</td><td colspan="7">1.药品经营企业信息表。
2.药品经营许可证（批发）变更申请表、变更前仓库信息表、变更后仓库信息表、药品经营企业关键岗位人员情况表（均为空表）。</td></tr>
<tr><td>任务要点和注意事项</td><td colspan="7">1.注意申报资料的真实性。
2.注意申报资料的完整性。</td></tr>
<tr><td rowspan="4">任务实施步骤</td><td colspan="7">步骤一　药品经营许可证变更管理</td></tr>
<tr><td colspan="7">1.开展许可事项变更，填写“药品经营许可证（批发）变更申请表”“变更前仓库信息表”“变更后仓库信息表”“药品经营企业关键岗位人员情况表”等。
2.开展登记事项变更。</td></tr>
<tr><td colspan="7">步骤二　药品经营许可证重新审查发证、注销、补发管理</td></tr>
<tr><td colspan="7">1.开展药品经营许可证重新审查发证管理。
2.开展药品经营许可证注销管理。
3.开展药品经营许可证补发管理。</td></tr>
<tr><td>相关表单</td><td colspan="7">
药品经营许可证（批发）变更（变更经营范围、地址）申请表
<table>
<tr><td>社会信用代码</td><td></td><td>申请时间</td><td></td></tr>
<tr><td>《药品经营许可证》证号</td><td></td><td>有效期</td><td></td></tr>
<tr><td>变更项</td><td>变更前</td><td colspan="2">变更后</td></tr>
<tr><td>注册地址</td><td></td><td colspan="2"></td></tr>
<tr><td>经营范围</td><td></td><td colspan="2"></td></tr>
<tr><td>联系人</td><td></td><td>联系电话</td><td></td></tr>
<tr><td>联系地址</td><td colspan="3"></td></tr>
<tr><td>被委托人</td><td></td><td>被委托人联系电话</td><td></td></tr>
<tr><td>备注</td><td colspan="3"></td></tr>
<tr><td colspan="4">保证（承诺）声明
本企业承诺所提交的全部资料真实有效，并愿承担一切法律责任。同时，保证按照法律法规的要求从事药品经营活动。

申请人签字：
（盖章）
委托代理人：
（签字）</td></tr>
</table>
</td></tr>
</table>

续表

<table>
<tr><td rowspan="16">相关表单</td><td colspan="8">变更前仓库信息表</td></tr>
<tr><td>序号</td><td>仓库建筑面积</td><td>常温库面积</td><td>阴凉库面积</td><td>冷库容积</td><td>验收养护室面积</td><td>仓库性质</td><td>地址</td></tr>
<tr><td></td><td></td><td></td><td></td><td></td><td></td><td></td><td></td></tr>
<tr><td colspan="8">变更后仓库信息表</td></tr>
<tr><td>序号</td><td>仓库建筑面积</td><td>常温库面积</td><td>阴凉库面积</td><td>冷库容积</td><td>验收养护室面积</td><td>仓库性质</td><td>地址</td></tr>
<tr><td></td><td></td><td></td><td></td><td></td><td></td><td></td><td></td></tr>
<tr><td colspan="8">药品经营企业关键岗位人员情况表</td></tr>
<tr><td colspan="2">姓　名</td><td colspan="2"></td><td colspan="2">性　别</td><td colspan="2"></td></tr>
<tr><td colspan="2">身份证号码</td><td colspan="2"></td><td colspan="2">联系电话</td><td colspan="2"></td></tr>
<tr><td colspan="2">任职单位</td><td colspan="2"></td><td colspan="2">从事岗位</td><td colspan="2"></td></tr>
<tr><td colspan="8">个人简历</td></tr>
<tr><td colspan="8">（身份证明文件复印件粘贴，能实现身份信息共享的，无须粘贴）</td></tr>
<tr><td colspan="8">保证（承诺）声明
本人无《中华人民共和国药品管理法》规定的禁止从事药品经营活动的情况。
签名：
年　月　日</td></tr>
<tr><td>任务总结</td><td colspan="8"></td></tr>
<tr><td>收获感悟</td><td colspan="8"></td></tr>
</table>

首营审核任务工单

<table>
<tr><td>任务名称</td><td colspan="3">首营审核</td><td>学时</td><td></td><td>班级</td><td></td></tr>
<tr><td>组别</td><td></td><td>组长</td><td></td><td>组员</td><td></td><td>小组任务成绩</td><td></td></tr>
<tr><td>学生姓名</td><td></td><td>学号</td><td></td><td>联系电话</td><td></td><td>个人任务成绩</td><td></td></tr>
<tr><td>实训地点</td><td colspan="3"></td><td>实训时间</td><td colspan="3"></td></tr>
<tr><td>任务目的</td><td colspan="7">1.掌握首营企业、首营品种审核内容及要求。
2.熟悉计算机系统中首营企业、首营品种基础数据库的建立和档案管理。
3.树立质量第一的意识。</td></tr>
<tr><td>任务要求</td><td colspan="7">综合运用所学知识与技能，规范开展首营企业审核、首营品种审核工作。</td></tr>
<tr><td>任务材料准备</td><td colspan="7">1.药品生产企业、药品经营企业合法性资料各一套。
2.销售人员资料一套。
3.首营品种资料一套。
4.首营企业审批表、首营品种审批表（均为空表）。
5.计算机系统。</td></tr>
<tr><td>任务要点和注意事项</td><td colspan="7">1.注意根据资料如实填写“首营企业审批表”“首营品种审批表”。
2.注意首营审批的程序要求。</td></tr>
<tr><td rowspan="6">任务实施步骤</td><td colspan="7">步骤一　采购员索取合法性资料</td></tr>
<tr><td colspan="3">1.索取药品生产企业、药品经营企业合法性资料、销售人员资料、首营品种资料。
2.根据首营审核的要求，对材料进行初步审查。</td><td colspan="4"></td></tr>
<tr><td colspan="7">步骤二　采购员填写首营审批表</td></tr>
<tr><td colspan="3">1.对照资料如实填写“首营企业审批表”。
2.对照资料如实填写“首营品种审批表”。</td><td colspan="4"></td></tr>
<tr><td colspan="7">步骤三　合法性审批</td></tr>
<tr><td colspan="3">相关责任人审核签字。</td><td colspan="4"></td></tr>
</table>

续表

<table>
<tr><td rowspan="2">任务实施步骤</td><td>步骤四 计算机系统录入</td></tr>
<tr><td>1.将审核通过的企业名称添加到计算机系统的“合格供货单位列表”中。
2.在计算机系统中输入企业信息，建立首营企业基础数据库，并将相关资料整理存档，建立合格供货单位档案。
3.在计算机系统中输入药品信息，建立首营品种基础数据库，将相关资料整理存档，并建立药品质量档案。

</td></tr>
<tr><td>相关表单</td><td>
首营企业审批表
<table>
<tr><td rowspan="4">企业基本信息</td><td>编号</td><td></td><td>填报日期</td><td></td><td>类别</td><td>□药品上市许可持有人
□药品生产企业
□药品经营企业</td></tr>
<tr><td>企业名称</td><td></td><td>联系人</td><td></td><td>电话</td><td></td></tr>
<tr><td>拟供品种</td><td></td><td>邮政编码</td><td></td><td>传真</td><td></td></tr>
<tr><td>邮箱</td><td></td><td>详细地址</td><td colspan="3"></td></tr>
<tr><td rowspan="5">许可证信息</td><td>许可证名称</td><td></td><td>许可证号</td><td colspan="3"></td></tr>
<tr><td>法定代表人</td><td></td><td>企业负责人</td><td></td><td>质量负责人</td><td></td></tr>
<tr><td>注册地址</td><td></td><td>生产/经营地址</td><td colspan="3"></td></tr>
<tr><td>生产经营范围</td><td colspan="5"></td></tr>
<tr><td>发证机关</td><td></td><td>发证日期</td><td></td><td>有效期至</td><td></td></tr>
<tr><td rowspan="6">营业执照信息</td><td>企业名称</td><td></td><td>社会信用代码</td><td colspan="3"></td></tr>
<tr><td>法定代表人</td><td></td><td>注册资金</td><td colspan="3"></td></tr>
<tr><td>经营范围</td><td colspan="5"></td></tr>
<tr><td>企业类型</td><td></td><td>企业地址</td><td colspan="3"></td></tr>
<tr><td>营业执照发照机关</td><td></td><td>成立日期</td><td></td><td>营业执照发照日期</td><td></td></tr>
<tr><td>行政处罚信息</td><td></td><td>列入经营异常名录信息</td><td></td><td>列入严重违法失信名单信息</td><td></td></tr>
<tr><td>销售人员信息</td><td colspan="6">□身份证复印件 □法人委托书原件 □其他资料________</td></tr>
<tr><td>采购部门意见</td><td colspan="6">负责人签字： 日期：</td></tr>
<tr><td>质量管理部门意见</td><td colspan="6">负责人签字： 日期：</td></tr>
<tr><td>质量负责人意见</td><td colspan="6">质量负责人签字： 日期：</td></tr>
</table>
</td></tr>
</table>

续表

<table>
<tr><td rowspan="11">相关
表单</td><td colspan="8">首营品种审批表</td></tr>
<tr><td>药品编号</td><td>通用
名称</td><td>商品
名称</td><td>剂型</td><td>规格</td><td>包装单位</td><td>上市许可持有人</td><td>药品生产企业</td></tr>
<tr><td></td><td></td><td></td><td></td><td></td><td></td><td></td><td></td></tr>
<tr><td>批准文号</td><td></td><td>质量
标准</td><td></td><td>装箱规格</td><td></td><td>保质期</td><td>储存
条件</td></tr>
<tr><td colspan="4">药品性能、成分、质量、用途、疗效、副作用等情况</td><td colspan="4"></td></tr>
<tr><td>正常出厂价</td><td></td><td>采购价</td><td></td><td>批发价</td><td></td><td>零售价</td><td></td></tr>
<tr><td>采购员
申请原因</td><td colspan="7">□ 1.新规格、新剂型、新包装
□ 2.满足客户需求，增加新品种
□ 3.扩大经营范围，增加新品种
□ 4.供货单位变更，增加新品种
□ 5.补充：
采购员签字：　　　日期：</td></tr>
<tr><td>采购部门
意见</td><td colspan="7">负责人签字：　　　日期：</td></tr>
<tr><td>质量管理
部门意见</td><td colspan="7">负责人签字：　　　日期：</td></tr>
<tr><td>质量负责人
意见</td><td colspan="7">质量负责人签字：　　　日期：</td></tr>
<tr><td colspan="8"></td></tr>
<tr><td>任务
总结</td><td colspan="8"></td></tr>
<tr><td>收获
感悟</td><td colspan="8"></td></tr>
</table>

药品采购任务工单

任务名称	药品采购			学时		班级	
组别		组长		组员		小组任务成绩	
学生姓名		学号		联系电话		个人任务成绩	
实训地点				实训时间			
任务目的	1. 掌握药品采购的流程。 2. 掌握采购计划的制订要求。 3. 掌握质量保证协议及采购合同的签订要求。 4. 培养诚实守信、质量至上的意识。						
任务要求	综合运用所学知识与技能，规范开展药品采购工作。						
任务材料准备	1. 企业经营状况及购销存信息。 2. 药品质量档案。 3. 采购计划表、采购记录表、合格供货单位列表（均为空表）。 4. 计算机系统。						
任务要点和注意事项	1. 制订采购计划时，应统筹考虑企业的购销存情况、市场需求情况、企业自身发展情况等。 2. 注意质量保证协议、购销合同内容的完整性。						
任务实施步骤	步骤一　制订采购计划						
	1. 从药品质量档案中选择合适的药品品种。 2. 从“合格供货单位列表”中选择合适的供货单位。 3. 填写“采购计划表”。						
	步骤二　确定采购模式						
	1. 根据药品采购计划，在计算机系统中核查拟合作的供货单位是否在合格供货单位列表中，拟采购的药品是否在药品质量档案中。 2. 确定采购模式。						
	步骤三　签订质量保证协议						
	1. 确定质量保证协议的格式、内容。 2. 签订质量保证协议。						
	步骤四　签订购销合同						
	1. 确定合同内容。 2. 合同的审核、签订。 						

续表

任务实施步骤

步骤五　执行采购计划

1. 计算机系统自动生成采购订单。
2. 按照采购订单执行采购计划。

步骤六　建立采购记录

1. 计算机系统自动生成采购记录。
2. 核对采购记录。

相关表单

采购计划表

序号	通用名称	商品名称	上市许可持有人	生产企业	批准文号	供货单位	剂型	规格	单位	拟购数量	采购单价	预算总额	经办人	审批意见

采购记录表

购进日期	通用名称	商品名称	上市许可持有人	生产企业	供货单位	批号	剂型	有效期至	规格	数量	单位	单价	金额	备注

任务总结

收获感悟

药品采购到货收货任务工单

任务名称	药品采购到货收货			学时		班级	
组别		组长		组员		小组任务成绩	
学生姓名		学号		联系电话		个人任务成绩	
实训地点				实训时间			
任务目的	1.掌握药品采购到货收货的检查。 2.掌握药品收货记录的填写方法。 3.具备社会责任感，树立风险管理意识。						
任务要求	综合运用所学知识与技能，规范开展药品采购到货收货工作。						
任务材料准备	1.若干药品（一般药品和冷藏、冷冻药品各一半）信息卡。 2.运输工具及相关温度记录、随货同行单（票）（两联）。 3.计算机系统。 4.药品收货记录表（空表）。						
任务要点和注意事项	1.根据采购记录、随货同行单（票）、实货和卡片，如实收货。 2.注意冷藏、冷冻药品收货的特殊性。 3.注意相关记录填写的真实性、完整性。						
任务实施步骤	步骤一　运输检查						
	1.运输工具检查。						
	2.运输状态检查。						
	步骤二　票据查验						
	1.查验是否有随货同行单（票），是否由计算机系统生成并打印而成。						

续表

<table>
<tr><td rowspan="10">任务实施步骤</td><td>2.查验随货同行单（票）样式、随货同行单（票）上的供货单位药品出库专用章原印章样式是否与本企业备案的样式一致。
3.核查随货同行单（票）上载明的药品信息是否与本企业计算机系统中的采购记录信息一致。</td><td>
</td></tr>
<tr><td colspan="2">步骤三　实物核对</td></tr>
<tr><td>1.依据随货同行单（票）逐批核对药品实物信息。
2.拆除药品的运输防护包装，检查药品外包装。</td><td>
</td></tr>
<tr><td colspan="2">步骤四　签字记录</td></tr>
<tr><td>1.在相关单据上签字，一联交还给供货单位或委托运输单位运输人员，另一联由本企业留存。</td><td></td></tr>
<tr><td>2.填写“药品收货记录表”。</td><td>
</td></tr>
<tr><td colspan="2">步骤五　存放交接</td></tr>
<tr><td>1.将核对无误的药品放置于相应的待验区域内或者设置状态标志。
2.将相关票据、药品检验报告书等随货同行的材料移交给验收人员。
3.通知验收人员验收。</td><td></td></tr>
</table>

续表

<table>
<tr>
<td>相关表单</td>
<td>
药品收货记录表（一般药品）
<table>
<tr><th>收货日期</th><th>通用名称</th><th>剂型</th><th>规格</th><th>单位</th><th>上市许可持有人</th><th>生产企业</th><th>批准文号</th><th>供货单位</th><th>收货数量</th><th>批号</th><th>生产日期</th><th>有效期至</th><th>收货人员</th></tr>
<tr><td></td><td></td><td></td><td></td><td></td><td></td><td></td><td></td><td></td><td></td><td></td><td></td><td></td><td></td></tr>
<tr><td></td><td></td><td></td><td></td><td></td><td></td><td></td><td></td><td></td><td></td><td></td><td></td><td></td><td></td></tr>
</table>
药品收货记录表（冷藏、冷冻药品）
<table>
<tr><th>收货日期</th><th>通用名称</th><th>剂型</th><th>规格</th><th>批号</th><th>生产日期</th><th>上市许可持有人</th><th>生产企业</th><th>供货单位</th><th>运输单位</th><th>发运地点</th><th>启运时间</th><th>运输工具</th><th>收货数量</th><th>到货时间</th><th>到货温度</th><th>收货人员</th></tr>
<tr><td></td><td></td><td></td><td></td><td></td><td></td><td></td><td></td><td></td><td></td><td></td><td></td><td></td><td></td><td></td><td></td><td></td></tr>
<tr><td></td><td></td><td></td><td></td><td></td><td></td><td></td><td></td><td></td><td></td><td></td><td></td><td></td><td></td><td></td><td></td><td></td></tr>
</table>
</td>
</tr>
<tr><td>任务总结</td><td></td></tr>
<tr><td>收获感悟</td><td></td></tr>
</table>

药品验收任务工单

<table>
<tr><td>任务名称</td><td colspan="3">药品验收</td><td>学时</td><td></td><td>班级</td><td></td></tr>
<tr><td>组别</td><td></td><td>组长</td><td></td><td>组员</td><td></td><td>小组任务成绩</td><td></td></tr>
<tr><td>学生姓名</td><td></td><td>学号</td><td></td><td>联系电话</td><td></td><td>个人任务成绩</td><td></td></tr>
<tr><td>实训地点</td><td colspan="3"></td><td>实训时间</td><td colspan="3"></td></tr>
<tr><td>任务目的</td><td colspan="7">1.掌握药品验收的流程和内容。
2.熟悉药品验收记录的填写方法。
3.树立质量意识和风险管理意识。</td></tr>
<tr><td>任务要求</td><td colspan="7">综合运用所学知识与技能，规范开展药品验收工作。</td></tr>
<tr><td>任务材料准备</td><td colspan="7">1.若干药品或药品卡片，类型包括普通药品、特殊管理药品、冷链药品等。
2.随货同行单（票）（两联）。
3.药品检验报告书等合格证明文件。
4.计算机系统。
5.药品验收记录表、药品质量复查通知单、药品拒收报告单（均为空表）。</td></tr>
<tr><td>任务要点和注意事项</td><td colspan="7">1.验收时，需按批号逐批验收。
2.根据到货药品数量和状况，抽取规定数量的样品。
3.药品质量检查包括外观性状、包装、标签、说明书等。
4.特殊管理药品需双人验收，并逐件验收至每一最小包装，若是蛋白同化制剂和肽类激素（胰岛素除外），则需要专人验收。
5.填写“药品验收记录表”，应做到真实、完整、规范。</td></tr>
<tr><td rowspan="4">任务实施步骤</td><td colspan="7">步骤一　验收准备</td></tr>
<tr><td colspan="7">1.验收员接收随货同行单（票）和药品检验报告书（或其他合格证明文件）。
2.验收员到待验区准备验收。
</td></tr>
<tr><td colspan="7">步骤二　实施验收</td></tr>
<tr><td colspan="7">1.单据与药品核对。
2.逐批检查药品合格证明文件。
3.验收抽样。
4.质量检查。
</td></tr>
</table>

续表

任务实施步骤

步骤三　建立记录

填写“药品验收记录表”。验收员应当在药品验收记录表上签署姓名和验收日期。

步骤四　验收后处理

1. 验收合格的药品，验收员通知仓库保管员入库。
2. 验收异常的药品，验收员应根据不同情况进行处理。质量可疑的药品，验收员应填写“药品质量复查通知单”，并报告质量管理部门进行处理。
3. 如确认为不合格药品的，验收员应明确拒收理由，并填写“药品拒收报告单”。

相关表单

药品验收记录表

到货日期	通用名称	商品名称	剂型	规格	数量	上市许可持有人	生产企业	供货单位	生产日期	批号	有效期至	批准文号	到货数量	验收合格数量	验收结论	验收员	备注

药品质量复查通知单

<table>
<tr><td>通用名称</td><td></td><td>商品名称</td><td></td><td>规格</td><td></td><td>批号</td><td></td><td>数量</td><td></td></tr>
<tr><td>购进日期</td><td colspan="2"></td><td colspan="2">有效期至</td><td colspan="2"></td><td>存放地点</td><td colspan="2"></td></tr>
<tr><td>上市许可持有人</td><td colspan="2"></td><td colspan="2">生产企业</td><td colspan="2"></td><td>供货单位</td><td colspan="2"></td></tr>
<tr><td colspan="10">复查原因：

验收/养护员签字：
年　月　日</td></tr>
<tr><td colspan="10">质量复查结论：

质量管理部门负责人签字：
年　月　日</td></tr>
</table>

续表

<table>
<tr><td>相关表单</td><td>
<table>
<tr><th colspan="6">药品拒收报告单</th></tr>
<tr><td>通用名称</td><td></td><td>商品名称</td><td colspan="3"></td></tr>
<tr><td>规格</td><td></td><td>剂型</td><td></td><td>进货凭证号</td><td></td></tr>
<tr><td>上市许可持有人</td><td></td><td>生产企业</td><td></td><td>供货单位</td><td></td></tr>
<tr><td>数量</td><td></td><td>单价</td><td></td><td>金额</td><td></td></tr>
<tr><td>批号</td><td></td><td>批次码</td><td></td><td>生产日期</td><td></td></tr>
<tr><td>有效期至</td><td></td><td>检验报告号</td><td colspan="3"></td></tr>
<tr><td>拒收理由（包括内在、外观质量及包装等）</td><td colspan="5">验收员签字：
年　月　日</td></tr>
<tr><td>业务部门意见</td><td colspan="5">业务部门负责人签字：
年　月　日</td></tr>
<tr><td>质量管理部门意见</td><td colspan="5">质量管理部门负责人签字：
年　月　日</td></tr>
</table>
</td></tr>
<tr><td>任务总结</td><td></td></tr>
<tr><td>收获感悟</td><td></td></tr>
</table>

药品储存任务工单

<table>
<tr><td>任务名称</td><td colspan="2">药品储存</td><td>学时</td><td></td><td>班级</td><td></td></tr>
<tr><td>组别</td><td></td><td>组长</td><td>组员</td><td></td><td>小组任务成绩</td><td></td></tr>
<tr><td>学生姓名</td><td></td><td>学号</td><td>联系电话</td><td></td><td>个人任务成绩</td><td></td></tr>
<tr><td>实训地点</td><td colspan="2"></td><td>实训时间</td><td colspan="3"></td></tr>
<tr><td>任务目的</td><td colspan="6">1. 掌握药品储存区域划分和储存管理要求。
2. 熟悉药品入库、在库和出库管理要求。
3. 具备社会责任感，树立风险管理意识。</td></tr>
<tr><td>任务要求</td><td colspan="6">综合运用所学知识与技能，规范开展药品入库、储存工作。</td></tr>
<tr><td>任务材料准备</td><td colspan="6">1. 若干药品或药品卡片。
2. 计算机系统。
3. 药品入库通知单。</td></tr>
<tr><td>任务要点和注意事项</td><td colspan="6">1. 依据药品入库通知单，核对药品后开展入库操作。
2. 严格按药品包装标识要求储存药品。
3. 药品搬运和堆垛应防止造成外包装破损或药品损坏。
4. 不同品种或同品种不同批号不得混垛，防止发生错发、混发。
5. 依据药品销售订单拣选药品并复核后方可出库。</td></tr>
<tr><td rowspan="5">任务实施步骤</td><td colspan="6">步骤一　药品入库管理</td></tr>
<tr><td colspan="3">1. 保管员收到“药品入库通知单”后进行药品入库操作，仔细核对药品实物与入库单信息，并检查药品包装。</td><td colspan="3"></td></tr>
<tr><td colspan="3">2. 确认无误后，在计算机系统中进行入库确认操作。
3. 按照系统提示的库位和货位信息储存药品。</td><td colspan="3"></td></tr>
<tr><td colspan="6">步骤二　药品在库管理</td></tr>
<tr><td colspan="3">1. 按照药品储存条件，合理选择药品储存库区。</td><td colspan="3">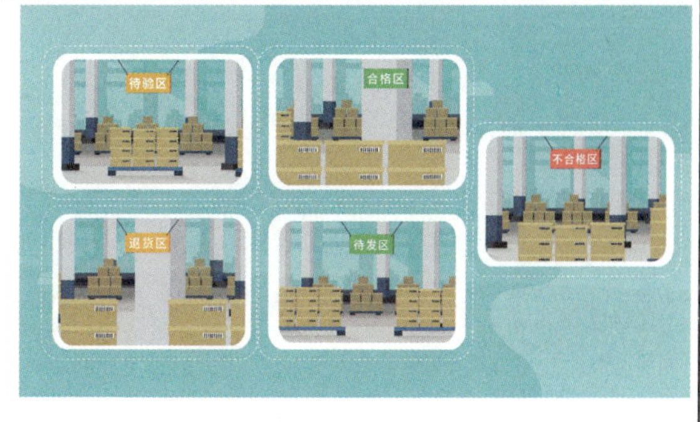</td></tr>
</table>

续表

任务实施步骤

2. 按要求进行药品堆垛操作。

步骤三　药品出库管理

1. 保管员到相应库区进行拣选配货。

2. 出库复核员复核待出库的药品信息、数量和产品质量。

相关表单

药品入库通知单

序号	通用名称	商品名称	规格	剂型	批准文号	上市许可持有人	生产企业	供货单位	生产日期	批号	有效期至	单位	入库数量	到货日期	验收日期	备注

任务总结

收获感悟

药品养护任务工单

<table>
<tr><td>任务名称</td><td colspan="3">药品养护</td><td>学时</td><td></td><td>班级</td><td></td></tr>
<tr><td>组别</td><td></td><td>组长</td><td></td><td>组员</td><td></td><td>小组任务成绩</td><td></td></tr>
<tr><td>学生姓名</td><td></td><td>学号</td><td></td><td>联系电话</td><td></td><td>个人任务成绩</td><td></td></tr>
<tr><td>实训地点</td><td colspan="3"></td><td>实训时间</td><td colspan="3"></td></tr>
<tr><td>任务目的</td><td colspan="7">1.掌握药品一般养护和重点养护的内容。
2.熟悉药品养护检查的方法和质量可疑药品的处理流程。
3.具备严谨、认真负责的工作态度和良好的职业态度。</td></tr>
<tr><td>任务要求</td><td colspan="7">综合运用所学知识与技能，规范开展药品养护工作。</td></tr>
<tr><td>任务材料准备</td><td colspan="7">1.若干药品或药品卡片（包含若干存在质量问题的药品）。
2.计算机系统。
3.“暂停销售”黄牌。
4.库存药品养护记录表、重点养护药品品种确定表、不合格药品审批表（均为空表）。</td></tr>
<tr><td>任务要点和注意事项</td><td colspan="7">1.应确定一般养护品种和重点养护品种。
2.根据药品的质量特性采取相应的养护措施。
3.养护中发现的质量可疑药品应按要求进行处理。</td></tr>
<tr><td rowspan="2">任务实施步骤 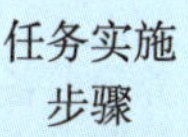</td><td colspan="7">步骤一　一般养护</td></tr>
<tr><td colspan="7">1.养护员指导和督促药品合理储存与作业。

2.根据药品的特性，采取有效的养护措施。

3.对在库药品进行养护检查，并填写“库存药品养护记录表”。
</td></tr>
</table>

续表

任务实施步骤

步骤二　重点养护

1.确定重点养护品种，并填写“重点养护药品品种确定表”。
2.对重点养护品种开展有针对性的养护工作。

步骤三　养护异常情况处理

1.按破损药品处理流程对相应药品进行系统锁定和物理隔离或挂牌标识。
2.按质量可疑药品的处理流程对相应药品进行系统锁定和物理隔离或挂牌标识，并报告质量管理部门。
3.发现不合格药品，应填写“不合格药品审批表”。

步骤四　药品效期管理

1.计算机系统对近效期药品能自动预警。
2.计算机系统对超过有效期的药品能自动锁定，防止过期药品销售。

相关表单

库存药品养护记录表

序号	通用名称	商品名称	规格/单位	数量	上市许可持有人	生产企业	批号	有效期至	质量状况	养护措施	处理结果	养护人员	养护日期	备注

重点养护药品品种确定表

序号	通用名称	商品名称	规格	剂型	有效期至	上市许可持有人	生产企业	确定时间	确定理由	养护重点	备注

续表

<table>
<tr>
<td>相关表单</td>
<td>
不合格药品审批表
编号：　　　　　　　　　　　　　　　　报告时间：　　年　　月　　日
<table>
<tr><td>通用名称</td><td colspan="2"></td><td>商品名称</td><td></td><td>剂型</td><td></td></tr>
<tr><td>上市许可持有人</td><td colspan="2"></td><td>生产企业</td><td colspan="3"></td></tr>
<tr><td>供货单位</td><td colspan="3"></td><td>规格</td><td colspan="2"></td></tr>
<tr><td>有效期至</td><td colspan="3"></td><td>批号</td><td colspan="2"></td></tr>
<tr><td>单价</td><td></td><td>数量</td><td></td><td>总额</td><td colspan="2"></td></tr>
<tr><td colspan="7">不合格原因：
报告人：　　　　　　　　　　年　　月　　日</td></tr>
<tr><td colspan="4">仓储负责人签字：</td><td colspan="3">保管员签字：</td></tr>
<tr><td colspan="7">业务部门意见
负责人（签章）：
年　　月　　日</td></tr>
<tr><td colspan="7">质量管理部门意见
负责人（签章）：
年　　月　　日</td></tr>
<tr><td colspan="7">财务部门意见
负责人（签章）：
年　　月　　日</td></tr>
<tr><td colspan="7">企业负责人意见
企业负责人（签章）：
年　　月　　日</td></tr>
</table>
</td>
</tr>
<tr><td>任务总结</td><td></td></tr>
<tr><td>收获感悟</td><td></td></tr>
</table>

药品陈列任务工单

<table>
<tr><td>任务名称</td><td colspan="3">药品陈列</td><td>学时</td><td></td><td>班级</td><td></td></tr>
<tr><td>组别</td><td></td><td>组长</td><td></td><td>组员</td><td></td><td>小组任务成绩</td><td></td></tr>
<tr><td>学生姓名</td><td></td><td>学号</td><td></td><td>联系电话</td><td></td><td>个人任务成绩</td><td></td></tr>
<tr><td>实训地点</td><td colspan="3"></td><td>实训时间</td><td colspan="3"></td></tr>
<tr><td>任务目的</td><td colspan="7">1.掌握药品陈列的原则及要求。
2.熟悉药品陈列的工作内容和商业原则。
3.具备认真负责的工作态度和良好的职业态度。</td></tr>
<tr><td>任务要求</td><td colspan="7">综合运用所学知识与技能，规范开展药品陈列工作。</td></tr>
<tr><td>任务材料准备</td><td colspan="7">1.若干药品和非药品，或药品和非药品卡片（包括若干需冷藏的药品、第二类精神药品）。
2.若干货架。
3.计算机系统。
4.药品报损/报溢登记表（空表）。</td></tr>
<tr><td>任务要点和注意事项</td><td colspan="7">1.药品与非药品分开陈列。
2.外用药应与其他药品分开陈列。
3.冷链药品、特殊管理药品的陈列应符合规定。
4.药品销售遵循先进先出、近效期先出的原则。</td></tr>
<tr><td rowspan="4">任务实施步骤</td><td colspan="7">步骤一　药品陈列原则及要求</td></tr>
<tr><td colspan="7">1.按照药品陈列要求分开陈列，标识牌明显。
2.药品与非药品分开陈列。
3.需冷藏的药品陈列应符合相应要求。
4.第二类精神药品陈列应符合相应要求。</td></tr>
<tr><td colspan="7">步骤二　药品陈列的工作内容</td></tr>
<tr><td colspan="7">1.对陈列药品开展检查，主要查看外包装及药品的外观。
2.监测营业场所的温湿度条件。
3.计算机系统能对有问题的药品进行锁定，并由质量管理人员确认和处理。
4.根据计算机系统中的药品库存对营业场所内的药品进行盘点。
5.填写“药品报损/报溢登记表”。</td></tr>
<tr><td>相关表单</td><td colspan="7">见下表“药品报损/报溢登记表”</td></tr>
<tr><td>任务总结</td><td colspan="7"></td></tr>
<tr><td>收获感悟</td><td colspan="7"></td></tr>
</table>

药品报损/报溢登记表

序号	日期	药品名称	上市许可持有人	生产企业	单位	数量	单价	合计金额	报损/报溢原因	处理措施	备注

登记人：　　　　审核人：　　　　日期：

药品出库任务工单

<table>
<tr><td>任务名称</td><td colspan="3">药品出库</td><td>学时</td><td></td><td>班级</td><td></td></tr>
<tr><td>组别</td><td></td><td>组长</td><td></td><td>组员</td><td></td><td>小组任务成绩</td><td></td></tr>
<tr><td>学生姓名</td><td></td><td>学号</td><td></td><td>联系电话</td><td></td><td>个人任务成绩</td><td></td></tr>
<tr><td>实训地点</td><td colspan="3"></td><td>实训时间</td><td colspan="3"></td></tr>
<tr><td>任务目的</td><td colspan="7">1.掌握药品整箱、拼箱配货操作要点。
2.掌握药品出库复核记录的填写方法。
3.熟悉药品出库流程。
4.树立风险防范意识，培养生命至上、家国情怀、严谨细致和爱岗敬业的职业道德。</td></tr>
<tr><td>任务要求</td><td colspan="7">综合运用所学知识与技能，规范开展药品出库工作。</td></tr>
<tr><td>任务材料准备</td><td colspan="7">1.若干药品或药品卡片。
2.药品销售记录单、发货或配送凭证、药品出库复核记录表（空表）。
3.计算机系统。
4.若干药品包装箱及包装用工具。</td></tr>
<tr><td>任务要点和注意事项</td><td colspan="7">1.逐项复核待出库药品的信息、数量和产品质量。
2.完整、规范地填写“药品出库复核记录表”。
3.当药品出库数量不足或出现药品质量问题时，应及时通知相关部门。
4.非整件药品配货，应在药品零货区拣选，或需将整件药品转移至拆零工作台区进行拆箱操作。
5.拼箱发货的，应贴好拼箱标签。</td></tr>
<tr><td rowspan="4">任务实施步骤</td><td colspan="7">步骤一　发货核实</td></tr>
<tr><td colspan="7">1.保管员接到发货指令。
2.在合格品库区核实发货指令上的药品品名、规格、数量等与库存实物是否相符。</td></tr>
<tr><td colspan="7">步骤二　配货</td></tr>
<tr><td colspan="4">1.核实无误后，保管员依据发货或配送凭证进行配货。
2.配货应遵守整箱、拼箱发货管理的规定。</td><td colspan="3">

</td></tr>
</table>

续表

<table>
<tr><td rowspan="2">任务实施步骤</td><td>步骤三　出库复核
1.复核待出库药品的信息、数量和产品质量。

2.复核时，若发现质量问题的药品，应及时向质量管理部门报告。
3.填写“药品出库复核记录表”，并打印随货同行单（票）。

</td></tr>
<tr><td>步骤四　出库交接
1.将复核无误的药品、随货同行单（票）一起打包。
2.移交至发货区进行发货交接。

</td></tr>
<tr><td>相关表单</td><td>药品出库复核记录表
<table>
<tr><td>购货单位</td><td>通用名称</td><td>剂型</td><td>规格</td><td>数量</td><td>批号</td><td>有效期至</td><td>上市许可持有人</td><td>生产企业</td><td>出库日期</td><td>质量状况</td><td>发货员</td><td>复核员</td></tr>
<tr><td></td><td></td><td></td><td></td><td></td><td></td><td></td><td></td><td></td><td></td><td></td><td></td><td></td></tr>
<tr><td></td><td></td><td></td><td></td><td></td><td></td><td></td><td></td><td></td><td></td><td></td><td></td><td></td></tr>
</table></td></tr>
<tr><td>任务总结</td><td></td></tr>
<tr><td>收获感悟</td><td></td></tr>
</table>

药品运输与配送任务工单

<table>
<tr><td>任务名称</td><td colspan="3">药品运输与配送</td><td>学时</td><td></td><td>班级</td><td></td></tr>
<tr><td>组别</td><td></td><td>组长</td><td></td><td>组员</td><td></td><td>小组任务成绩</td><td></td></tr>
<tr><td>学生姓名</td><td></td><td>学号</td><td></td><td>联系电话</td><td></td><td>个人任务成绩</td><td></td></tr>
<tr><td>实训地点</td><td colspan="3"></td><td>实训时间</td><td colspan="3"></td></tr>
<tr><td>任务目的</td><td colspan="7">1.掌握药品搬运、装车的注意事项。
2.掌握特殊管理药品运输的管理要求。
3.熟悉药品运输与配送的流程。
4.树立风险防范意识，培养爱岗敬业的职业精神和生命至上的价值观念。</td></tr>
<tr><td>任务要求</td><td colspan="7">综合运用所学知识与技能，模拟药品运输与配送操作。</td></tr>
<tr><td>任务材料准备</td><td colspan="7">1.若干药品或药品卡片（含疫苗等若干冷藏、冷冻药品，若干整件及拼箱药品）。
2.若干药品包装箱及包装用工具。
3.配送客户的地址及配送时限信息卡。
4.模拟车厢。
5.随货同行单（票）一份。
6.计算机系统。
7.冷藏、冷冻药品运输交接单（空表）。</td></tr>
<tr><td>任务要点和注意事项</td><td colspan="7">1.注意冷藏、冷冻药品的运输与配送要求。
2.药品配送到指定地点完成交货后，需要将客户签字确认的随货同行单（票）带回。</td></tr>
<tr><td rowspan="6">任务实施步骤</td><td colspan="7">步骤一　检查药品</td></tr>
<tr><td colspan="4">1.根据随货同行单（票）核查待配送药品的信息、数量及质量。
2.检查药品包装是否符合运输与配送的要求。</td><td colspan="3"></td></tr>
<tr><td colspan="7">步骤二　检查运输工具</td></tr>
<tr><td colspan="4">1.确定运输与配送的工具和路线。
2.发运药品时，应当检查运输工具。
3.严格按照外包装标示的要求搬运、装车。</td><td colspan="3"></td></tr>
<tr><td colspan="7">步骤三　运输监控与配送</td></tr>
<tr><td colspan="4">1.根据随货同行单（票）信息，将药品配送到指定地点。
2.疫苗产品在运输与配送过程中需进行温度监测。</td><td colspan="3"></td></tr>
</table>

续表

<table>
<tr><td rowspan="2">任务实施步骤</td><td>步骤四　药品交货与文件存档</td></tr>
<tr><td>1.药品配送到指定地点，收货由客户在随货同行单（票）上签字确认，并注明到货时间，客户签字联、存档联分别在客户公司和配送公司存档。
2.冷藏、冷冻药品还应填写“冷藏、冷冻药品运输交接单”，并在客户签字确认后带回。</td></tr>
<tr><td>相关表单</td><td>
冷藏、冷冻药品运输交接单
日期：　　年　月　日
<table>
<tr><td>供货单位（发运单位）</td><td colspan="5"></td></tr>
<tr><td>购货单位（接收单位）</td><td colspan="5"></td></tr>
<tr><td rowspan="4">运输药品信息（相关信息与所附销售随货同行联对应）</td><td>序号</td><td colspan="2">药品名称/规格/生产企业/上市许可持有人/批号</td><td>数量</td><td>备注</td></tr>
<tr><td>1</td><td colspan="2"></td><td></td><td></td></tr>
<tr><td>2</td><td colspan="2"></td><td></td><td></td></tr>
<tr><td>3</td><td colspan="2"></td><td></td><td></td></tr>
<tr><td>温度要求</td><td colspan="2"></td><td>运输方式/工具</td><td colspan="2"></td></tr>
<tr><td>启运时间</td><td colspan="2"></td><td>启运时温度</td><td colspan="2"></td></tr>
<tr><td>保温时限</td><td colspan="2"></td><td>随货同行单（票）编号</td><td colspan="2"></td></tr>
<tr><td>发货人员签字</td><td colspan="2"></td><td>运输人员签字</td><td colspan="2"></td></tr>
<tr><td>异常情况在此填写</td><td colspan="5"></td></tr>
<tr><td colspan="6">以上信息发运时填写</td></tr>
<tr><td colspan="6">以下信息收货时填写</td></tr>
<tr><td>到达时温度</td><td colspan="2"></td><td>环境温度</td><td colspan="2"></td></tr>
<tr><td>到达时间</td><td colspan="2"></td><td>接收人员签字</td><td colspan="2"></td></tr>
<tr><td>备注</td><td colspan="5"></td></tr>
</table>
</td></tr>
<tr><td>任务总结</td><td></td></tr>
<tr><td>收获感悟</td><td></td></tr>
</table>

药品销售任务工单

<table>
<tr><td>任务名称</td><td colspan="3">药品销售</td><td>学时</td><td></td><td>班级</td><td></td></tr>
<tr><td>组别</td><td></td><td>组长</td><td></td><td>组员</td><td></td><td>小组任务成绩</td><td></td></tr>
<tr><td>学生姓名</td><td></td><td>学号</td><td></td><td>联系电话</td><td></td><td>个人任务成绩</td><td></td></tr>
<tr><td>实训地点</td><td colspan="3"></td><td>实训时间</td><td colspan="3"></td></tr>
<tr><td>任务目的</td><td colspan="7">1.掌握药品批发企业销售流程及要求。
2.掌握药品购货单位合法性审核要求。
3.掌握药品零售企业销售流程及要求。
4.培养清廉守正、敬畏生命、质量第一的意识，提高药品风险防范意识。</td></tr>
<tr><td>任务要求</td><td colspan="7">综合运用所学知识与技能，规范开展药品销售工作。</td></tr>
<tr><td>任务材料准备</td><td colspan="7">1.若干药品或药品卡片，若干处方。
2.购货单位资质审核表（空表）。
3.《药品经营许可证》、营业执照、执业药师注册证；营业员工作牌、执业药师等工作牌。
4.计算机及计算机软件系统。</td></tr>
<tr><td>任务要点和注意事项</td><td colspan="7">1.注意购货单位资质审核的内容及流程。
2.注意批发销售与零售的区别。</td></tr>
<tr><td rowspan="7">任务实施步骤</td><td colspan="7">第一部分：药品批发企业药品销售</td></tr>
<tr><td colspan="7">步骤一　审核购货单位合法性</td></tr>
<tr><td colspan="4">1.销售员索取购货单位证明文件、采购人员及提货人员的身份证明材料。</td><td colspan="3"></td></tr>
<tr><td colspan="4">2.审核合法性资料的真实性、有效性。
3.填写“购货单位资质审批表”，依次经销售部门负责人、质量管理部门负责人审批。
4.建立“合格客户列表”、购货单位基础数据库、合格客户档案。</td><td colspan="3">
</td></tr>
<tr><td colspan="7">步骤二　开展销售活动</td></tr>
<tr><td colspan="4">1.签订书面形式的“药品购销合同”。
2.销售部门按照合同约定内容开展销售活动，并督促其他部门予以配合。</td><td colspan="3">
</td></tr>
</table>

续表

<table>
<tr><td rowspan="9">任务实施
步骤</td><td colspan="2">步骤三　开票和记录</td></tr>
<tr><td>1.开具药品销售单。
2.开具销售发票，做到票、账、货、款相符。
3.计算机系统自动生成“药品销售记录表”。</td><td>
</td></tr>
<tr><td colspan="2">步骤四　货款结算</td></tr>
<tr><td>1.进行货款结算。
2.定期与购货单位核对购销账目。</td><td>
</td></tr>
<tr><td colspan="2">第二部分：药品零售企业药品销售</td></tr>
<tr><td colspan="2">步骤一　挂牌执业及分类管理</td></tr>
<tr><td>1.在营业场所显著位置悬挂《药品经营许可证》、营业执照、执业药师注册证等。</td><td>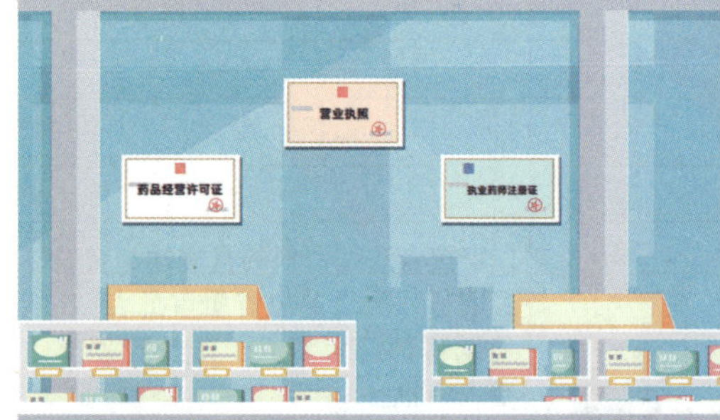
</td></tr>
<tr><td>2.营业员佩戴工作牌；执业药师和药学技术人员的工作牌还应当标明执业资格或者药学专业技术职称。</td><td>
</td></tr>
<tr><td>3.将处方药、非处方药进行分类管理。</td><td>
</td></tr>
</table>

续表

	步骤二　提供药学服务
	1. 为顾客提供用药咨询服务。 
	2. 对处方用药适宜性进行审核。 
任务实施步骤	3. 根据“四查十对”进行处方调配，并签名或盖章。 4. 向顾客提供用药指导。 
	5. 收集、分析和报告患者用药后的不良反应等信息。 6. 跟踪随访。 
	步骤三　开票和记录
	1. 出具销售凭证。 
	2. 计算机系统自动生成“药品销售记录表”。 

续表

<table>
<tr><td>相关表单</td><td>
<table>
<tr><td colspan="5">购货单位资质审批表</td></tr>
<tr><td rowspan="6">基本情况</td><td>客户名称</td><td></td><td>客户档案编号</td><td></td></tr>
<tr><td>类　别</td><td></td><td>法定代表人</td><td></td></tr>
<tr><td>注册地址</td><td></td><td>业务联系人</td><td></td></tr>
<tr><td>E-mail</td><td></td><td>邮政编码</td><td></td></tr>
<tr><td>传　真</td><td></td><td>联系电话</td><td></td></tr>
<tr><td>收货地址</td><td colspan="3"></td></tr>
<tr><td rowspan="3">许可证</td><td>许可证名称</td><td></td><td>发证日期</td><td></td></tr>
<tr><td>许可证号</td><td></td><td>有效期限</td><td></td></tr>
<tr><td>许可范围</td><td></td><td>发证机关</td><td></td></tr>
<tr><td rowspan="4">营业执照</td><td>统一社会信用代码</td><td></td><td>经济性质</td><td></td></tr>
<tr><td>经营范围</td><td></td><td>经营方式</td><td></td></tr>
<tr><td>注册地址</td><td></td><td>注册资金</td><td></td></tr>
<tr><td>发照机关</td><td></td><td>年度报告公示情况</td><td></td></tr>
<tr><td colspan="2">业务员意见</td><td colspan="3">申请人：　　　　日期</td></tr>
<tr><td colspan="2">销售部门意见</td><td colspan="3">负责人：　　　　日期</td></tr>
<tr><td colspan="2">质量管理部门意见</td><td colspan="3">负责人：　　　　日期</td></tr>
</table>
</td></tr>
<tr><td>任务总结</td><td></td></tr>
<tr><td>收获感悟</td><td></td></tr>
</table>

药品售后管理任务工单

<table>
<tr><td>任务名称</td><td colspan="3">药品售后管理</td><td>学时</td><td></td><td>班级</td><td></td></tr>
<tr><td>组别</td><td></td><td>组长</td><td></td><td>组员</td><td></td><td>小组任务成绩</td><td></td></tr>
<tr><td>学生姓名</td><td></td><td>学号</td><td></td><td>联系电话</td><td></td><td>个人任务成绩</td><td></td></tr>
<tr><td>实训地点</td><td colspan="3"></td><td>实训时间</td><td colspan="3"></td></tr>
<tr><td>任务目的</td><td colspan="7">1.掌握药品售后管理的内容及要求。
2.具备质量意识和服务意识。</td></tr>
<tr><td>任务要求</td><td colspan="7">综合运用所学知识与技能，规范开展药品售后管理工作。</td></tr>
<tr><td>任务材料准备</td><td colspan="7">1.若干药品或药品卡片，若干处方。
2.药品质量查询记录表、客户投诉记录表、药品不良反应/事件报告表（均为空表）。
3.计算机系统。</td></tr>
<tr><td>任务要点和注意事项</td><td colspan="7">1.注意售后管理中的接待礼仪和态度。
2.注意相关记录填写的真实性、完整性。
3.注意药品不良反应/事件的报告、分析和处理。</td></tr>
<tr><td rowspan="8">任务实施步骤</td><td colspan="7">步骤一 接待客户质量查询</td></tr>
<tr><td colspan="7">1.以热情、专业的态度接待客户，耐心倾听客户的问题和疑虑。
2.填写“药品质量查询记录表”，对客户提出的问题进行确认、处理。
3.定期汇总和分析，提出改进意见，并跟踪回访。

</td></tr>
<tr><td colspan="7">步骤二 处理质量投诉</td></tr>
<tr><td colspan="7">1.深入调查和分析，查明问题的原因。
2.采取有效措施及时处理和反馈。
3.填写“客户投诉记录表”，做好相关记录。
4.建立客户投诉档案。

</td></tr>
<tr><td colspan="7">步骤三 管理销后退回药品</td></tr>
<tr><td colspan="7">1.建立销后退回管理制度，严格控制销后退回标准。
2.规范销后退回程序，加强药品质量检查。
3.做好记录管理，定期检查和评估，及时采取改进措施。
</td></tr>
<tr><td colspan="7">步骤四 执行药品追回</td></tr>
<tr><td colspan="7">1.通过药品质量公告、客户投诉举报以及在库药品质量检查等渠道，收集并分析药品质量信息。
2.在发现药品有严重质量问题时，立即通知购货单位停售。
3.及时采取有效措施追回已售出的药品并做好记录。
4.及时向药品监督管理部门报告，并按其要求对问题药品实施控制。

</td></tr>
</table>

续表

<table>
<tr><td rowspan="4">任务实施步骤</td><td colspan="2">步骤五　配合药品召回</td></tr>
<tr><td>1. 建立药品召回管理制度及操作规程。
2. 质量管理部门制定召回通知书；销售部门根据药品销售记录，将召回通知书发往各客户并形成相关记录。
3. 做好召回药品的收货、验收、入库等工作，并形成相关记录。
4. 按照召回计划，采取相应措施进行采购退出或报损销毁。
5. 建立药品召回处理记录和档案。</td><td></td></tr>
<tr><td colspan="2">步骤六　报告和监测药品不良反应</td></tr>
<tr><td colspan="2">1. 在线填报“药品不良反应/事件报告表”。
2. 在线填报“药品群体不良事件基本信息表”。
3. 配合药品不良反应/事件调查。
4. 分析评价不良反应信息。
</td></tr>
<tr><td>相关表单</td><td colspan="2">

药品质量查询记录表

填表人：　　　　查询时间：　　年　月　日

药品基本信息	通用名称		商品名称	
	剂型		规格	
	有效期至		数量	
	上市许可持有人		生产企业	
	供货单位		批号	
查询方基本信息	查询方姓名		联系电话	
	地址			
查询（投诉）方意见或建议： 记录人：　　年　月　日				
质量管理部门处理意见： 经办人：　　年　月　日				
处理结果及客户反馈意见： 经办人：　　年　月　日				

</td></tr>
</table>

续表

<table>
<tr><td>相关表单</td><td>

药品不良反应/事件报告表

首次报告□ 跟踪报告□ 编码：
报告类型：新的□ 严重□ 一般□
报告单位类别：医疗机构□ 经营企业□ 上市许可持有人/生产企业□ 个人□ 其他□

<table>
<tr><td colspan="2">患者姓名：</td><td colspan="2">性别：男□ 女□</td><td colspan="2">出生日期：
年 月 日或年龄：</td><td>民族：</td><td>体重（kg）：</td><td colspan="2">联系方式：</td></tr>
<tr><td colspan="2">原患疾病：</td><td colspan="2">医院名称：
病历号/门诊号：</td><td colspan="6">既往药品不良反应/事件：有□ 无□ 不详□
家族药品不良反应/事件：有□ 无□ 不详□</td></tr>
<tr><td colspan="10">相关重要信息：吸烟史□ 饮酒史□ 妊娠期□ 肝病史□ 肾病史□ 过敏史□ 其他□</td></tr>
<tr><td>药品</td><td>文号</td><td>商品名称</td><td>通用名称（含剂型）</td><td>上市许可持有人</td><td>生产企业</td><td>批号</td><td>用法用量（次剂量、途径、日次数）</td><td>用药起止时间</td><td>用药原因</td></tr>
<tr><td rowspan="2">怀疑药品</td><td></td><td></td><td></td><td></td><td></td><td></td><td></td><td></td><td></td></tr>
<tr><td></td><td></td><td></td><td></td><td></td><td></td><td></td><td></td><td></td></tr>
<tr><td rowspan="2">并用药品</td><td></td><td></td><td></td><td></td><td></td><td></td><td></td><td></td><td></td></tr>
<tr><td></td><td></td><td></td><td></td><td></td><td></td><td></td><td></td><td></td></tr>
<tr><td colspan="5">不良反应/事件名称：</td><td colspan="5">不良反应/事件发生时间： 年 月 日</td></tr>
<tr><td colspan="10">不良反应/事件过程描述（包括症状、体征、临床检验等）及处理情况（可附页）：</td></tr>
<tr><td colspan="10">不良反应/事件的结果：痊愈□ 好转□ 未好转□ 不详□ 有后遗症□ 表现：________
死亡□ 直接死因：________ 死亡时间： 年 月 日</td></tr>
<tr><td colspan="10">停药或减量后，反应/事件是否消失或减轻？ 是□ 否□ 不明□ 未停药或未减量□
再次使用可疑药品后是否再次出现同样反应/事件？ 是□ 否□ 不明□ 未再使用□</td></tr>
<tr><td colspan="10">对原患疾病的影响：不明显□ 病程延长□ 病情加重□ 导致后遗症□ 导致死亡□</td></tr>
<tr><td colspan="2">关联性评价</td><td colspan="8">报告人评价：肯定□ 很可能□ 可能□ 可能无关□ 待评价□ 无法评价□ 签名：
报告单位评价：肯定□ 很可能□ 可能□ 可能无关□ 待评价□ 无法评价□ 签名：</td></tr>
<tr><td colspan="2" rowspan="2">报告人信息</td><td colspan="4">联系电话：</td><td colspan="4">职业：医生□ 药师□ 护士□ 其他□</td></tr>
<tr><td colspan="4">电子邮箱：</td><td colspan="4">签名：</td></tr>
<tr><td colspan="2">报告单位信息</td><td colspan="2">单位名称：</td><td colspan="2">联系人：</td><td colspan="2">电话：</td><td colspan="2">报告日期： 年 月 日</td></tr>
<tr><td colspan="2">生产企业请填写信息来源</td><td colspan="8">医疗机构□ 经营企业□ 个人□ 文献报道□ 上市后研究□ 其他□</td></tr>
<tr><td colspan="2">备注</td><td colspan="8"></td></tr>
</table>

</td></tr>
<tr><td>任务总结</td><td></td></tr>
<tr><td>收获感悟</td><td></td></tr>
</table>

质量可疑药品的控制任务工单

<table>
<tr><td>任务名称</td><td colspan="3">质量可疑药品的控制</td><td>学时</td><td></td><td>班级</td><td></td></tr>
<tr><td>组别</td><td></td><td>组长</td><td></td><td>组员</td><td></td><td>小组任务成绩</td><td></td></tr>
<tr><td>学生姓名</td><td></td><td>学号</td><td></td><td>联系电话</td><td></td><td>个人任务成绩</td><td></td></tr>
<tr><td>实训地点</td><td colspan="3"></td><td>实训时间</td><td colspan="3"></td></tr>
<tr><td>任务目的</td><td colspan="7">1.掌握药品经营环节中质量可疑药品的辨识。
2.熟悉质量可疑药品确认处理程序。
3.熟悉不合格药品确认处理程序。
4.具备社会责任感，树立风险管理意识。</td></tr>
<tr><td>任务要求</td><td colspan="7">综合运用所学知识与技能，规范开展药品经营环节质量可疑药品和不合格药品确认和处理工作。</td></tr>
<tr><td>任务材料准备</td><td colspan="7">1.若干药品或药品卡片（包括若干合格药品、包装受挤压药品、包装破损药品、被污染药品等）。
2.不合格药品报损审批表（空表）。
3.计算机系统。
4.暂停销售黄牌。</td></tr>
<tr><td>任务要点和注意事项</td><td colspan="7">1.注意质量可疑药品处理流程。
2.注意不合格药品界定及处理流程。</td></tr>
<tr><td rowspan="2">任务实施步骤</td><td colspan="7">步骤一　质量可疑药品辨识</td></tr>
<tr><td colspan="7">1.检查药品包装是否完好，外观性状是否正常等。
2.检查药品有无倒置，是否在药品有效期内等。

3.药品储存区域是否合理，储存温湿度是否符合要求。

</td></tr>
</table>

续表

任务实施步骤

步骤二　质量可疑药品确认与处理

1. 发现质量可疑药品，在计算机系统中对质量可疑药品进行锁定，限制其销售。
2. 报告质量管理部门进行复查。
3. 对质量可疑药品挂黄牌标识。
4. 质量管理部门负责确认质量可疑药品。

步骤三　不合格药品确认

1. 质量管理部门负责对不合格药品的确认。
2. 在计算机系统中对不合格药品进行移库。
3. 将不合格药品实物移入不合格药品库。
4. 做好相关记录。

步骤四　不合格药品销毁

1. 质量管理员填写“不合格药品报损审批表”。
2. 质量管理部门负责人审核，质量负责人审批。

相关表单

不合格药品报损审批表

通用名称		商品名称			
上市许可持有人		生产企业			
供货单位					
规格		有效期至			
单价		数量		总金额	
不合格原因： 报告人：　　年　月　日					
仓储部门负责人签字：		保管员签字：			
业务部门意见：		质量管理部门意见：			
财务部门意见：		企业负责人审批意见：			

任务总结

收获感悟

质量风险的评估与控制任务工单

<table>
<tr><td>任务名称</td><td colspan="3">质量风险的评估与控制</td><td>学时</td><td></td><td>班级</td><td></td></tr>
<tr><td>组别</td><td></td><td>组长</td><td></td><td>组员</td><td></td><td>小组任务成绩</td><td></td></tr>
<tr><td>学生姓名</td><td></td><td>学号</td><td></td><td>联系电话</td><td></td><td>个人任务成绩</td><td></td></tr>
<tr><td>实训地点</td><td colspan="3"></td><td>实训时间</td><td colspan="3"></td></tr>
<tr><td>任务目的</td><td colspan="7">1.掌握药品质量风险管理工具的运用。
2.熟悉运用风险管理工具查找药品经营过程中存在的质量风险。
3.具备社会责任感，树立风险管理意识。</td></tr>
<tr><td>任务要求</td><td colspan="7">综合运用所学知识与技能，运用风险管理工具分析药品经营过程中的质量风险。</td></tr>
<tr><td>任务材料准备</td><td colspan="7">1.若干药品或药品卡片。
2.药品采购、储存、销售、运输等环节的常见问题清单。
3.风险控制清单、风险沟通记录表、风险审核表（均为空表）。
4.计算机系统。</td></tr>
<tr><td>任务要点和注意事项</td><td colspan="7">1.正确辨识药品经营各环节的质量风险。
2.注意要对识别出的风险提出有效的风险控制措施。</td></tr>
<tr><td rowspan="6">任务实施步骤</td><td colspan="7">步骤一　风险评估</td></tr>
<tr><td colspan="4">1.运用风险管理工具来识别确认药品经营过程中存在的质量风险。
2.分析问题产生的原因。
3.讨论该风险是否能及时被发现或检测。
4.用“高”“中”“低”三个等级对风险进行定性。</td><td colspan="3"></td></tr>
<tr><td colspan="7">步骤二　风险控制</td></tr>
<tr><td colspan="4">1.将质量风险降低到可接受水平。
2.填写“风险控制清单”。</td><td colspan="3">
</td></tr>
<tr><td colspan="7">步骤三　风险沟通</td></tr>
<tr><td colspan="4">1.在制定风险评定标准、评估风险结果、做出风险控制和风险接受的决定时，都应进行沟通。
2.填写“风险沟通记录表”。</td><td colspan="3">
</td></tr>
</table>

续表

任务实施步骤	步骤四　风险审核
	1. 填写“风险审核表”。 2. 审核风险降低措施是否有效。 3. 审核是否有新的风险出现。 4. 审核是否需要对新风险采取相应的管理措施。

相关表单

风险控制清单

序号	药品经营环节的风险点	风险等级	风险控制措施

风险沟通记录表

日期		部门	
参加人员			
沟通事项：			
备注：			

风险审核表

经营环节	风险点	风险控制措施	风险控制措施评价	风险审核结果
			□有效 □无效 原因分析	□风险接受 □风险降低 □出现新风险
			□有效 □无效 原因分析	□风险接受 □风险降低 □出现新风险

任务总结	

收获感悟	

质量管理体系内审任务工单

<table>
<tr><td>任务名称</td><td colspan="3">质量管理体系内审</td><td>学时</td><td></td><td>班级</td><td></td></tr>
<tr><td>组别</td><td></td><td>组长</td><td></td><td>组员</td><td></td><td>小组任务成绩</td><td></td></tr>
<tr><td>学生姓名</td><td></td><td>学号</td><td></td><td>联系电话</td><td></td><td>个人任务成绩</td><td></td></tr>
<tr><td>实训地点</td><td colspan="3"></td><td>实训时间</td><td colspan="3"></td></tr>
<tr><td>任务目的</td><td colspan="7">1. 掌握药品质量管理体系内审流程。
2. 熟悉质量管理体系内审类型和审核内容。
3. 熟悉质量管理体系内审方案和检查报告撰写要求。
4. 树立风险管理意识。</td></tr>
<tr><td>任务要求</td><td colspan="7">综合运用所学知识与技能，规范开展质量管理体系内审工作。</td></tr>
<tr><td>任务材料准备</td><td colspan="7">1. 药品批发企业基本情况资料一套，包括营业执照、药品经营许可证。
2. ×× 年度质量管理体系内审方案、×× 年度质量管理体系内审报告、纠正和预防措施制定清单（均为空表）。
3. 计算机系统。
4. 内审员名牌。</td></tr>
<tr><td>任务要点和注意事项</td><td colspan="7">1. 注意内审小组的组成。
2. 注意定期内审和专项审核的审核重点。
3. 注意内审方案的制定和内审报告的撰写要求。
4. 注意整改措施的制定应有针对性。</td></tr>
<tr><td rowspan="6">任务实施步骤</td><td colspan="7">步骤一　成立内审小组</td></tr>
<tr><td colspan="7">1. 分小组进行角色扮演，其中，内审小组由企业负责人、质量负责人和质量管理部、业务部、仓储部、行政部、财务部等岗位人员各 1 人组成。
2. 企业负责人为内审组组长。
3. 质量管理部门经理和质量管理员各 1 人，负责内审工作的具体实施。
</td></tr>
<tr><td colspan="7">步骤二　制定内审方案</td></tr>
<tr><td colspan="7">1. 质量管理部门负责制定“×× 年度质量管理体系内审方案”。
2. 内审方案经质量管理部门负责人审核、企业负责人批准后方可实施。
3. 内审方案应明确内审时间、内审小组成员，确定各部门交叉检查的时间、人员和检查内容，确保部门人员不审核自己部门的工作。

</td></tr>
<tr><td colspan="7">步骤三　开展质量管理体系审核</td></tr>
<tr><td colspan="7">1. 内审员按照内审方案开展审核，对方案中的重要内容进行重点审核。
2. 各部门积极配合内审工作，对内审员提出的相关工作经历、工作内容、岗位职责、社保缴纳情况等问题有针对性地进行回答。
3. 内审过程要有完整的记录，对于发现的问题应积极取证。

</td></tr>
</table>

续表

<table>
<tr><td rowspan="4">任务实施步骤</td><td colspan="2">步骤四　撰写内审报告</td></tr>
<tr><td>1. 质量管理部门收集内审员的审核记录表单。
2. 统计各部门存在的相应的缺陷。
3. 撰写“××年度质量管理体系内审报告”。</td><td>
</td></tr>
<tr><td colspan="2">步骤五　制定纠正和预防措施</td></tr>
<tr><td>1. 各部门针对内审发现的缺陷，制定“纠正和预防措施制定清单”。
2. 明确纠正和预防措施的跟踪要求。</td><td>
</td></tr>
<tr><td>相关表单</td><td colspan="2">
××年度质量管理体系内审方案
<table>
<tr><td>内审时间</td><td></td></tr>
<tr><td>内审依据</td><td></td></tr>
<tr><td>内审小组成员</td><td></td></tr>
<tr><td>内审组长</td><td></td></tr>
<tr><td colspan="2">内审流程安排：</td></tr>
<tr><td>方案起草人：</td><td>日期：</td></tr>
<tr><td>质量负责人：</td><td>日期：</td></tr>
<tr><td>企业负责人：</td><td>日期：</td></tr>
</table>
××年度质量管理体系内审报告
<table>
<tr><td>审核目的</td><td></td></tr>
<tr><td>审核日期</td><td></td></tr>
<tr><td>审核范围</td><td></td></tr>
<tr><td>审核依据</td><td></td></tr>
<tr><td>审核组组长</td><td></td></tr>
<tr><td>内审员</td><td></td></tr>
<tr><td>受审部门</td><td></td></tr>
<tr><td colspan="2">审核过程综述：</td></tr>
<tr><td colspan="2">缺陷项：</td></tr>
<tr><td colspan="2">审核结论：</td></tr>
<tr><td>报告人：</td><td>日期：</td></tr>
<tr><td>审核人：</td><td>日期：</td></tr>
<tr><td>批准人：</td><td>日期：</td></tr>
</table>
</td></tr>
</table>

续表

<table>
<tr><td>相关表单</td><td>纠正和预防措施制定清单
<table>
<tr><td>序号</td><td>缺陷项目</td><td>纠正措施</td><td>预防措施</td><td>部门/责任人</td><td>整改时间</td></tr>
<tr><td></td><td></td><td></td><td></td><td></td><td></td></tr>
<tr><td></td><td></td><td></td><td></td><td></td><td></td></tr>
</table>
</td></tr>
<tr><td>任务总结</td><td></td></tr>
<tr><td>收获感悟</td><td></td></tr>
</table>

药品检查任务工单

<table>
<tr><td>任务名称</td><td colspan="3">药品检查</td><td>学时</td><td></td><td>班级</td><td></td></tr>
<tr><td>组别</td><td></td><td>组长</td><td></td><td>组员</td><td></td><td>小组任务成绩</td><td></td></tr>
<tr><td>学生姓名</td><td></td><td>学号</td><td></td><td>联系电话</td><td></td><td>个人任务成绩</td><td></td></tr>
<tr><td>实训地点</td><td colspan="3"></td><td>实训时间</td><td colspan="3"></td></tr>
<tr><td>任务目的</td><td colspan="7">1. 掌握药品 GSP 检查流程。
2. 熟悉 GSP 检查内容和方法。
3. 了解现场检查报告撰写格式要求。
4. 树立风险管理意识。</td></tr>
<tr><td>任务要求</td><td colspan="7">综合运用所学知识与技能，规范开展药品 GSP 检查。</td></tr>
<tr><td>任务材料准备</td><td colspan="7">1. 若干药品或药品卡片（包括若干合格药品、包装受挤压药品、包装破损药品、被污染药品等）。
2. 现场检查通知、现场检查纪律、检查员名牌等。
3.《药品经营质量管理规范现场检查指导原则》，采购、销售、收货、验收、养护、销后退回等记录。
4. 药品 GSP 现场检查方案、药品 GSP 现场检查报告、药品检查综合评定报告书（空表）。
5. 计算机系统。</td></tr>
<tr><td>任务要点和注意事项</td><td colspan="7">1. 分小组、分角色扮演派出机构人员、检查组人员和企业关键岗位人员。
2. 对企业人员进行 GSP 相关内容问询。
3. 注意记录检查过程和检查内容。
4. 对检查中发现的问题和缺陷展开讨论。</td></tr>
<tr><td rowspan="8">任务实施步骤</td><td colspan="7">步骤一　确定检查权限、类型、方式等</td></tr>
<tr><td colspan="7">1. 根据企业类型确定检查权限、类型和方式。
2. 根据风险原则制定药品检查计划。</td></tr>
<tr><td colspan="7">步骤二　制定检查方案</td></tr>
<tr><td colspan="3">1. 派出机构制定《药品 GSP 现场检查方案》。
2. 参加检查的检查员参与检查方案的制定。
3. 检查员提前熟悉检查资料等内容。</td><td colspan="4"></td></tr>
<tr><td colspan="7">步骤三　调派检查组</td></tr>
<tr><td colspan="7">1. 派出机构调派检查组，调派的检查员应当具备与被检查品种相应的专业知识、培训经历或者从业经验。
2. 检查组一般由 2 名以上检查员组成，必要时可以选派相关领域专家参加检查工作。</td></tr>
<tr><td colspan="7">步骤四　召开首次会议</td></tr>
<tr><td colspan="3">1. 召开首次会议，确认检查范围，落实检查日程，提出检查注意事项。
2. 检查组组长介绍检查组成员及观察员，宣读现场检查通知和现场检查纪律。
3. 企业负责人介绍参会人员和企业 GSP 质量管理情况。</td><td colspan="4"></td></tr>
</table>

续表

<table>
<tr><td rowspan="15">任务实施步骤</td><td colspan="2">步骤五　组织现场审查</td></tr>
<tr><td>1.检查组按照现场检查方案开展检查。
2.企业人员应积极配合检查组检查，对照各自岗位针对检查组的提问进行一一解答。
3.检查过程要有完整的记录，对于发现的问题应积极取证。</td><td></td></tr>
<tr><td colspan="2">步骤六　撰写检查报告</td></tr>
<tr><td>1.现场检查结束后，检查小组讨论汇总缺陷。
2.对检查缺陷进行等级判定。
3.按要求撰写“药品GSP现场检查报告”，并给出检查结论。</td><td></td></tr>
<tr><td colspan="2">步骤七　召开末次会议</td></tr>
<tr><td>1.参加末次会议的成员由检查组全体成员、观察员、企业负责人、质量负责人、质量管理部门负责人、业务部门负责人、储运部门负责人等组成。
2.检查组组长通报现场检查情况，并宣读现场检查报告和缺陷项目等。</td><td></td></tr>
<tr><td colspan="2">步骤八　综合评定</td></tr>
<tr><td>1.派出检查单位审核现场检查报告，并形成审核意见，明确综合评定结论。
2.综合评定结论可分为符合要求和不符合要求两种，并根据结论出具《药品检查综合评定报告书》。</td><td></td></tr>
<tr><td colspan="2">步骤九　检查结果处理</td></tr>
<tr><td colspan="2">1.药品监督管理部门根据《药品检查综合评定报告书》及相关证据材料，作出相应处理。
2.现场检查时，发现缺陷有一定质量风险，经整改后，综合评定结论为符合要求的，药品监督管理部门必要时依据风险采取告诫、约谈等风险控制措施。
3.综合评定结论为不符合要求的，药品监督管理部门应当依法采取暂停销售等风险控制措施，消除安全隐患。
4.检查发现的违法行为涉嫌犯罪的，按要求移送公安机关，并抄送同级检察机关。</td></tr>
</table>

续表

<table>
<tr><td rowspan="11">相关表单</td><td colspan="6">药品GSP现场检查报告</td></tr>
<tr><td>企业名称</td><td colspan="5"></td></tr>
<tr><td>经营范围</td><td colspan="5"></td></tr>
<tr><td>经营方式</td><td colspan="2"></td><td>检查时间</td><td colspan="2"></td></tr>
<tr><td colspan="6">一、重点检查内容和需要说明的其他问题：</td></tr>
<tr><td colspan="6">二、此次现场检查发现企业存在以下问题：

严重缺陷　　项：
主要缺陷　　项：
一般缺陷　　项：</td></tr>
<tr><td colspan="6">企业负责人签字：
年　月　日</td></tr>
<tr><td colspan="2">观察员签字：
年　月　日</td><td colspan="2">组员签字：
年　月　日</td><td colspan="2">组长签字：
年　月　日</td></tr>
<tr><td>任务总结</td><td colspan="6"></td></tr>
<tr><td>收获感悟</td><td colspan="6"></td></tr>
</table>

参考文献

[1] 梁毅. 药品经营质量管理—GSP实务[M]. 4版. 北京：中国医药科技出版社，2023.

[2] 丛淑芹，丁静. GSP实用教程[M]. 3版. 北京：中国医药科技出版社，2021.

[3] 习近平. 高举中国特色社会主义伟大旗帜 为全面建设社会主义现代化国家而团结奋斗：在中国共产党第二十次全国代表大会上的报告[M]. 北京：人民出版社，2022.

[4] 万春艳，朱雪梅. 药品经营质量管理规范（GSP）实用教程[M]. 4版. 北京：化学工业出版社，2021.

[5] 赵文姣. 现代药品经营与药品安全治理研究[M]. 北京：学苑出版社，2024.

[6] 舒炼，桑林，杨玉平. 药品储存与养护技术[M]. 北京：中国石化出版社，2021.

[7] 沈力. 中药储存与养护技术[M]. 3版. 北京：人民卫生出版社，2023.

[8] 中国食品药品国际交流中心. 药品监管科学初探[M]. 北京：中国医药科技出版社，2023.

[9] 国家药品监督管理局信息中心. 药品追溯法规与标准规范[M]. 北京：中国医药科技出版社，2020.

[10] 陈永法. 美国药品流通监管[M]. 北京：中国医药科技出版社，2019.

[11] 陆晓莉，丁静. 食药道德教育[M]. 杭州：浙江大学出版社，2023.